製造業のサービス・イノベーション

エフェクチュエーションと認知科学による

Service Innovation

藤岡昌則 Masanori Fujioka

東京 白桃書房 神田

八

はじめに

　本書は，製造業において製品にサービスを付加し企業の収益性を向上させようとした時に直面する「サービス・パラドックス」を，どの様なアプローチで乗り越えれば良いかを主なテーマとして研究し，その成果を纏めたものである。

　サービス・パラドックスとは，企業経営者がサービス事業に投資をしても，必ずしも企業の収益性を向上させることができないというジレンマに陥ってしまうことを意味している。元々この言葉は，製造業のサービス化に関する研究において，ドイツとスイスの生産財企業を調査した結果から主張されるようになった経緯があるが，我が国においても，これから製造業が国際競争を勝ち抜き発展していくために避けては通れない課題であり，この課題に真正面から取り組むことが，サービスに関わる研究においても製造業のサービス実務においても重要になると考えられる。

　既存のサービス・プロセスを改善し生産性を向上することや新たにサービスを創出することなどサービスの革新を，「サービス・イノベーション」と呼ぶが，サービス・イノベーションを活性化させないと製造業においてサービス化を進めたとしても収益性が上がらず，サービス・パラドックスに陥ってしまう可能性が高い。

　また，製造業のサービス・イノベーションは，世界のデジタル化の2大潮流とも密接に関連している。1つは，アメリカを中心としたゼネラル・エレクトリック・カンパニー（GE：General Electric）の「インダストリアル・インターネット（industrial internet）」[1]であり，もう1つは，ドイツを中心

としたシーメンス（Siemens）の「インダストリー 4.0（industrie 4.0）」[2]である。

両者に共通しているのは，モノのインターネットと呼ばれる「IoT/M2M」とクラウドを組み合わせた共通プラットフォームを提供しようとしている点であるが，若干異なっていると考えられるのはデジタル化の対象である。GEの場合，航空，輸送，発電などの事業を対象に，獲得したビッグデータを統合し分析，予測，最適化を行う共通プラットフォームを構築してビジネスに繋げようとしているが，シーメンスの場合は，工場の生産設備を中心に，獲得したビッグデータを統合し自律性，柔軟性，最適化，生産性を鍵概念とした共通プラットフォームを構築し生産性の向上を目指している。いずれの取り組みも，将来的には一本化していくのではないかと推測されるが，ビッグデータを収集するだけでは管理費用がかかってしまうので，どの様な手法で分析・評価すればサービスビジネスに繋がり，ひいてはそれを企業収益に結びつけていくのか，といった議論が今後さらに活発化するのではないかと考えられる。

筆者が出席したサプライチェーンを関心領域とする学会において，日本が物づくりにおいて世界のデジタル化の波に乗り遅れているのでは無いかと心配をされている方が多いように思われる。では，どうすべきか。

製造業がサービス・パラドックスを克服し，サービス・イノベーションを積極的に推進するためには，「認知科学（cognitive science）」と「エフェクチュエーション（effectuation）」と呼ばれる市場創造の実効理論が重要な役割を果たすと，本書では考える。

まず，認知科学に関連してメディアでも話題となっているのが，「人工知

1　GE のインダストリアル・インターネットは，2011 年 11 月にカリフォルニア州サンラモンに 1000 人以上のソフトウエア・エンジニアを要するグローバル・ソフトウエア・センターを設置し，顧客に販売した製品の最適運用ソリューションを提供するための共通プラットフォームとして，基本ソフトウエアである「プレディックス（Predix）」と，ビッグデータ（big data：事系列大量データ）を収集保管するデーターベースである「データレイク（DataLake）」を構築したのが端緒となっている。GE はこれらの先端技術を適用して，航空用のジェットエンジンの燃料費の節約や風力発電所の発電量の向上に繋げている。2014 年には，GE，AT&T，シスコシステムズ，IBM やその他日本企業などと「インダストリアル・インターネット・コンソーシアム（IIC：Industrial Internet Consortium）」を結成し，仲間を増やしてデジタル化を様々な製造現場に展開しようとしている。

2　シーメンスのインダストリー 4.0 では，「デュアル戦略（Dual-Strategy）」と呼ばれる戦略に沿って活動している。これは，ドイツ国内にインダストリー 4.0 のプラットフォーム環境を整備し，付加価値の高い工業製品をドイツ国内で生産し，輸出する際，工業製品に組み込むアプリなどのソフトウエアやアフターサービスなどをパッケージにして輸出することを目指したものである。

能(AI：Artificial Intelligence)」と「ロボット技術(RT：Robot Technology)」である。

詳しい説明は後述するが，製造業のサービス・イノベーションを考える場合，GEのインダストリアル・インターネットやシーメンスのインダストリー4.0活動の背後に，IoT/M2Mにより獲得したビッグデータと人工知能やロボット技術を統合し，新しいサービスビジネスに繋げていこうとする動きを垣間見ることができる。過去のサービスに関わる研究ではICT(Information and Communication Technology)との関わりにおいて様々な議論がなされているが，本書では，認知科学を軸にして人工知能やロボット技術に焦点を当てて先行研究レビューを行い，ICTに認知科学の概念レンズを重ね合わせたICRT(Information, Communication and Robot Technology)として現象を捉えることで，今日議論されているサービス創造の本質をより明確に把握することを試みている。

次に，エフェクチュエーションに関連した話である。ICRTを企業内で定着させ反復継続したサービス業務を効率化するためには，ICRTを適用し組織を横断したサービスプロセスを構築する必要があり，そのためには組織を束ねている企業経営者の意思決定が重要になると考えられる。本書では，事業環境が混沌として将来予測が困難な状況における企業経営者のサービスへの投資判断において，熟達した企業経営者のエフェクチュエーションと呼ばれる実効論的行動原理に基づく意思決定が，サービス・パラドックスを乗り越える鍵になる論理として有望であると考えている。エフェクチュエーションについては，第3章でその詳細を述べる。

サービス・イノベーションに関しては，製造業のサービス化を推進する上で顧客接点部分と企業内の組織構造とをどの様に適合させれば良いかについても議論がなされている。製造業のバリューチェーンの多くでは，製品を開発し，製造・販売し，サービス提供をするという，上流から下流へ流れる典型的な開・製・販の組織構造である「階層的職能制組織」が採用されている。この様な組織の場合，サービス事業はコストセンターと位置づけられ，製品を扱う組織(以下，製品組織)とサービスを扱う組織(以下，サービス組織)は予算と共に分離されることになる。一方で，同じ上流から下流へ流れるバリューチェーンであったとしても，市場をセグメンテーションし顧客毎に適

した製品を統合し事業部毎にリーダーを置く「分権的事業部制組織」が採用されることもある。この様な組織の場合，サービス事業はプロフィットセンターと呼ばれ製品組織とサービス組織は予算と共に統合されることになる。製造業のサービス化の過去の議論において，製品組織とサービス組織を分離した方が良いのか一体化した方が良いのか，といった議論があるが，実務において製品組織とサービス組織を一体化した形態に移行しようとした場合，サービスで収益を上げることはできるかも知れないが，一方で製品が売れなくなるのではないかとの懸念もあり躊躇する場面がある。しかし最近では，この様な議論とは一線を画して，認知科学を基盤としたICRTという道具を装備し組織横断的に情報共有を図ることで，製品組織とサービス組織をバーチャルに統合し一体化することが可能となってきている。さらに，IoT/M2Mとクラウドを組み合わせたプラットフォームを導入することで，顧客の製品運転情報を容易に取得することも可能となるが，製品が顧客の現場において意図せざる使い方をされていることも往々にしてあり，製品運転情報を分析することで様々な問題点が浮き彫りになることがある。最終的に，サービス組織が顧客の運転情報をもとに製品組織と顧客との利害関係を上手く調整することで，上記の様な問題の解決を図り，顧客価値の向上へと繋げていくことが期待されている。

　本書では事例として，建設機械業界のコマツとキャタピラー（Caterpillar）を選択している。コマツはサービス・イノベーションにおいて，日本で最も成功した企業の1つであることが知られている。一方でキャタピラーは，建設機械業界における世界シェアNo.1の大企業であり，この両社を比較することで成功の規定因を明らかにすることができると考える。コマツやキャタピラー関係者の皆様に当時を回顧してもらったインタビューと参考文献により，確かな証拠に基づいた比較事例としている。2000年代に入って，何故コマツは業界第1位のキャタピラーを追撃し得たのだろうか。答えは1つではなく様々な視点があると考えられるが，本書では，過程追跡法と比較事例法の結果に基づき，先にも述べたように，認知科学とエフェクチュエーションが顧客価値を向上させる鍵概念であり，コマツとキャタピラーの個別の事例にとどまらず，製造業全体に敷衍できる論理として潜在的な可能性を秘めていることを導き出した。

日本の製造業が置かれている事業環境は厳しいが，本書の主張する概念枠組みがサービス・パラドックスの本質を捉え，それを乗り越えることで製造業のサービス化，そして潜在的な製造業の低収益性を改善するきっかけとなれば，望外の喜びである。

2019 年 9 月

藤岡　昌則

謝辞

　本書は，京都大学に提出した博士論文をもとに，加筆・推敲して纏めている。博士論文を執筆するに当たり，京都大学経営管理大学院の若林靖永教授には最終原稿を読んで頂いた上でコメントを頂き，修正する中でエフェクチュエーションの理解をより深めることができた。また，京都大学経営管理大学院の原良憲教授にも最終原稿にコメントを頂き，本書のオリジナリティをより明確にすることができた。京都大学経営管理大学院の末松千尋教授には，論文審査時に貴重なコメントを頂いた。そして，神戸大学大学院経営学研究科の三品和広教授，立命館大学経営学部の吉田満梨准教授には，博士論文の草稿を読んで頂き貴重なコメントを頂いた。工学分野から，京都大学大学院工学研究科の松野文俊教授にはレスキューロボットやICRTについて教えて頂き，出版へ向けての力強い後押しを頂いた。博士課程の同期であり友人でもある京都大学経営管理大学院の高瀬進特定助教には認知科学やエフェクチュエーションに関しゼミ形式で議論をさせて頂く中で考えを纏めることができた。また，『エフェクチュエーション』の監訳者である神戸大学名誉教授の加護野忠男先生には，研究会においてサービスの複雑な顧客接点におけるサービス・プロバイダーの役割について貴重なコメントを頂いた。神戸大学大学院経営学研究科の栗木契教授には，マーケティングの視点からエフェクチュエーションの潜在的可能性についての気づきを与えて頂いた。そして，三菱日立パワーシステムズ㈱高砂サービス部の営業関係諸氏にはインタビュー設定においてご協力頂き，事例について議論をさせて頂いた。また，本書を執筆するに当たり，㈱白桃書房の平千枝子編集部長，編集部金子歓子氏には，私のつたない原稿を修正し校正頂いた。ここに御礼を申し上げます。お世話になった先生方やインタビューに快く応じて下さった関係者の皆様，本書を執筆するに当たり支えてくれた家族や友人，会社の同僚に心より感謝し，御礼を申し上げます。

　　　　　　　　　　　　　　　　　　　　　　　　　　　　著　者

目　次

はじめに

第 1 章　本書の目的と構成 ── 1
1　問題意識 …………………………………………………………… 1
2　サービス概念 ……………………………………………………… 3
　2.1　サービス概念の歴史的変遷　3
　2.2　サービス経済化傾向と本研究の意義　5
　2.3　製造業のサービスの定義　8
　2.4　製造業のサービス化研究における 3 つの課題　10
3　本書の研究課題とアプローチ …………………………………… 13
　3.1　研究課題（1）：
　　　ソリューション・サービスにおけるモデル化手法　13
　3.2　研究課題（2）：
　　　サービス・パラドックスの本質的メカニズム解明　15
　3.3　研究課題（3）：製品組織・サービス組織の一体化戦略　16
4　本書の構成 ………………………………………………………… 19

第 2 章　先行研究レビューⅠ：認知科学研究 ── 21
1　はじめに …………………………………………………………… 21
　1.1　認知科学研究の歴史　22
　1.2　サービス・イノベーションと認知科学研究　23

2　サイバネティクス ……………………………………………………… 23
　　2.1　システム化の萌芽的研究　23
　　2.2　システム化における学習概念　26
　3　情報処理モデルによるシステム化の限界 ………………………… 30
　4　チェス・マスターの熟達研究 …………………………………… 33
　5　知識のシステム化：エキスパート・システム ………………… 37
　6　技能のシステム化：包摂アーキテクチャによる自律機能の付与 …… 40
　7　小括 ……………………………………………………………… 43

第3章　先行研究レビューⅡ：資源ベース理論 ─────46
　1　はじめに ………………………………………………………… 46
　2　企業経営者の意思決定と資源構築活動 ………………………… 48
　3　エフェクチュエーション ……………………………………… 49
　4　企業間関係性，組織能力とプロセスの設計 …………………… 55
　　4.1　企業間関係性：「強連結」と「弱連結」　55
　　4.2　組織能力：ソリューション・サービスの創出　61
　　4.3　顧客志向のプロセス設計　63
　5　顧客価値概念 …………………………………………………… 69
　6　小括 ……………………………………………………………… 71

第4章　リサーチ・クエスチョンと研究方法 ─────75
　1　本書の分析概念枠組み ………………………………………… 75
　　1.1　先行研究のまとめ　75
　　1.2　分析概念枠組み　77
　2　本書のリサーチ・クエスチョン ……………………………… 78
　3　本書で扱う事例と分析方法 …………………………………… 82
　　3.1　事例の選択　82
　　3.2　分析方法　83
　　3.3　世界の建設機械業界の概要　85
　　3.4　資料収集　88
　　3.5　インタビュー調査　89

3.6　計量テキスト分析による経営者の意思決定プロセスの解明　91

3.7　調査・執筆プロセス　92

第5章　コマツの事例 —————————————————— 94

1　はじめに …………………………………………………………… 94

2　フロント・フォーマット：顧客への価値提案 ……………… 96

2.1　建設機械の盗難を端緒にした問題解決アプローチ　96

2.2　中古建設機械の転売ビジネス　101

2.3　無人ダンプトラック運行システム　103

2.4　建設機械の情報化施工　106

2.5　ダントツ商品の開発　109

3　バック・フォーマット：価値創造の仕組み ……………… 111

3.1　サービス部品供給を支える独自のICT技術　111

3.2　適正在庫管理とみどり会との連携　114

3.3　無人化・自動化を支えるロボット技術　115

3.4　プロジェクト方式による新製品開発体制　118

4　財務システム：財務成果と資金管理 ……………………… 119

4.1　売上高と売上高営業利益率の推移　119

4.2　サービス部品販売の拡大と販売管理費の削減　120

4.3　資本速度指標とキャッシュ化速度指標による評価　122

5　経営者の行動 …………………………………………………… 124

5.1　フロント・フォーマットへの経営者の関与　124

5.2　バック・フォーマットへの経営者の関与　126

5.3　財務システムへの経営者の関与　128

5.4　経営者メッセージのテキスト・マイニング分析　130

6　小括 ……………………………………………………………… 133

第6章　キャタピラーの事例 ————————————————— 137

1　はじめに ………………………………………………………… 137

2　フロント・フォーマット：顧客への価値提案 …………… 142

2.1　迅速な部品供給・修理体制とファイナンス・保険の付与　142

- 2.2 建設機械の盗難防止対策と問題解決アプローチ　144
- 2.3 無人ダンプトラック運行システム　146
- 2.4 建設機械の情報化施工　148
3 バック・フォーマット：価値創造の仕組み　149
- 3.1 世界統一標準仕様「REGA」　149
- 3.2 シックスシグマ活動によるコスト低減と調達の効率化　151
- 3.3 CPS によるサービス部品供給管理システムの近代化　152
4 財務システム：財務成果と資金管理　154
- 4.1 資金調達の強みと事業機会の再認識　154
- 4.2 売上高におけるサービス部品比率と販売管理費　156
- 4.3 資本速度指標とキャッシュ化速度指標による評価　157
5 経営者の行動　159
- 5.1 フロント・フォーマットへの経営者の関与　159
- 5.2 バック・フォーマットへの経営者の関与　160
- 5.3 財務システムへの経営者の関与　161
- 5.4 経営者メッセージのテキスト・マイニング分析　162
6 小括　165

第7章　事例の比較・考察　169

1 はじめに　169
2 リサーチ・クエスチョンに対する考察結果　173
- 2.1 器用人の思考か，科学者の思考か　173
- 2.2 サービス・パラドックス現象とマインドセット　177
- 2.3 ICRT を適用した顧客プロセスの可視化とオペレーションの代替　182
- 2.4 顧客接点の変化と製品イノベーション　184
- 2.5 サービス・プロセスと製品プロセスの統合による顧客価値の向上　186
3 意思決定の比較　189
4 SCM 効率化の比較　192
5 共創空間の比較　193
6 小括　195

第8章　製造業活性化のためのサービス創造戦略 ―― 197
1　はじめに ……………………………………………………… 197
2　理論的インプリケーション ………………………………… 198
　2.1　認知科学研究を基盤とした知識・技能のシステム化　198
　2.2　サービス・パラドックスの論理と熟達経営者の育成　199
　2.3　サービス・トライアングルの効果的運用　202
3　実践的インプリケーション ………………………………… 203
　3.1　ICRTの導入によるサービス・プロセスの効率化　203
　3.2　共創空間拡大による顧客価値の向上　204
　3.3　下流から上流へ働きかけるサービス性設計　205
4　本研究の限界と研究課題 …………………………………… 206
5　今後の展望 …………………………………………………… 208

参考文献
事項索引
人名索引

第1章

本書の目的と構成

1 問題意識

　本書は，製造業においてサービス・イノベーション活動を展開するに当たり，サービス・パラドックス（service paradox）をどの様に乗り越えるかを明らかにすることを目的とした，比較事例法（comparative case method）による研究を纏めたものである。具体的には，製造業でサービス・イノベーションに成功している企業とサービス・パラドックスに陥ってしまう企業との比較において，認知科学（cognitive science）を理論基盤とする ICRT (Information, Communication and Robot Technology)[1] 技術の適用方法の違いと，熟達した企業経営者の意思決定であるエフェクチュエーション（effectuation）による資源構築に焦点を合わせ，深いレベルで記述することを目的としてオーラル・ヒストリー（oral history）法による証拠の収集と過程追跡（process tracking）法による推論により，仮説検証を行っている。

　ここでまず，本書の問題意識の背景となる製造業のサービス化について述べておきたい。今日，製造業のサービス化が学会やメディアなどで大きく取り上げられている。その背景には，製造業においてサービス化を推進することで企業の収益性を向上させようという狙いがある。Wise and Baumgart-

---

[1] ICRT の文言は，京都大学大学院工学研究科松野文俊教授の講演「情報・通信・ロボット技術（ICRT）を基盤とした国際救助隊の実現に向けて」に由来している（2013年12月6日，高知工科大学講演会より）。本書では，以下「ICRT」と略称して議論を進める。

ner（1999）は，製造業のサービス化という文脈の中で，製品とサービスを柔軟に組み合わせること，顧客課題を総合的に解決すること，卓越したサプライ・チェーンを構築することなどを挙げ，下流（サービス）ビジネスの重要性を主張している。しかし，多くの製造企業はサービス化が重要だと頭ではわかっていても，企業の置かれている環境は個別に異なり，目に見えないサービスに対してどの様に具体的アプローチを行いサービス化したら良いのか，また，どの様なステップを踏んでサービス化を達成すれば良いのかについて，明確な指標が見当たらないという悩みを持っている。

　学術的には，Oliva and Kallenberg（2003）が製造業のサービス化のステップとして5段階あることを主張している（図1-1）。第1段階は，モノ製品関連サービスの統合，第2段階は，製品ライフサイクル全体へのサービスの

図1-1　製造業のサービス化5段階説

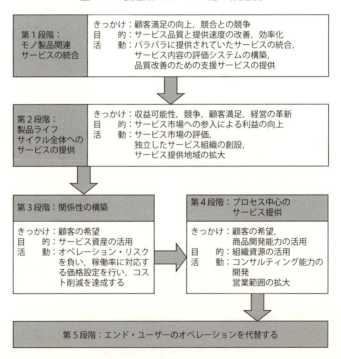

出典：Oliva and Kallenberg（2003）
出所：近藤（2012）240頁

提供，第3段階は，関係性を構築することで稼働率保証を取る包括サービスの提供，第4段階は，顧客の抱えている課題を解決するソリューション・サービスの提供，第5段階は，顧客のオペレーションを代替するサービスの提供，を挙げている。しかし，Oliva and Kallenberg (2003) も第5段階目については，何をきっかけや目的として，どの様に活動すれば良いのかについて明らかにしていない。本書では，研究されていないこの第5段階目の領域に狙いを定め，サービス化のきっかけ，目的や活動内容を明らかにするために，事例を理論サンプリングすることを考えている。

本書のアプローチは本章第3節で詳述するが，サービス研究における先行研究から課題を明らかにし，その課題をどの様に乗り越えれば良いのかについての議論を纏める。これによって，本書で設定するリサーチ・クエスチョン (research question) の背景をより明確化することができると考えられる。そして，先行研究から分析概念枠組みを導出し，製造業のサービス化の最終段階である第5段階に狙いを定めた先進事例を分析することで，製造業におけるサービス・イノベーション論理を構築したいと考える。

2 サービス概念

論を進めていく前にここでまず，「サービス」概念の歴史的変遷について説明しておきたい。

2.1 サービス概念の歴史的変遷

歴史的には，サービス概念は様々に変遷している。Delaunay and Gadrey (1992) の研究は，経済学的視点でサービスを評価している。彼らによれば，アダム・スミス (Adam Smith) の時代には労働を生産的労働と不生産的労働の2種類に分類し，モノ製品は生産的労働の結果としての財であり，一方モノ製品に該当しないサービスは，不生産的労働の結果であり，財とは見做されないとしていた。つまり，サービスは財とは見做されず，国富を増大させるものではなく，モノ製品の生産の結果としての財のみが富を蓄積するものであると考えられていた。この様な，サービスを不生産的労働であり財と

は見做さない,といった考え方に対してDelaunay and Gadrey (1992) らは,ハインリッヒ・シュトルヒ (Heinrich Friedrich von Storch) がその著書[2]の中でサービスを内的財貨であると考えていた点を指摘している。

シュトルヒは,サービスを活動と成果に区別し,サービス活動の成果を一般的に非物質的であると考えるのは間違いである,と主張している。多くの場合,教育や保健医療といった活動の成果は,それを受け取った人々の肉体や精神に具体的痕跡を残す。従って,サービスは不生産的労働であり財とは見做さないといった考え方を批判し,サービスは物質的であり内的財貨であると主張している。そしてこの様な内的財貨は,その性質上外部化することができず,交換価値は無いが社会的価値があると結論している。

その後,フレデリック・バスティア (Claude Frédéric Bastiat) はその著書[3]の中で,物々交換では,価値,すなわち,2つのサービス間での相対評価は互いに直接比較可能であると主張し,シュトルヒとは異なった価値論を展開している。ここでバスティアが価値と呼んでいるものは,2つのサービスの交換価値のことであり,彼にとってサービスが経済活動の基本概念である,としている。バスティアは,サービスの価値理論とは,モノに適用された様な価値論の単なる拡張であってはならないのであって,むしろ,モノに適用される価値論こそ,経済活動はサービス活動であるという,より一般的な考え方の中のある特殊なケースに他ならないと考えられるべきだ,と主張している。

以上の様に歴史的には,サービス概念を価値という視点で見た時,サービスが価値として認められていない時代から,内的財貨としての価値を認めるがそれ自体交換できないと考えた時代,そして,サービス自体に価値を認め交換可能と考えた時代へと変遷してきたことがわかる。現在の製造業におけるサービスは,製品に付随・関連したサービスが主体となっているが,サービス提案自体に顧客にとっての価値が存在する場合には,顧客はサービスを

---

2 von Storch, H.F. (1823) *Cours d'Economie Politique* (筆者訳:政治経済学講義) *ou exposition des principes qui determinant la prosperite des nations*, Paris, Aillaut の第2部に纏められている。

3 Bastiat, C.F. (1851) *Harmonies economiques* (筆者訳:経済調和論), Paris, Guillaumin, 2nd edition の中で,「物々交換では,価値,すなわち,二つのサービス間での相対評価は,直接互いに比較可能である。間接的な交換では,二つのサービスは価値が同じものと考えられており,〔中略〕われわれが貨幣と呼ぶ〔中略〕中間的な実態を媒介にして比較される」と記されている (p.90)。

購入可能であり，そのことはすなわち，サービス自体に価値を認め交換可能であるということであり，バスティアの価値観にのっとったものであると考えられる。

2.2 サービス経済化傾向と本研究の意義

サービス概念をもう少し広い範囲で産業として捉えたのは、フィッシャー (Allan George Barnard Fisher) である。フィッシャーは，その著書[4]の中で経済活動を第一次，第二次，第三次産業へと分類する方法を，歴史的変化や発展段階に基づいて説明している。フィッシャーの分類によれば，第一次産業は，農業と鉱業から成り，第二次産業は，さまざまな物質を加工する工業から成り，第三次産業は，サービスを提供する運輸や商業からレジャー活動などきわめて幅広い活動から成り立っている。Petty (1690, 邦訳 1955) は，彼の著書である『政治算術』の中で，産業分類毎に賃金が異なることを発見し，のちに Clark (1940) はこの発見を基に，豊かな国ほど農業を中心とした産業構造（第一次産業）から工業・サービス業を中心とした産業構造（第二次産業・第三次産業）に移行することを発見した。特に後者は，ペティ・クラークの法則（Petty-Clark's law）として広く知られている。この経験則は，Kuznets (1966, 1971) などによる先進国を中心とした経済発展経路の分析により，一般的な傾向として認識されている。上林 (2007) も，ペティ・クラークの法則の通り，世界的に見ても高い国内総生産（GDP：Gross Domestic Product）を示している経済大国の多くはサービス経済化の傾向が現れていることを主張している。

一方で，Neely (2008) による国毎の純粋な製造企業，サービス企業の割合に関する調査によれば，中国や日本などの高い国内総生産を示している経済大国は，アメリカや欧米の先進諸国と比較すると製造企業の割合が高くサービス企業の割合が低い結果となっている（図 1-2）。日本はこれまで技術立国を標榜し，科学技術の高度化と高品質製品の大量生産アプローチで世界でも有数の経済大国となった。しかし今，産業全体として見ても高品質製

---

[4] Fisher, A.G.B. (1945). *The Economic Progress and Social Security*（筆者訳：経済進歩と社会保障），MacMillan の中で，需要構造の変化への対応の困難性とそれに伴う部門構成分析の中で経済活動を第一次，第二次，第三次部門へと分類している。

品の創出のみならず，サービス企業を育てていくことが課題になっているといえるだろう。

　三品（2004）によれば，過去40年間で日本の製造業の売上高営業利益率

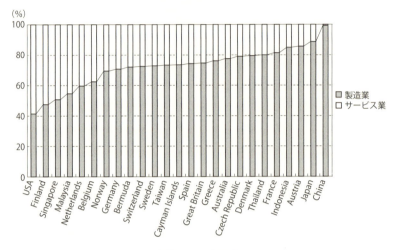

図1-2　国別のサービス業の割合

出所：Neely（2008）

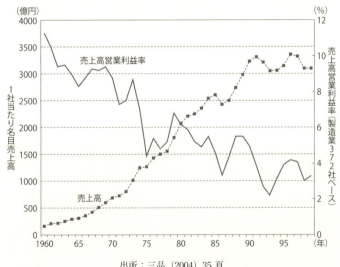

図1-3　日本の製造業の売上高と売上高営業利益率の長期推移

出所：三品（2004）35頁

は長期低落傾向を示す一方で売上高は名目上 20 倍以上に拡大しており，日本経済の繁栄は豊かさを伴わないものであることが示唆されている（図 1-3）。その要因は，売上のいたずらな拡大からくる収益性低下の図式によるもので，戦略の欠如にあると主張している。

　日本の製造業の収益性長期低落傾向を製品視点で見た場合，高度経済成長のもとで成立していた，売上を拡大し製品シェアを向上させれば投資収益率（ROI：Return on Investment）が向上するとする，PIMS（Profit Impact of Market Strategies）研究の理論枠組み（Buzzell and Gale, 1987）は，今日の経済低成長下では必ずしも成立するとは限らないことが示唆されている。さらに，Christensen and Raynor（2003）は，イノベーターのジレンマ仮説を主張している。このことは，巨額の投資を行って持続的なイノベーションを生む研究・開発を行ったとしても，短期間で類似製品が出現し，収益性が急速に低下するというコモディティ化現象が表れることを意味している。この様な，製品の短期間でのコモディティ化現象に対して，長内・榊原（2012）は，コモディティ化現象が進む局面では，製品の機能・性能の向上が顧客価値には結びついておらず，顧客が製品を選好する要因は，製品の機能・性能などの機能的価値を備え，かつ，きめ細かいアフターサービスと，その結果として顧客が感じる企業への信頼感の様な意味的価値を付加することが重要であると主張している。さらに，製品開発とアフターサービスは無関係ではなく，あらかじめ製品仕様の中にサービスのし易さが埋め込まれていることが重要で，技術とビジネスとを上手く擦り合わせることで製品・サービスが一体化したビジネスを創り上げることが必要であると強調している。

　長内・榊原（2012）の主張を経済的視点で捉えた研究として，Gebauer, Fleisch, and Friedli（2005）の研究がある。彼らは，ドイツとスイスの生産財企業 199 社を調査し，売上高を製品とサービスに分け，売上高におけるサービスの比率が増えれば企業の収益性が改善されることを，定量的根拠に基づき主張している。また，ドイツとスイス以外の他国に適用するには限界が有るとしながらも，生産財企業において収益性を高める可能性の 1 つとして，売上高におけるサービス比率を高くしていく戦略を展開することが重要であると主張している。

　以上のサービス経済化傾向を踏まえて本研究の意義をまとめる。産業構造

の観点から見ると国民総生産の大きい先進国の産業構造はサービス経済化の傾向を示しているが，経済先進国の中でも中国や日本は国民総生産が大きいにもかかわらずサービス経済化の傾向は示しておらず，産業全体としてサービス企業を育成していくことが課題となっている。製品の観点から見ると，日本の製造業はコモディティ化現象を回避するために，製品・サービスの一体化戦略を推進することで売上高におけるサービス比率を高めて売上高営業利益率を向上できる可能性がある。にもかかわらず，製造業全体の売上高営業利益率は減少傾向を示しているが，このことは，製造業でのサービス・イノベーションの重要性を認識しつつもその具体的なアプローチについて説明する概念枠組みが必ずしも明確にされていないことに起因している。従って，本書においてこの概念枠組みを明らかにすることは，我が国が製造業のサービス化を推進する上で意義あることと考える。

2.3　製造業のサービスの定義

近藤（2012）は，様々なサービスの定義を纏めているが（18-21頁），サービスの内容と範囲が多様であるため定義も多様であり，製造業のサービスに最も適するものを，以下に探索する。

Lovelock and Wright（1999, 邦訳2002）によれば，サービスとは，「一方から他方へと提供される行為やパフォーマンス」（4頁）であるとされ，さらに，「特定の時・場所において価値を創造し顧客にベネフィットを与える経済活動である」（4頁）と定義されている。彼らの定義は，サービスは，活動，行為，パフォーマンス（目的的な活動）という点を強調したものである。また，Grönroos（2007）は，サービスは多かれ少なかれ無形の一連の活動から構成されるプロセスであり，常にではないが，顧客とサービス提供者，物質的な資源やモノ，またサービス提供者のシステムとの間の相互作用として発生し，それは，顧客の問題のソリューションとして提供されると定義し，彼はサービスの特質としてプロセス，相互作用，ソリューションを強調している。一方で，Vargo and Lusch（2004, 2008）によれば，サービスとは，他者あるいは自身のベネフィットのために，行為，プロセス，パフォーマンス，を通じてコンピタンス（知識や技能）を適用することであると定義している。この定義は，特別な能力としての知識や技能を適用しその働きを

得ること,つまり使用価値の獲得がサービス生産の内容であることを強調したものであった。さらに,西尾・藤本(2009)は,サービスとは,本質的に機能設計情報がエネルギー媒体に転写された無形の人工物であり,モノの消費は消費者自身による自分へのサービス,モノの生産は作業者がモノに働きかけるサービスであり,その意味で基本特性を共有していると定義している。西尾・藤本(2009)の定義は,サービスとは設計情報という変換技術情報が,エネルギー媒体(人,モノ,システムの活動)に転写(構造化)された人工物(意図的に作られたモノやシステム,仕組み)である点を強調している。

以上の様にサービスはその多様性から定義を一本化することが困難であるが,本書では,製造業のサービス化について,企業の生産活動や組織の業務遂行のために使用される財に関連したインストール・ベース・サービスやソリューション・サービスなどの目的を持った活動を想定しており,サービスの本質は知識や技能であるとしながらも,目的を達成する過程という意味でのプロセスと,そのプロセスにおける相互作用が強調される定義を援用したいと考える。従って,本書ではVargo and Lusch(2004, 2008)とGrönroos(2007)の定義を援用し,製造業のサービスとは,「専門的な知識や技能を適用する無形の一連の活動から構成されるプロセスであり,また,常にではないが,顧客とサービス提供者,物質的な資源やモノ,またサービス提供者のシステムとの間の相互作用として発生し,顧客の問題のソリューションという形として提供されるもの」と定義する。

また,サービス・イノベーションの定義も種々存在し,イノベーションについてSchumpeter(1934)は,経済学の視点で新結合であると主張している。また,サービスの文脈において近藤(2012)はイノベーションについて種々の定義を纏めている(56-60頁)。南・西岡(2014)は「サービス・イノベーションとはサービスの業務プロセスを改革することにより生産性を向上させること,あるいは,これまでにない革新的なサービスを創出することである」(2頁)と定義している。

本書でも,サービスにおける現状のプロセス改善や,新しいプロセスを創出するという意味でのイノベーションとして,この南・西岡(2014)の定義を援用し議論を進める。

2.4 製造業のサービス化研究における3つの課題

　近藤（2012）によれば，モノの持つ機能をサービスとして提供する製造業のサービス化には2つの研究潮流があり「一つは，（サービタイゼーション：servitization）がモノ製品のサービス化自体を強調して，そうした発想に基づくさまざまな新しいサービス商品を検討する見方であり，もう一つは，サービサイジング（servicizing）がモノ製品の購買を伴わないことから生まれる環境負荷への削減を強調するアプローチである。」（246頁）と指摘している。前者は，Vandermerwe and Rada（1988）が主張するservitizationを中心とした議論であり，後者は，Goedkoop, Halen, Riele, and Rommens,（1999）や，Aurich, Fuchs and Wagenknecht（2006）らが主張する欧州発のPSS（Product-Service System）を中心とした議論でありservicizingと呼ばれている。本書では，製造業のサービス化における課題を抽出し検討することを目的としているため，両者を包括した形で「製造業のサービス化」として議論を進める。

　servitizationの研究は，Baines, Lightfoot, Benedettini, and Kay（2009）のレビュー論文に詳細が纏められているが，その端緒は，Vandermerwe and Rada（1988; Vandermerwe, Matthews, and Rada, 1989; Vandermerwe, 1993）により，製品とサービスをバンドル，パッケージ化することで製品にサービスを付加し，付加価値をつけてビジネス展開を図ることを主張したことに始まっている。彼らの主張を契機として，消耗部品の取替えサービスなどを中心としたインストール・ベース・サービス（installed base service）を念頭において，製品からサービスへの移行をどの様に行えば良いのか，といった議論が展開されてきた（Quinn, Doorley, and Paquette, 1990; Anderson and Narus, 1995; Wise and Baumgartner, 1999）。servitization研究の潮流における課題としては，以下の3点が挙げられる。

　第1は，ソリューション・サービス（solution service）についての議論である。ソリューション・サービスとは，顧客の製品使用における問題点を顧客の文脈において理解し解決策を示す，問題解決提案型のサービスである。ソリューション・サービスの研究は，Wise and Baumgartner（1999）が，顧客の問題点を総合的に解決することで顧客ニーズを満足するソリューション・サービスの重要性を主張したことに始まっている。これを受けて，Shepherd and Ahmed（2000）は，コンピュータ業界や電気機器業界において，

競争優位を築くために製品イノベーションからソリューションイノベーションにパラダイムシフトすることを主張した。同様に，Galbraith（2002）においても，CAD業界において，製品にソフトウエアやサービスを付加しバンドル，パッケージ化することで，ソリューション戦略を展開している事例を挙げ，製品中心戦略から顧客のソリューション提案を主軸に置くソリューション戦略に移行することの重要性を主張した。また，Davies（2004），Hobday, Davies, and Prencipe（2005），Davies, Brady, and Hobday（2006, 2007）や，Matthyssens and Vandenbempt（2008）においてもバリュー・ストリームに基づいてシステムを統合することで高い付加価値が得られ，企業にとって魅力のある提案ができるインテグレイテッド・ソリューション（integrated solution）を主張している。

一方，Tuli, Kohli, and Bharadwaj（2007）は，ソリューション・サービスをビジネスとして見た場合，ほとんどが控えめな利益となっており，問題解決それ自体を効率的に行いビジネスとして展開することが困難であると主張している。この背景として，ソリューション・サービスは，顧客一人ひとりが抱えている問題を解決する個別サービスにとどまっており，多くの顧客に共通した広い範囲で適用が可能なソリューション・サービスを標準モデルとして展開できていないことがある。つまり，製造業のサービス化の階段を着実に昇っていくためには，ソリューション・サービスをどの様な手法でモデル化し，多くの顧客に適用できるビジネスモデルとして提案していくかについて課題が残されていると考えられる。

第2は，製造業がサービス化を推進するに当たり，サービス・パラドックス（service paradox）と呼ばれる状況に陥ってしまうことが挙げられる。Gebauer, Fleisch, and Friedli（2005）によれば，サービス・パラドックスは，企業経営者がサービス事業に投資をしてもサービス事業収益が増加しないジレンマに陥ってしまう，すなわち，サービス事業の生産性が向上せず停滞する状況と定義されている。彼らは，製造業のサービス化を推進する上でこのサービス・パラドックスをいかに乗り越えるかが課題であると主張しており，サービス・パラドックスに陥る要因として次の3点を主張している。

1点目としては，企業経営者がサービスビジネスを拡大しようとしても，従業員のワーク・モチベーションに限界があるという意識の問題を挙げてい

る。従業員のモチベーションの低下は,サービス品質の劣化を促進するからである。2点目としては,企業経営者がサービスビジネスを上手く拡大しようとすると,組織構造を様々に変えなければならないことを挙げている。3点目としては,多くの企業は組織構造に苦慮しており,サービスを実行する際に予測できない様々な副作用が現れることを挙げている。この様に,企業における従業員のモチベーションなどの意識の問題と,市場環境に対応しようとした場合の組織構造との適応関係から見た構造の問題であるが,従業員のワーク・モチベーションや組織構造は,Chandler(1962)が主張する「組織は戦略に従う」という観点から考えると,企業経営者の意思決定としての戦略が,これらに影響を与えていると見ることも可能である。従って,Gebauer, Fleisch, and Friedli(2005)の見方だけではサービス・パラドックス現象の本質を十分に説明し切れているとはいえず,サービス・パラドックスの本質的メカニズムを解明するための課題が依然残されていると考えられる。世界的に見れば,サービス・パラドックスに陥らず,製品開発とサービス開発をバランス良く遂行し,長期間にわたり安定して収益を挙げている企業も少なくない。本書では,サービス・パラドックスに陥らず大きな成果を挙げている企業経営者の意思決定に着目し,その本質的メカニズムを解明することを試みる。

　第3は,製品中心からサービス中心への移行に成功している企業群では,製品組織とサービス組織とを分離させることが成功に繋がるとするOliva and Kallenberg(2003)の主張と,それとは逆に,製品組織とサービス組織を分離することは失敗に繋がると批判したNeu and Brown(2005)の主張に対立が見られる点についてである。この背景として,Oliva and Kallenberg(2003)は,消耗部品の取り換えの様に標準化されたサプライ・チェーンが主体となるサービスの場合には,組織構造として製品組織とサービス組織を分離することで組織の業務効率を高めることができることを主張している。一方,Neu and Brown(2005)は,サプライ・チェーンの各段階で様々なサービス創出が必要な場合には,組織構造として製品組織とサービス組織を統合することにより成果が上がることを主張している。また,PSSの議論の中でも,Goedkoop, Halen, Riele, and Rommens(1999),Aurich, Fuchs, and Wagenknecht(2006)らは,製品組織とサービス組織の一体化を主張

しているが，Olausson and Berggren（2012）によれば，複雑な製品開発を行う場合，製品開発（R&D）部門とサービス部門の情報共有や相互交流は必ずしも上手く行われておらず，情報の非対称性や相互交流を上手く管理することの重要性を主張している。以上より，製品組織，サービス組織の一体化をどの様に行うかについて課題が残されていると考える。

以上を総括すると，servitization研究では，①ソリューション・サービスにおけるモデル化手法，②サービス・パラドックスの本質的メカニズムの解明，③製品組織，サービス組織の一体化戦略をどの様に行うか，などの課題が存在する。

3　本書の研究課題とアプローチ

以上を踏まえ，本書の研究課題とアプローチを，ここで明確にしておく。

3.1　研究課題（1）：ソリューション・サービスにおけるモデル化手法

製造業のサービス化におけるOliva and Kallenberg（2003）の第1段階のインストール・ベース・サービスについて，Reinartz and Ulaga（2008）は，全体として利益が飽和してきていると主張している。Gebauer（2007）やKujala, Artto, Aaltonen, and Turkulainen（2009）のサービス類型の分析結果も，製造業におけるサービスとして，従来から行っている部品取替えなどのインストール・ベース・サービスのみならず，顧客支援サービスや性能・機能を向上させるソリューション・サービスを開発し提案していかなければ，売上全体のサービス比率を上げ企業収益性の向上は図れないと考えられる。

Lovelock and Wirtz（2007，邦訳2008）によれば，「サービス・プロセスとは，サービスの構成であり，どの様な手段や手順でサービス・オペレーションを行い，それらがいかに連携して顧客に対する価値提案を実現するかである」(231頁)としており，サービスをプロセスと捉えている。しかし，ソリューション・サービスをモデル化するには，Vargo and Lusch（2004, 2008）によるS-Dロジック（Service Dominant Logic）の議論が重要となる。S-Dロジックでは，経済交換がモノ中心から企業の持つ専門化された知識や技能

(knowledge and skill) といったサービスを中心とするものへとシフトすることを主張し，サービスの本質を知識や技能そのものであると主張している。専門化された能力である知識や技能は，オペラント・リソース（operant reseauce）として顧客との価値共創（co-creation of value）によって獲得され，この資源を適用することによって使用価値（value-in-use）や文脈価値（value-in-context）などの価値提案を実現することに繋がると主張している。しかし，彼らが主張している資源と価値の議論は未だ収斂しておらず，Achrol and Kotler (2006) においても S-D ロジック自体がマーケティング領域における支配的な理論フレームワークになるには程遠いと批判している。

そこで本書では，Vargo and Lusch (2004, 2008) の着眼部分である，サービスの本質は知識や技能である点に依拠しながらも，知識や技能を認知科学の視角（perspective）で再考することを試みる。ソリューション・サービスのモデル化を考えるに当たり，問題となるのは個別サービスをどの様に標準サービスに変換するかであるが，Vargo and Lusch (2004, 2008) の議論ではオペラント・リソースをより広く獲得するために組織学習が議論の中心となっている。しかし，サービスは反復継続したものであり在庫とすることができないため，海外展開や事業規模が大きくなるにつれて属人的アプローチでは限界が生じることも事実である。認知科学[5]における熟達研究では，主にエキスパートの問題解決（problem solving）行動における思考プロセスを人工知能（AI：Artificial Intelligence）[6]に代替する取り組みや，人間の技能をロボット技術（robot technology）により代替させる取り組みが行わ

---

[5] 太原（2008）は認知科学（cognitive science）と「知識工学（knowledge engineering）」（3頁）を並列して挙げている。前者は，心理学と密接な関連を持つ科学的側面からアプローチしており，安西（2011）によれば，認知科学は，「心の働きにかかわる現象を，伝統的な学問分野や文系，理系，医系の区分にとらわれず，『情報』の概念を基にして理解しようとする知的営みである」（i頁）と定義されている。後者の知識工学は，計算機科学と密接な関連を持つ工学的側面からアプローチしているが，これらの2つは，明確に意識され区別されているわけではなく，あえて区別する必要もないと考える。

[6] 認知科学研究領域では，人間の問題解決行動は思考の一部として捉えられ体系的な研究が行われてきた。Simon and Newell (1971) pp.145-159 参照。
ロシアの人工知能研究者 Alexander Kronrod は，「チェスは人工知能のショウジョウバエである」と述べている。彼は，人工知能研究にチェスを用いる理由を遺伝学者がその研究にショウジョウバエを用いたことにたとえ，説明している。人工知能学会ウェブサイト：http://www.ai-gakkai.or.jp/whatsai/AIfaq.html 参照。

れており，近年の技術進歩によりこの限界を超えることが可能になってきている。つまり，ソリューション・サービスに必要とされる知識・技能のシステム化を ICRT に代替させる取り組みは，個別サービスを標準サービスに効率良く転換することに繋がると考えられる。以上の背景から，先行研究として認知科学に着目し，レビューを行う。

3.2 研究課題（2）：サービス・パラドックスの本質的メカニズム解明

　Gebauer, Fleisch, and Friedli（2005）により，多くの製造業の経営者がサービス事業に積極的に投資を行ったとしても，サービス・パラドックスに陥り売上におけるサービス比率を高めることができず，収益性が停滞することが報告されている（図1-4）。製造業がサービス・パラドックスに陥るのは，前述した様に組織構造を頻繁に変え，そのことによって従業員のワーク・モチベーションが低下し様々な副作用が現れる経営資源の問題として，その要因が捉えられている。

　しかし，この様な資源に起因する問題はそもそも，事業環境が不透明な中での企業経営者の意思決定とも深く関わっていると考えられる。例えば，事業環境が混沌とした中で，企業経営者が事業機会の認知を十分にできず組織構造を頻繁に変え，そのことが原因で従業員が疲弊してワーク・モチベーションが低下するといったことも想定されるからである。Gebauer, Fleisch, and Friedli（2005）は，この様な企業経営者の意思決定については言及していない。

　サービス・パラドックスの本質的メカニズムを解明しようと考えた場合，不確実な事業環境において企業経営者の意思決定がどの様に行われ，投資判断における資源構築の行方にどの様な影響を及ぼすかについても検討することが必要だと考える。その場合，企業経営者における事業機会の認知と資源構築の方法について，資源ベース理論研究の延長線上の議論として，Busenitz and Barney（1997）や Baker and Nelson（2005）の議論が参考になる。また，企業経営者の意思決定については，Sarasvathy（2008）による，起業家研究におけるエフェクチュエーション研究が重要であると考えられる。以上から，本書では資源ベース理論分野に軸足を置きながらも，企業経営者の事業機会の認知や意思決定に係る先行研究を関連させながら，レビューを行う。

図 1-4 サービス・パラドックス

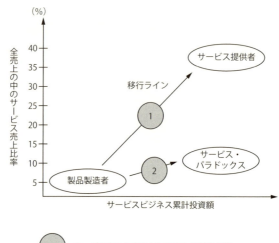

- 製品製造者：製品にサービスを付加しているがサービス売上比率は極めて低く，価値提案の大部分は製品であり，据付け，書類や予備品供給などのわずかのサービスを提供している。
- サービス提供者：価値創造の大部分はサービスからであり，メンテナンス契約やコンサルタントサービスなど製品に関連したサービスや顧客支援サービスなどが売上に大きく占める。
- サービス・パラドックス：サービスビジネスを拡大するために投資を増やし，サービス提案を増やしているが，高い収益を確保することができていない。

出所：Gebauer, Fleisch, and Friedli (2005)

3.3　研究課題（3）：製品組織・サービス組織の一体化戦略

　先行研究において，製品中心からサービス中心への移行に成功している企業群では，製品組織とサービス組織とを分離させることが成功に繋がるとする Oliva and Kallenberg (2003) の主張と，それとは逆に，製品組織とサービス組織を分離することは失敗に繋がると批判した Neu and Brown (2005) の主張に対立がある。さらに，Goedkoop, Halen, Riele, and Rommens, (1999)，Aurich, Fuchs and Wagenknecht (2006) が提唱する PSS の議論においても，製品組織とサービス組織の一体化を主張しているが，Olausson and Berggren (2012) によれば，複雑な製品開発を行う場合，製品開発部

門 (R&D) とサービス部門の情報共有や相互交流は上手く行われておらず，情報の非対称性や相互交流を上手く管理することの重要性を主張している。この様に，それぞれの対立した主張の上に課題を設定することは意義あることと考える。

加護野（2014）は，製造業では製品・サービスの一体化（バンドリング化）戦略が重要であると主張している。製品とサービスを一体化させるか分離させるかを判断する時，製品導入における設備投資を行う際の本体費用（CAPEX）と製品が廃却されるまでのメンテナンス費用や燃料代などの運用管理費用（OPEX）の比率が重要になると考えている。製品のライフサイクル費用を投資側から見た場合，製品の種類によってCAPEXとOPEXの比率は異なる。例えば，テレビや自動車などの製品においては，大半がCAPEXであるのに対して，建設機械や火力発電設備などの製品では，大半がOPEXとなっている（図1-5）。CAPEX支配の製品群に対しては，製品イノベーション戦略が重要になる。一方で，OPEX支配の製品群に対しては，サービス・イノベーション戦略が重要となる。また，OPEX支配の製品群は，立地の良さを活かし製品・サービスを一体として捉えたサービス・イノベーションが効果的であると考えられる。この様な観点から，製品開発に特化するべきなのか，製品・サービスを一体として開発するのかは，CAPEX/OPEX比率による製品特性に依存すると考えられる。

OPEX支配の製品を扱っている製造業において，この課題を検討するに

図1-5 製品毎のCAPEXとOPEXの比率

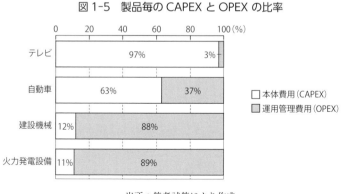

出所：筆者試算により作成

当たり重要と考えられるのは，サービス・エンカウンター（service encounter）と呼ばれる顧客接点の捉え方である。Kotler and Keller（2007）によればサービス・エンカウンターでは，多数の要素によって影響を受ける複雑な相互作用であるホリスティック・マーケティングの観点を取り入れることが重要であり，顧客，企業，従業員の3点を結ぶエクスターナル，インターナル，インタラクティブなマーケティングの重要性を主張している。Kotler and Keller（2007）が主張するこの様なサービス・トライアングル（service triangle）は，Grönroos（1984）が顧客とサービス事業に従事している従業員のスキルを，技術的品質と機能的品質に分けて評価することの重要性を主張したインタラクティブな部分の研究と，Greene, Walls, and Schrest（1994）が顧客に提案するサービスの作成などのエクスターナルな部分は従業員の動機づけなどのインターナルな部分に影響を受けるとした研究とを統合した概念枠組みとして主張されたものだった。しかし，従来のサービス・トライアングルの概念枠組みでは先行研究において指摘されている企業内の組織間対立現象は捉えることができず，焦点距離の長い概念レンズで現象を見てもぼやけてしまうと考えられる。そこで，Orr（1996）がXeroxコピー機のサービスに関するエスノグラフィーにおいて，顧客，機械（コピー機），修理技術者を結ぶ顧客−機械（コピー機）−技術者のサービス・トライアングルにおいて戦争物語（war story）と呼ばれる暗黙知の共有を図るコミュニケーションの重要性を主張している（p.161）。この研究を基にして，サービス・エンカウンター部分において，顧客，サービスを行う従業員の集合体であるサービス部門，製品開発や製造部門を統合した製品部門，を本書におけるサービス・トライアングルと設定し，顧客の活動を顧客プロセス，サービス部門の活動をサービス・プロセス，製品部門の活動を製品プロセス，と定義した焦点距離の短い概念レンズで現象を見ることにする。そして，製品中心からサービス中心への移行に成功している企業において，本書で定義したサービス・トライアングルにおける複雑な組織間連携を必要とする顧客接点において，どの様な組織構造を採用し，どの様な方法で顧客情報を共有し，サービス・プロセスや製品プロセスを統合しているのかを事例を通じて探究することとしたい。本書では製品，サービス，顧客のプロセスを統合したサービス・トライアングルにおいて顧客志向のプロセス設計をどの様に進めていけば良い

かについて，SOM (Service Operating Management) 領域の先行研究をレビューする。

4 本書の構成

本書は，以下の様な構成で検討を進める（図1-6）。

まず本章では，研究課題として本書の問題意識，サービス概念と研究課題に対するアプローチを示した。これを受けて第2章では，認知科学研究分野

図1-6 本書の構成

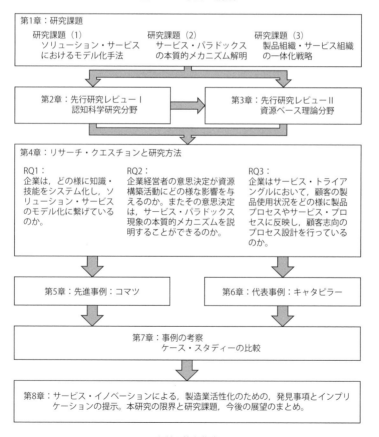

出所：筆者作成

における先行研究をレビューする。特に，今日のサービス・イノベーションにおいて重要性が増してきている知識・技能のシステム化がどの様な手法で行われているのかについてICRT技術と関連させてレビューを行う。この分野は，過去の経営学分野における組織論とも深く関連しており，純粋な認知科学研究分野のみならず経営学や社会学とも関連させたレビューが必要である。第3章では資源ベース理論分野の先行研究を中心にレビューする。資源構築活動において熟達した企業経営者の意思決定が顧客価値の創造にどの様に関連しているかに焦点を当てる。資源ベース理論分野の議論は，企業間関係性による時系列大量データ（big data）[7]の取得，また時系列大量データ（big data）から知識・技能のシステム化をどの様に達成し顧客志向のプロセス設計に繋げていくのかについてレビューする。

　第4章では，先行研究レビューの議論から分析概念枠組みとリサーチ・クエスチョンを導出し，理論サンプリングとしての業界の選択，また，方法論として過程追跡法とオーラル・ヒストリー法を組み合わせることで明確な証拠に基づいた比較事例研究であることを示す。そして，第5章，第6章では製造業でサービス・イノベーションに成功している先進事例であるコマツ，また，業界トップシェアの代表事例であるキャタピラーについて，一次データであるインタビュー，二次データである書籍，雑誌，インターネットなどの定性データを基に記述する。また，企業経営者の意思決定を扱うために企業が発信したアニュアル・レポートに掲載されているトップメッセージなどのテキスト・マイニング分析も取り入れる。そして，第7章では，事例に対する考察を行い，リサーチ・クエスチョンに沿って，先行研究レビューで導出した分析概念枠組みの概念レンズを通して事例を見た時に，サービス・イノベーションがどの様に活性化され顧客価値向上に繋がっているのかについて考察し，この様な考察を通して先進事例と代表事例の特徴的なパターンの違いを浮き彫りにすることを試みる。最後に第8章では，本書の発見事項とサービス・イノベーションによる製造業活性化に向けた含意を述べると同時に，本書で構築した概念枠組みの限界と研究課題，今後の展望を示す。

---

[7] 一般的に「ビッグデータ」というとインターネット上のデータも含むが，本書ではIoT/M2Mの現場のリアルデータという意味を強調するために，「時系列大量データ（big data）」という言葉を用いる。

第2章

先行研究レビューⅠ
認知科学研究

1 はじめに

　認知科学の基礎を築いたのは人工知能の父と呼ばれているハーバート・サイモン（Herbert Alexander Simon）であるが，彼は人生の前半を経営学の研究に捧げ，後半は，カーネギーメロン大学で共同研究者であるアレン・ニューウェル（Allen Newell）と共に人工知能の萌芽的研究を行っている。特に有名なのはチェスを指すコンピュータプログラムの開発で，当時，哲学者であったヒュバート・ドレイファス（Hubert Lederer Dreyfus）は，チェスマスターの直観的な駒の動かし方を模擬することなど人工知能にはとても真似できないと批判したが，結果は人工知能がチェスの世界チャンピオンを破り勝利した。以降，人工知能は，将棋名人，クイズ王，囲碁名人に挑戦しその腕前を上げていることがメディアでも大きく取り上げられている。さらに，人工知能の発展と共に登場したのがロボット技術である。初期のロボット技術では，マスター・スレーブ関係の遠隔操作技術が中心であったが，この様な技術を災害現場に適用しようと，1990年代の雲仙普賢岳の火砕流災害を契機に建設機械の遠隔操作の研究が進められた。今日では，原子力発電所においても放射線量が高く人間が立ち入ることのできない危険箇所を点検する遠隔ロボットが実用化されている。後に，この様な遠隔ロボットに人工知能が組み込まれる様になり，自律ロボットの研究が始められた。1997年には，MITが開発した火星探査ロボットである「ソジャーナ」が人間の制

御から離脱し，自律的に火星を動き回ることに成功している。我々の身近にある自律ロボットとしては，i-Robotが開発したロボット掃除機のルンバ（Roomba）が代表例となっている。

本章では，認知科学研究分野における先行研究のレビューを行う。中でも，人間の頭脳や身体を代替しシステム化しようとした人工知能やロボット創造の取り組みを取り上げる。具体的にはまず，認知科学研究の発展の歴史を概観した後，システム化の萌芽的研究であるサイバネティクス研究をレビューする。次に，情報処理モデルには限界が生じたことを取り上げ，その後，チェス・マスターの熟達研究により長期記憶と短期記憶を分離して考えることでその限界を克服していったことを説明する。そして最後に，人工知能のプロトタイプであるエキスパート・システムが生まれ，人工知能をロボットに導入することで，自律無人ロボットが登場したことを扱う。これらの研究は，認知科学研究分野を基礎としているが，一般的にブラックボックスと見做されることが多いため，知識・技能のシステム化がどの様な経緯で生まれたのかを明確にすることを目的としてレビューを進める。

1.1 認知科学研究の歴史

佐伯（2014）は，認知科学研究分野における発展の歴史として2つの認知革命を挙げている。第1は，Newell, Shaw, and Simon（1957）が論理学による定理証明をするプログラムとしてロジックセオリスト（logic theorist）[1]を開発して人工知能の基礎を築き，この人工知能研究と連携してWinograd（1972）が自然言語を理解するコンピュータの開発に成功したことである。第2は，現場における学習をテーマとした状況的認知論研究発展の中で，Lave and Wenger（1991）による正統的周辺参加論（Legitimate Peripheral Participation：LPP）を理論背景とする，状況に埋め込まれた学習（situated learning）を，「人が実践[2]の共同体に参加することによって，その共同体の成員としての『アイデンティティー（identity）』を形成すること」と見做したことである。このことによって，学習が個人の営みではなく，技能の学習

---

[1] Wittgenstein（1933）による「論理学」を記号化して，コンピュータ処理できる言語とプログラムを開発する取り組みである。
[2] 毛（1957）では，認識と実践は一体化しており切り離せないことを論じている。

を目的とした集団としての営みとして認識され，Wenger, McDermott, and Snyder（2002）の主張する，実践共同体（communities of practice）[3] 活動の議論へと繋がっている点を，佐伯（2014）は挙げている。

1.2　サービス・イノベーションと認知科学研究

　サービス・イノベーションに関連して，Vargo and Lusch（2004, 2008）は，サービスとは知識や技能（knowledge and skill）を提供することであると主張しているが，残念ながら認知科学研究そのものがサービス・イノベーション研究において重要な役割を果たすとは考えられておらず，知識・技能のシステム化はブラックボックスとして取り扱われている[4]。

　しかし本書の研究課題（1）であるソリューション・サービスのモデル化を行うプロセスでは，問題解決行動に必要な知識や技能をシステム化することが重要となり，人工知能技術による機械学習（machine learning）や，各種センサーを搭載したロボット技術（robot technology）を適用し，複雑な機械学習を駆使することによって知識・技能のシステム化を行うことが可能となるため，この観点から以下に認知科学研究をレビューしていく。

2　サイバネティクス

2.1　システム化の萌芽的研究

　安西（2011）は，認知科学研究誕生に影響を与えた3つの研究として，第1にイギリスの数学者であるアラン・チューリング（Alan Turing）が発案した今日のコンピュータのモデルであるチューリングマシン（turing machine），第2にアメリカの数学者であるノーバート・ウイナー（Norbert

---

[3]　Wenger, McDermott, and Snyder（2002，邦訳2002）は，「実践共同体とは，あるテーマに関する関心や問題，熱意などを共有し，その分野の知識や技能を，持続的な相互交流を通じて深めていく人々の集団のことである。」(33頁) と定義している。

[4]　認知科学研究領域において，人工知能研究は，サービス・イノベーションにおける重要なリサーチ・アジェンダとして位置づけられているが，経営学・商学領域では重要なものと位置づけられていない。例えば，原・前川・神田（2010）は，サービス・モデリングや循環型知識処理と人工知能との関わりにおいて，その重要性について言及している。

Wiener）が提唱した，数値で表現されたアナログ情報を処理する通信と制御の情報処理モデルであるサイバネティクス（cybernetics），第3にアメリカの工学者であるクロード・シャノン（Cloud Shannon）の情報伝達に関する理論，を挙げている。

第1のTuring（1936）は，今日のコンピュータ動作の基本を論じている。彼は，ある記号の列が書かれているテープにおいて，与えられた規則に従ってヘッドがそのテープの記号を読み取って新しい記号を書き込み，同時にヘッドの内部状態を別の状態に変換して右か左に一コマ動かすという記号処理（プログラミング）ができるチューリングマシンの基本原理を考案した[5]。そのことによって，様々な言語や思考などの認知機能に関わるプログラミングを作成し比較することができる様になった。第2のWiener（1948）は，数値で表現されたアナログ情報を処理する通信（communication）と制御（control）の理論モデルを考案した。この理論モデルは，舵手（船の舵）をメタファーとしたギリシャ語のサイバネティクスを引用し，フィードバック（feedback）をその中心概念に据えている。このフィードバックは，自分で設定した目標の達成に向かう様に行動するため，心や脳の合目的的な働きを説明することに使われている。第3のShannon（1948）は，特定の情報を知っているか否かについては確率的に決まるとして，情報エントロピーの概念を導入し，情報量を数式で定義し，コンピュータの情報量を表す単位ビット（bit）を提唱した。

認知科学研究における心や脳の探究には，不確実な状況のもとで，どれくらいの情報量がどの様にして伝達されるかという問題が絡んでいる。そのため，第1の研究成果であるチューリングマシンを発展させたコンピュータサイエンスやソフトウエア技術，第3の研究成果であるシャノンの情報伝達理論をさらに発展させたネットワーク技術，サーバやクラウド技術などの情報蓄積技術を基盤として研究が進められてきた。中でも，第2の研究成果であるサイバネティクスにおけるフィードバック概念は，ネガティブ・フィードバック（negative feedback）から出発してポジティブ・フィードバック（positive feedback）へと発展しており，認知科学研究における心や脳の学

---

[5] チューリングと計算機の関わりについては，チューリング，A. 著／高橋昌一郎訳「計算機と知性」『現代思想』11月臨時増刊号 Vol.40, pp.8-38参照。

習機能を説明する嚆矢となった[6]。

　Wiener（1948）によれば，フィードバックにおける最初の研究は，マクスウエル（James Clerk Maxwell）[7]による蒸気タービンの調速装置（ガバナ：governor）のネガティブ・フィードバックであるとしている。このネガティブ・フィードバックでは，蒸気タービンの実際の回転数出力値に対して目標回転数値の差を入力信号に加えて蒸気加減弁の開度調節を行う。この差の値がゼロになれば目標回転数に到達したということであり，蒸気タービンは静定状態となる。この蒸気タービンの目標回転数値は，例えば，日本の60Hz地区では3600rpm，50Hz地区では3000rpmの様に時間と共に変化はしない固定値であるため，差を入力信号に加えた分だけ出力信号が比例して増えることになる。このネガティブ・フィードバックを用いたシステムはリニアシステム（liner system）と呼ばれている。一方，ポジティブ・フィードバックでは，コンピュータ技術とフィードバック概念が統合し，その後のミサイル迎撃制御システムへと発展した[8]。実際のミサイルの迎撃では，目標値が時間と共に変化するために過去の目標の出力値から一定時間後の目標出力値をコンピュータにより計算して求め，迎撃制御の入力信号に計算信号を和として加えた入力信号を逐次設定しながら迎撃制御を行う。この様に時間と共に目標値がランダムに変わるため，ポジティブ・フィードバックを用いたシステムはノン・リニアシステム（non-liner system）と呼ばれている[9]。この様に，ネガティブ・フィードバックによる研究の蓄積がポジティブ・フィードバッ

---

[6] 情報工学では，コンピュータが問題の最適解を求める過程でプログラマから解法を与えられるのではなく試行錯誤を繰り返しその結果をフィードバックすることによってよりよい解法へ近づいていく動作のことを，「機械学習」と称する。MacKay（2003）参照。

[7] Maxwell（1868）pp.270-283参照。

[8] サイバネティクスを応用したミサイル迎撃システムの端緒となる「定常時系列の外挿，補間，平滑化」に関する論文では,対空砲火制御について詳述しており，当時「黄禍（yellow peril）」と呼ばれ，米国軍部から機密扱いされた,としている。Conway and Siegelman（2005,邦訳2006）188頁参照。

[9] サイバネティクスにおけるポジティブ・フィードバックの考え方をさらに発展させたCeruzzi（1998, 邦訳2008）によれば，「（筆者注：Forresterのフライトシュミレータ開発のあと，）Whirlwind計画によりによってもたらされた集権的な命令・監視システムを要する半自動航空警戒管制組織（Semi-Automatic Ground Environment: SAGE）は，〔中略〕その一方でDECを産み落とした。」(27頁)としている。Forrester(1958)の研究では,需要変動と在庫変動の関係をコンピュータ・シュミレーションしており，社会システムの分析に対して，コンピュータ・シュミレーションを用いた手法は，「システム・ダイナミックス」と呼ばれている。その後，システム・ダイナミックスの考え方は，経営学においてもArgyrisやSengeらの組織学習の考え方の基盤となっている。

クの概念形成へと繋がり，これらの理論モデルを用いてシステム（system）[10]概念が主張される様になった。

2.2 システム化における学習概念

Ashby（1952）は，生物学における自己調節（self-regulator）現象を解明するために，人間の適応行動を可能にする神経システムの構成問題を，知的システムの行動原理として安定性概念を導入することで，混沌とした状態からある特定の目的に合う様，適応的に自己を構成していく自己組織化（self-organization）概念として説明している[11]。この概念を示す1つのモデルとして，安定性を求めて自分自身の行動を適応的に制御する機械，ホメオスタット（homeostat）[12]を試作している。さらに，学習し適応する自己組織システムとしてRosenblatt（1958）は，パーセプトロン（perceptron）[13]を提唱している。パーセプトロンは，脳の構造をした図形認識システムで，センサー部分の出力信号の結合の仕方で与えられた図形パターンを認識できる仕組みである。この出力信号の結合の仕方に重みを付けることで，図形パターン認識が可能になることが証明されており，フランク・ローゼンブラット（Frank Rosenblatt）はこの重み係数を学習によって決定するアルゴリズムを提案し，世界で初めてパーセプトロンを学習機械（learning machine）として位置づけた。このパーセプトロンは，今日の人工知能技術の1つである

10　Bertalanffy（1968, 邦訳 1973）によれば，システムとは，「相互に作用する要素の複合体である」（51頁）と定義されている。特長として，「システムの一般理論において疑いもなく根本的な一つの概念〔中略〕にとりわけ関係がある。それは階層的秩序の概念である」（24頁）と説明している。システム概念における階層的秩序は，Simon（1996b, 邦訳 1999）において，「複雑なシステムは，階層的であると考えることが出来るであろう。〔中略〕すなわち，準分解可能性の特性を持っている。」（256頁）と説明している。また，木村（2015）によれば，システムとは，「ある目的を達成するために機能要素を適切に結び付けた複合体である」（18頁）と定義されている。
11　Ashby（1952）は，自己組織化の概念を提唱しているが，この概念は，後に組織論におけるコンティンジェンシー理論に影響を与えた最少有効多様性の概念へと発展していく。
12　Ashby（1956, 邦訳 1967）によると，ホメオスタットとは入力 BOX-A から入力 BOX-B へエネルギーを移動させ平衡状態を作り出す装置を指す（102頁）。
13　Rosenbllat（1958）によると，人間の神経細胞であるニューロンを基にしてパーセプトロンが開発された。パーセプトロンはS層（感覚層，入力層），A層（連合層，中間層），R層（反応層，出力層）の3つの部分からなる。S層とA層の間はランダムに接続されている。S層には外部から信号が与えられる。A層はS層からの情報を元に反応する。R層はA層の答えに重みづけをして，多数決を行い，答えを出す仕組みである，としている。

ニューラルネットワークの基本原理であり，サイバネティクスのポジティブ・フィードバックの考え方を起点として，今日のコンピュータは自律的に学習することが可能になっている。これは，機械学習[14]や深層学習（deep learning）として知られている。

　サイバネティクスから派生した学際的研究[15]は，その後の認知科学分野の萌芽的研究[16]となっていき，分析対象を個人の学習から組織の学習に拡張した研究として Argyris（1977）[17]は，組織を対象とした2次学習（double loop learning）の重要性を主張している。彼は，1次学習（single loop learning）と2次学習の概念を提唱し，2次学習を1次学習と対比させることで，問題解決には2次学習が重要な役割を果たすことを主張した。1次学習は，例えばある部品の作り方などのノウハウ的なことを学ぶ，刺激（教えたこと）に対して反応する（学習する）という様に直接的な学習を表し，認知科学研究では問題解決の手順をアルゴリズムで明示することが可能である点で良定義問題（well-defined problem）として知られている。一方，2次学習は，例えばある部品の作り方に製作上とコスト上の課題があって，その各々の片方

14　小林（2008）によれば，機械学習は，1）教師あり学習：入力と出力のペア・データを与えることにより，入力に対して出力の関係を学習し入出力関係のモデルを構築する方法。2）教師なし学習：正解データとなる出力情報は与えられずに，入力情報として与えられたデータに潜む知識を発見する方法。3）強化学習：教師から直接何をするかを教示されるというよりも，行為に対する報酬を受け取ることからその行為に対する価値を判定し，自らが成すべき最適な行為を学習する方法，であるとしている（120-121頁）。

15　サイバネティクスに由来する学際研究の端緒となったのは「メイシー会議（Macey Conference）」である。メイシー会議は，1946年から1953年にかけて文系，理系を問わず当時の各分野における第一人者が集まって開かれた会議である。座長のマカロックを始め，ウイナーやピッツ，心理学のレビン，社会学のローゼンフェルト，人類学のマーガレット・ミード，精神分析医のベイトソン，数学者・物理学者のフォン・ノイマンなど各分野のリーダーが揃い，心と脳の働きを情報の概念と情報科学の方法論によって探究する道を熱心に語り合った（安西, 2011, 95頁）。また，サイバネティクスは社会学にも影響を与えている。Lazarsfeld（1940）を中心とした「反応分析（response analysis）」を端緒として，Lazarsfeld, Berelson, and Gaudet（1944）によるマス・メディアにおける宣伝（propaganda）研究や，その後コロンビア大学の同僚であったMerton（1949）による宣伝の「内容分析（content analysis）」が行われている。

16　認知科学の端緒となったのは，1956年に開催された「ダートマス会議（Dartmouth Conference）」である。当時，ダートマス大学にいたジョン・マッカーシーが開催したもので，マービンミンスキー，シャノンらと共に提案したものであった。その提案書で初めて「人工知能（Artificial Intelligence: AI）」という用語が使われたとされている。ダートマス会議ウェブサイト（http://www.dartmouth.edu/~ai50/homepage.html）参照。

17　Argyris（1977）の組織学習におけるダブルバインドの概念は，サイバネティクス研究に影響された Bateson（1972）の研究に依拠したものである。

を満足させると片方が満足しないといったトレードオフ（trade off）の状況にある場合に，現状の部品の作り方を基に異なった作り方を検討することで製作面とコスト面の両方の課題を解決するメタレベルの学習を表し，認知科学研究では，試行錯誤を伴い問題解決の手順をアルゴリズムで明示することが困難な点で，悪定義問題（ill-defined problem）として知られている。問題解決を行う場合，良定義問題を解くには1次学習で十分であるのに対して，悪定義問題を解くには2次学習の考え方が必要となる。さらに，技能の学習をどの様に達成するかを示す概念枠組みとして Lave and Wenger (1991) が，状況に埋め込まれた学習の重要性を主張している。彼らの主張する正統的周辺参加論を理論背景として Wenger, McDermott, and Snyder (2002) は，実践共同体活動で実践的な知識創造を図った事例を紹介している。また Baker and Nelson (2005) は，実践共同体活動によって無から有を創造する（creating something from nothing）ために，起業家がブリコラージュ（bricolage）[18]することはイノベーションを活性化させる活動であると主張している。彼らは実践共同体活動を，人間が持つノウハウなどの暗黙知を集約し他の用途に転用する活動であり，組織的に行われるエンジニアリング（engineering）とは対照的に，個別的に行われるブリコラージュとして知識や技能を創造する活動として位置づけている。

　サービスとの関わりにおいて，Sundbo (2006) は，サービス・イノベーションと組織学習には密接な関係があり，サービス・イノベーションを活性化させるためには組織学習が必要である[19]ことを強調している。近藤 (2012) によれば，組織学習は次の2つで構成されている。第1は，接客における知覚

18　Lévi-Strauss, C. (1962, 邦訳 1976) は，「ブリコラージュ（bricolage）」とは器用仕事と呼ばれる仕事であると説明している。今日でも，「ブリコルール bricoleur（器用人）とは，くろうととは違って，有り合わせの道具材料を用いて自分の手でものを作る人のことをいう。〔中略〕神話的思考の本性は，雑多な要素からなり，かつたくさんあるとは言ってもやはり限度のある材料を用いて，自分の考えを表現することである」（22頁）としている。また，Wenger, McDermott, and Snyder (2002, 邦訳 2002) の，実践共同体活動は，理論や設計図に基づいて物を作るエンジニアリングとは対照的なもので，その場で手に入る知識や技能を寄せ集め，それらを部品として何が作れるか試行錯誤しながら，最終的に新しい物を作ることを意図している。その例示として，「伝統的な組織図の他に，実践コミュニティでつながったもう1つの組織図がある状態だ。〔中略〕うちには組織図は2つある。半分は公式組織図に書かれた物であり，もう半分はインフォーマル・ネットワークだ」（22頁）と記述している。

19　Sundbo (2006) p.437 参照。

品質を向上させるための経験的組織学習[20]である。第2は，Heskett, Sasser, and Schlesinger（1997）が主張しているサービス・プロフィット・チェーン[21]モデルにおいて狙った顧客層の欲求を満たすサービス商品のデザインと，サービスの提供システムや仕組みのデザインなどサービス・マネジメント理論における組織学習である。これらの組織学習[22]は，接客や従業員のサービス提供態度がサービス品質に影響を与えるものを対象としており，従業員教育を通じてサービス品質の向上に繋がるものである。

しかし，サービスにおける組織学習概念の前提は，人を中心とした組織における教育に焦点を当てた学習にとどまっており，前述した人工知能やロボット技術による機械学習を適用した人間の認知限界を超えたレベルでの問題解決行動における知識の獲得[23]は包含していない。そのため，従来のサービスにおける組織学習概念では，問題解決行動においても人間の認知限界を超えることができない限界が生じている。今日，人工知能やロボット技術の進歩は著しく，サービスにおける学習概念も機械学習を包含した概念枠組みとして捉える必要があると考える[24]。

以上から，サービスにおける学習概念枠組みには，従来の組織学習のみならず，人工知能やロボット技術に適用されている機械学習や深層学習を包摂した学習概念形成が必要であり，それによって製造現場における不確実かつ複雑な悪定義問題を解決し経済性を改善することで，顧客価値を創出するソリューション・サービスの創出に繋がると考えられる。

---

20 認知科学領域における熟達研究としての経験学習については，松尾（2006）を参照。
21 Heskett, Sasser, and Schlesinger (1997) 参照。
22 Slatter and Narver (1995) は，学習する組織（learning organization）として，受動的な「適応学習（adaptive learning）」と能動的な「創造学習（generative learning）」を統合した概念として説明している。
23 知識創造という文脈において組織学習に対する批判は，1）知識を発展させることが学習であるとした見方に欠けている，2）刺激‐反応といった行動主義的コンセプトに囚われている，3）彼らの多くは依然として個人学習というメタファーを使っている，などが挙げられている。野中・竹内（1996）63頁を参照。
24 米国GEでは，"Industrial Internet"と称して顧客の運転データ分析に基づいて製品サービスの創出を行うソリューションプログラムを発表している。部品のアップグレードによる効率改善には"Flex Efficiency"，部品の寿命延長には"Life Max Advantage"の名前が付けられており，運転データを基にして将来予測（PredictivityTM）を行い，サービス創出を図っている。「インダストリアル・インターネットのちから」（2013年8月19日公開．GE Japan：http://www.youtube.com/watch?v=mowOFvMlzjE）参照。

3 情報処理モデルによるシステム化の限界

　Simon（1996b，邦訳 1999）は，砂浜をさまよう蟻の行動を人間の行動システムに例え，「蟻は自分の巣がどこにあるかということについては，大まかな方向感覚を持っているが，そこに行きつくまでの途中に横たわる障害物については，必ずしもすべてを予知しているわけではない〔中略〕遭遇した時点で，それを乗り越えたり，迂回したりする道を探し出すのである。」（61頁）としている。人間の意思決定（decision making）も同様で，Simon（1945,邦訳 2009）によれば，「決定の前提には，『価値前提（value premise）』と『事実前提（fact premise）』[25]がある。『事実前提』は事実を主張するが，『価値前提』は義務あるいは『当為（sollen）』を主張する。『価値前提』と『事実前提』の完全な一組の諸決定前提が与えられれば，合理性に合致する決定はただ一つしかないが，しかし，人間はこのような合理性すなわち『客観的合理性』を達成することができない」（ii頁）としている。彼は，「『客観的合理性』を達成するには，決定に先立って，(1) 全代替的選択肢から1つを選び出す基準としての価値体系を持つこと，(2) 可能な代替的選択肢を網羅すること，(3) 各選択肢から生じる諸結果の全てを知ること，ができなければならないが，人間はこのいずれも不完全あるいは部分的にしか実行できない」（ii頁）と主張している。このことは，人間は蟻と同様に，限定された合理性（bounded rationality）のもとで意思決定を行っていることを意味している。

　しかし，現実に個人の合理性に限界があったとしても，それは克服できないものではなく，例えば，個人の集合体である会社組織を構築する意義として，Barnard（1938）によると，組織は目的を達成するための手段 - 目的の階層構造を持っているとされている。Simon（1945，邦訳 2009）では，こうした階層構造を意思決定の前提を伝えるコミュニケーションのネットワークと捉え，「(1) 手段 - 目的のハイアラーキー（階層構造）をどの様に形成す

---

[25] 経営学における意思決定としての「事実前提」，「価値前提」の議論は，科学における方法論として「自然科学」と「人工物科学」の2つの科学としても議論されている。前者は，「仮説→実験→検証」の流れを取るが，後者は，「価値命題→設計→価値評価」の流れを取る。製品，サービス共に「人工物」であり顧客価値創造のためには，設計が重要な役割を果たす。木村（2010）参照。

るか,すなわち,組織の『意思決定』機能を組織内にどの様に配分するのかによって,(2) その『意思決定』に対してどの様に影響を与えるかによって,組織の『意思決定』はある高度の合理性を達成することが可能となる。」(iii頁)としている。Simon (1945, 邦訳 2009) は,上述の2つの決定を経営上の決定であるとし,経営課題は,個人の認知限界に由来する合理性の限界を組織的に補うことによって克服できることを主張したのであった。

さらに Simon (1996a, 邦訳 1998) によると,1955年には人間の限定合理性を克服するために,「自分の注意と努力は,人間の問題解決の心理学へと急速に向けられることになった。しかも特に,人間が考える時に用いる記号処理のプロセスを見出すことに焦点をあてることになった。〔中略〕そしてまもなく,私の専門は認知心理学及びコンピュータサイエンスに移った。」(279頁)としている。また翌年「1956年6月には,『人工知能』に関する夏のワークショップがダートマス (Dartmouth) で開かれた。」(307頁)としている。Simon (1996a, 邦訳 1998) によると,人間が考える時に用いる記号処理のプロセスとして,「コンピュータプログラミングするための『リスト処理言語 (Information Processing Language:IPL)[26]』を発明し,それを用いて,選択的探索によって非数値的な問題を解く初めてのコンピュータプログラムである『ロジックセオリスト (Logic Theorist:LT)』を作った。」(280頁)と回顧している。Simon (1996a, 邦訳 1998) は,Newell と共にロジックセオリストを使って「『プリンキピア・マテマティカ (数学原理:principia mathematica)』[27] にある最初の25個ほどの定理証明」に成功している (303頁)。人工知能研究はこれらの業績が基盤となり発展したものであった[28]。

ロジックセオリストの研究に続いて,Newell, Shaw, and Simon (1959) は,一般問題解決システム (General Problem Solver:GPS) のプログラムを発

---

26 プログラム言語である「IPL」とプログラム本体である「LT」に関しては,Newell, Shaw, and Simon (1957) pp.218-239 参照。
27 Whitehead and Russell (1910) 参照。
28 ソフトウエアの発展の歴史を辿れば,Fortran や Cobol などの「手続的言語」でプログラムを書くことが主流であった時代を経て,Simon の開発した IPL と LT を適用した LISP や Prolog などの「宣言的言語」でプログラムが書けるようになり推論がコンピュータで処理できる様になった。そのことにより,人工知能が具現化された。手続的言語によるプログラムでは,プログラマは実行すべきアルゴリズムを明確に示す必要があるが,宣言的言語によるプログラムでは,目的 (出力) を明確に示して,それを実行するアルゴリズムはソフトウエアに任せることになる点が異なる。

表している[29]。彼らは、一般問題解決システムではどの様な問題解決過程もそれより下位に位置する多くのより簡単な問題の解決結果として導かれ、そしてその様な問題解決には一般的な方法論が存在することを主張した。一般問題解決システムの検索手法である手段－目的分析（means-ends analysis）は、現状と目標の差異を認識して再帰的に解決手段を選択し適用していく方法であった。このシステムは1960年代を通じて何度か改訂され、「ハノイの塔（Tower of Hanoi）[30]」を始めとする数学的に定義可能な問題を解くことが可能となった。その結果、学習者の問題解決過程には、①試行錯誤の段階、②問題の分析の段階、③目標と手段とのリンクの段階、④目標と手段との適応操作の段階、の4つのステップがあることが明らかとなった。その一方で、ロジックセオリストでは解けた問題が、一般問題解決システムの最終版では行き過ぎた一般化によりかえって解けなくなることもあった。Ernst and Newell（1969）は、この様な一般問題解決システムによる問題解決手法の課題が浮き彫りになったことに触れており、情報処理モデルによるシステム化の限界に直面したのであった[31]。

情報処理モデルでは問題解決のための一般的アルゴリズムが探究されてきたが、安西（2011）によれば、「記憶の情報処理モデルがいくつか発表される様になると、『知識』と『記憶情報』とはどこが違うのか、『知識』が『記憶情報』の一種ならその表現方法をどの様に考えるべきかといった、『知識表現』の問題がクローズアップされてきた。」（114頁）としている。Simon（1996b、邦訳1999）も、「問題解決の探索活動は、その大半が長期記憶の中で行われ、その記憶内の情報によって方向づけられる。従って、その領域での問題解決過程は、記憶に関する適切な理論に基づいて説明されなければならない。」（103頁）と主張している。組織論における立場から加護野（1988）

29　GPSに使われているプログラムは「リスト処理言語」と呼ばれ、1958年にMcCarthyによりリスト処理言語である「LISP」が開発された。
30　ハノイの塔については、Anzai, Y. and Simon, H.A. (1979). "The theory of learning by doing," *Psychological Review*, Vol 86, No.2, pp.124-140, 及び"Tower of Hanoi"（http://mathworld.wolfram.com/TowerofHanoi.html）参照。
31　加護野（1979）は、極めて限定的な現象についてその場限りの理論構築を行おうとする特殊理論（granded theory）と、壮大で一般的ではあるけれど経験的内容の乏しい一般理論（grand theory）の問題を補うために中範囲理論（middle range theory）の構築が必要であるとしている（33頁）。認知科学研究においても過度の一般化は実態と乖離することを示す結果となっている。

も,情報処理モデル[32]における4つの限界を指摘している。第1の限界は,「組織の意思決定に焦点が合わされていた為,『決める』,『選ぶ』,『解く』という認識過程に重点が置かれ,それに先立つ『見る』,『知る』,『わかる』等の認識過程に十分注意が払われていない。」(55頁)という点である。第2の限界は,「情報処理モデルが,人間や組織をその処理能力には制約があることは認めながらも,あたかもコンピュータの様な合理的な存在として捉えられてきた。」(57頁)という点である。第3の限界は,「組織における人間の認識過程が,それを取り巻く社会的な文脈と切り離して捉えられていたこと。」(58頁)という点である。第4の限界は,「組織におけるものの見方や考え方の変化というダイナミックな現象に十分注意を払っていなかった。」(58頁)ことが挙げられている。

4 チェス・マスターの熟達研究

　安西(2011)は,「『知識』は『記憶情報』の一種ではあるが,情報が他の情報と意味的に繋がって構造化され,その経験とすでに記憶されている知識が融合して新しい知識が創り出せるようになっている点に特徴がある。」(115頁)と主張している。Simon(1996b,邦訳1999)は,この様な知識の構造化による人間の情報処理メカニズムを「短期記憶(Short Term Memory:STM)」と「長期記憶(Long Term Memory:LTM)」とに分けて考えることでモデル化した。彼は,Bruner, Goodnow, and Austin(1956)による短期記憶が概念到達を制約するとした主張を根拠として,人間の情報処理モデルの特徴を「①チャンク(chunks)数で推定された短期記憶の容量,②チャンクを固定化するのに要する時間」(74頁)であると主張した。固定化された記憶は長期記憶と呼ばれており,医師の診断過程のプロトコル分析[33]によると長期記憶は,「症状によってほとんど即座にその原因となっている病気を想

---

[32] 加護野(1979)は,Ashby(1956)の「最少有効多様性の法則(low of requisite variety)」から発想した野中(1974)のコンティンジェンシー理論の実証研究を行っており,その中で「情報処理モデル」を主張している。
[33] プロトコル分析は,人間の思考過程を再現するために開発された方法論で,シンク・アラウド法と呼ばれている。詳細については,Ericsson and Simon(1984)を参照。

定できる『再認（recognition）』と，症状の似た紛らわしい病気と区別するべく検査を行い，原因となっている病気を特定する『探索（search）』に利用されている[34]。」（104頁）としている。この再認プロセスは，熟達者における直観（intuition）を表すものであり，Simon（1996b，邦訳1999）は，直観をチェス・ゲームのエキスパートであるチェス・マスターに例えて，「チェス・マスターはゲームの駒組みを25個のばらばらの駒としてではなく，5，6個のチャンク（定石）として見ているためで〔中略〕，チェス・マスターが駒組みを再現する為，『長期記憶』に貯蔵しなければなららないおなじみのチャンク数も見積もることが出来るのである。」（105頁）と，再認プロセスを定石の個数として定量的に説明している[35]。この様な直観による人間の情報処理メカニズムをチェスの実験研究でいう定石を長期記憶として捉えることによって，Simon and Schaeffer（1992）は推論のプログラム部分のみならず長期記憶のデータ部分をコンピュータに付加することでチェス・プログラムを作り上げることに成功している。

　この様な，短期記憶と長期記憶を分離して人間の情報処理メカニズムを捉える研究成果を基にして，現在のコンピュータのアーキテクチャは，短期記憶に対応したメモリー（memory）部分と長期記憶に対応したハードディスク（hard disk）部分に分けてシステム設計されている。Simon（1996b，邦訳1999）は，チェス・ゲームの領域のみならず，それ以外の領域でも専門家が長期記憶している情報量は，「人間が新しい情報を長期記憶に貯蔵しうる速さから判断すると，5万チャンクという数は，専門家を育て上げるのに例えば10年を要する知識量と見てよいだろう。」（107頁）と推測している。この様に，人工知能におけるチェス・ゲームの研究は，人間が学習すれば10年の期間が必要となる場合でも，コンピュータにおける機械学習の早さと長期記憶の容量が増大すれば，エキスパートによる問題解決行動をコンピュータでモデル化することができることを示唆した萌芽的研究であるといえる。

　従来から，認知科学ではチェスなどのエキスパート（expert）における思

34　Elstein, Shulman, and Sprafka（1978）によれば，"Doctor's Assistant" という内科用の完全に自動化された診断システムが，ここでのモデルに依拠した診断過程に基づいて市販されており，試行段階での臨床結果は良好であった。
35　エキスパートによる再認プロセスの実証結果は，Gobet and Simon（1996）を参照。

考の領域固有性（dmain specificity）の研究が行われており，それは熟達研究と呼ばれている。中でも幼児が母国語を学ぶことにより話すことができるようになる過程は，第2外国語を学んだけれども話すことができない過程とは全く異なっている。これらを「使える知識」と「使えない知識」として区別した議論が展開されている[36]。今井（2016）によれば，「（筆者注：子供は），生まれた時から，自分が観察した出来事や経験を自分なりにつじつまがあうように理解したいという強い欲求を持っている。この本能的欲求に導かれて，自分が観察する様々なできごとについて，そのできごとが起こるときにはどの様な規則性があるのか，どのような因果関係でそれが起こるのかということを納得しようとする。その結果，生まれるのが『スキーマ[37]』である。」（66頁）と説明している。つまり，外部から得られる情報で規則性や因果関係により結合しているものが「使える知識」であるスキーマと呼ばれている。一方，単なる情報が結合しただけの暗記の様な知識は「使えない知識」と呼ばれ，話すという意味においては役立たないものと考えられている。熟達研究では，使える知識を創り上げることを知識のシステム化[38]と呼んでいる。今井（2016）では「熟達していく上で大事なことは，〔中略〕誤った知識を修正し，それとともにスキーマを修正してゆくことだ。」（93頁）と主張しており，サービスも熟達研究と同様で，単に専門的な知識を適用するだけでは実践に役立たず，顧客の製品使用状況から学んだ使える知識を適用することで顧客の評価を得ることが可能になると考えられる。この様に，サービスにおいて実践で役立つ知識は，顧客との相互作用により熟達研究のいうスキーマを獲得しシステム化を図ることと捉えることができる。

　組織論研究領域においても加護野（1988）は，情報処理モデルを簡素化する手法として知識の体制化概念を主張している。この概念の根拠となっているのは，Gardner（1985，邦訳1987）による心的表象（mental representation）の考え方である。心的表象は，「スキーマ，メンタル・モデル，認知マッ

---

[36] 今井（2016）によれば，外国語の習得になぞらえ「頭で知っているだけの知識」を「使えない知識」，「体で覚えた知識」を「使える知識」として区別している（33頁）。
[37] 今井（2016）によれば，「スキーマとは心理学で行間を補うために使う常識的な知識である」（19頁）としている。
[38] 今井（2016）によれば，「子供の言語習得の過程とは知識の断片を貯めて行く過程ではなく知識をシステムとして創り上げて行く過程に他ならない」（40頁）としている。

プ，イメージ，ルール，意味ネットワーク，スクリプト，フレームさらに日常の理論」(64頁) など様々な形で表現されている。これらの概念は，「人々が持つ体制化された知識を指すという緩やかな共通性がある。」(64頁) としており，中でも知識の体制化の根拠の1つとなるスキーマ概念は多様で，この概念の提唱者である Bartlett (1932，邦訳 1983) は，「過去のある反応，あるいは過去の経験の能動的な体制を意味する。」(230頁) と述べている。最近では Lord and Foti (1986) は「ある一定の刺激に対する体制化された知識」あるいは，Holland, Holyoak, Nisbett, and Thagard (1986) によれば，「記憶の中にクラスター化されてしまいこまれている外界についての情報で，確からしい推論と問題解決を可能にするもの」(p.12) と定義しており，当初の Bartlett (1932) が提唱したスキーマ概念を敷衍している。

　Holland, Holyoak, Nisbett, and Thagard (1986) は，人間の心的表象を表現する体制化された知識はルールの概念で表すのがより有効であると主張している。彼らの主張するルールは2種類あり，第1は，通時的なルールであり，「ある事象が起こると別の事象がそれに続いて起こる」といった因果関係的な知識である。第2は，同時的なルールであり，「もしXが人間であればXは哺乳類である」といった分類関係を示す知識である。前者は，動的な因果関係に関するものであり，後者は，静的な分類体系に関するものであるが，いずれも情報を結びつけ，関連づける知識である。この点について加護野 (1988) は，「人々の持つ知識は少なくとも2種類に分けることが出来る」(67頁) と主張している。第1は，「関連づけられる対象となる知識」であり第2は，「スキーマの様に情報を関連づけるための知識である」と述べている。認知心理学研究において，Eysenk (1984)，小谷津 (1985) らは，前者を「エピソード (episode) 記憶」，後者を「意味 (semantic) 記憶」と呼んで区別しており，一方で，コンピュータサイエンスに関する研究では，前者を「宣言的知識 (declarative knowledge)」，後者を「手続的知識 (procedural knowledge)」と呼んで区別している。

5 知識のシステム化：エキスパート・システム

1970年代後半になると，認知科学研究を行っていた大学のコンピュータサイエンスに関する研究所と企業とがタイアップしてエキスパート・システム（expert system）と呼ばれる，知識のシステム化を進めるプロジェクトが開始された。Feigenbaum, McCorduck, and Nii（1988, 邦訳1988）によると，「エキスパート・システムは，ごく限られた分野ではあるが，難しい問題を解決する技術を持った専門家の知識を使って問題を解決するソフトウエアであり，この知識は，ほとんどの場合，知識工学者（knowledge engineering）と呼ばれる技術者によって専門家からコンピュータへ転写される。」（26頁）という。彼らによると，エキスパート・システムの構成要素は，2つの主要部分から成り立っている（図2-1）。1つは，知識ベース部分であり，もう1つは，推論エンジン部分である。知識ベース部分は，事実に関する知識[39]（タスク・ドメインの知識）とヒューリスティックな知識[40]（メタ知識）

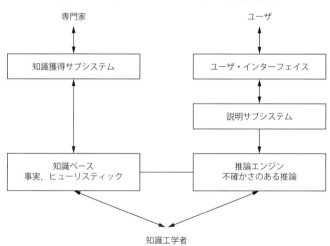

図2-1　エキスパート・システムの基本構造

出所：Feigenbaum, McCorduck, and Nii（1988, 邦訳1988）61頁

---

[39] Feigenbaum, McCorduck, and Nii（1988, 邦訳1988）によると，「その中で問題が解決される専門あるいは専門的知識の分野」（385頁）としている。

に分類される。このうち事実に関する知識は，意味ある知識の集合体としてユニットと呼ばれている。一方，ヒューリスティックな知識はルールと呼ばれており，IF 節と THEN 節（条件と処置）からなっている。IF 節は，ある論理的な組み合わせで一連の条件を列挙する。そして，ルールで表現された知識の一部は，ルールの IF 節が満たされた時に展開される推論系統に関連しており，THEN 節が結論づけられる。あるいは，その問題解決のための処置が取られる。

推論系統を形成するための部分は，IF-THEN ルールの連鎖に関連している。もしある連鎖がある状態から出発して結論へと動くのであれば，この方法は，前向き連鎖[41]と呼ばれ，結論はわかっているがその結論へ向かう道筋がわかっていない場合には，後ろ向きに推論することが要求され，この方法は後ろ向き連鎖と呼ばれる。これらの推論による問題解決方法は，推論エンジンと呼ばれるプログラムへと組み込まれている。

上述の知識ベース部分と推論エンジン部分を組み合わせることで問題解決を図るエキスパート・システムの実施例として，Shortliffe（1977）は，スタンフォード大学で開発されたマイシン（MYCIN）と呼ばれる医療診断支援システムを紹介している。マイシンは，骨髄炎と菌血症の診断と処置で医者を助けるために設計されたシステムである。当時このシステムは宣言的言語である LISP で書かれ，診断支援機能としてコンサル機能，説明機能，知識吸収機能，の大きく 3 つを備えた最初のエキスパート・システムであった。また，Feigenbaum, McCorduck, and Nii（1988，邦訳 1988）は，トヨタ自動車の開発した ARTEX と呼ばれる自動車診断と修理支援システムを例として挙げ，「ARTEX は，地方のディーラーの修理工に故障したトヨタ車が持ち込まれた時，修理工が対応出来なかった場合，トヨタ中央サービス技術

40　Feigenbaum, McCorduck, and Nii（1988，邦訳 1988）によると，「それは，経験則あるいは妥当な推測といった，判断的，経験的知識のことである。但し，ヒューリスティックはアルゴリズムと違って結果を保証しない」（387 頁）としている。

41　Feigenbaum, McCorduck, and Nii（1988，邦訳 1988）によると，「システムが事実から始めて，遠く離れた結論へと進んでゆく推論方法である。例えば，システムが A と B という事実を持っているとしよう。システムはこれらの事実から結論を引き出すルールを探す。『もし A と B であるならば X である』X という結論を与えられたシステムは，さらに遠い結論を引き出すのに X を使うルールを探す。この過程は，望まれた結論に到達するまで繰り返される。」（389 頁）としている。

センターの専門知識を持つ技術者が助言対応を取るが，その専門技術者に助言を与えるシステムとして開発された。故障診断における解決に要する時間は，当初の2～3日から2～3時間に短縮され，今では5分とかからず，生産性が大幅に向上した。」(129頁)と説明している。

この様に，エキスパート・システムは大きな可能性を秘めていたにもかかわらず，知識の量と質の問題が顕在化し，当時の産業界には広く普及しなかった。特にポストモダンの代表的な哲学者である Dreyfus and Dreyfus（1986，邦訳1987）は，エキスパートによる意思決定は直観的であり，コンピュータでは決して実現し得ないとサイモンを厳しく批判した（165-197頁）[42]。当時開発されたエキスパート・システムでは，知識の量の問題として常識的な知識をどの様に認識したらよいのかがわかっていなかった点が指摘されている（129頁）。この点については，1990年代以降インターネットが登場したことによって今日では集合知（collective knowledge）という形で，例えばウィキペディア（Wikipedia）などの WWW（World Wide Web）を通した知識データが実現した。この様なオープンソースデータを活用することで大量の知識にアクセスすることが可能となり，常識的な知識の問題はほぼ解決されてきている。他方知識の質の問題として，IF-THEN で知識を入力する場合，元来人間の知識は文脈に対応した曖昧な知識であるためにプログラム化する場合に定義することが困難であった点が指摘されている。この曖昧な知識の問題を解決するために IF 節で定義された条件部分にインターネット上での大規模な知識を閲覧するセマンティック・ウェブ（semantic web）[43]の手法からオープンソースデータを獲得することで評判に基づいた重みを付け，文脈

42　Dreyfus は，「人工知能は錬金術に似ている」と主張した。「錬金術師は泥のようなものから水銀を蒸留することに成功した。彼らはその大成功のために，鉛を金に変えるためのむなしい努力を数百年続けた後でも，化学的レベルでは金属の性質を変えることはできないと信じることを拒否したほどだった。しかし彼らは一副産物としてではあるが—炉，レトルト，坩堝などを発明した。これは人工知能研究者にそっくり当てはまる。彼らは人工知能を生み出すことには失敗しているが，アセンブリ・プログラム，デバッグ・プログラム，プログラム編集プログラムなどを開発してきたし，MIT ロボット計画では非常にすばらしい機械腕が作られたのである。」としている。ドレイファス，H.L.（1992）『コンピュータには何ができないか：哲学的人工知能批判』産業図書（「錬金術と人工知能」『人工知能に関する断創録』：http://aidiary.hatenablog.com/entry/20020610/1113218588 の引用による）。

43　太原（2008）によると，宣言的な知識は様々な概念とそれらの間の関係という観点から捉えることができ，概念を接点に概念間の関係を枝に対応づけることによってグラフで表すことができ

に最も近い知識を特定し処置部分に対応させるアルゴリズムが開発されている（太原，2008, 205頁）。これは，Googleが開発した検索エンジンについての学術評価であるが，このアルゴリズムの登場によって，前述の曖昧な知識であってもまわりの評価によって検索優先順位が上がり正解に辿りつけることが技術的に可能になったのである。

6　技能のシステム化：包摂アーキテクチャによる自律機能の付与

　人間には認知限界が存在するという前提のもと，Simon（1996b）は，問題解決が必要な複雑システムは階層構造を示しているとして，問題は細分化することができ，人間個々の認知限界を超える問題であったとしても各々の専門能力を持った個人が集結し組織編成することで，組織全体として問題解決が図れることを主張している。また，Williamson（1975）においても，市場の環境の変化に対して取引コストを低減するために，組織は階層化・垂直統合化することを主張している。また，Thompson（1967）においても，組織の中で互いに調整を必要とする活動は，グルーピングすることで組織として効率化することができ，コミュニケーション・コストを低減するためには階層的分割が必要であることを主張している。

　いずれも，問題解決には個々に専門能力を持った階層化組織が必要であることを主張しているが，March and Weissinger-Baylon（1986, 邦訳1989）は，問題解決を実行する組織の設計を行う場合には，「各組織の頑健性，すなわち予測もしない問題にもめげずに，業績を上げて行ける能力が必要である」(79頁）として，従来の人間の認知限界を階層化組織で対応することには限界があることを示した。またCohen, March, and Olsen（1972）は，組織における柔軟性の付与をシミュレーションするゴミ箱モデル（garbage can model）を提唱している。ゴミ箱モデルでは，人，問題，解をゴミと見立て，そのゴミをゴミ箱に見立てた意思決定機会に投入すると，意思決定機会が満ちた時に

る。こうしたグラフは「意味ネットワーク（semantic network）」と呼ばれ，今日ではインターネット上の大規模な知識を取り扱う「セマンティックウェブ（semantic web）」へと発展している（198頁，205頁）。

図 2-2　包摂アーキテクチャの概念図

「従来のロボットコントロールシステムにおける機能モジュールの分解図」

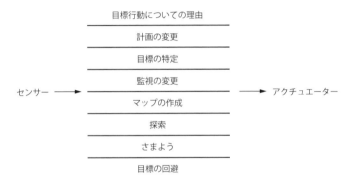

「タスク達成行動をベースとしたロボットコントロールシステムの分解図」

出所：Brooks（1985）を筆者訳

結果である解が出ると考えたモデルであり，問題と解が偶然マッチした時にアドホック（ad hoc）に解決することをモデル化したものである。この様に，各組織における頑健性と柔軟性の付与が重要であることも主張している。

　この様な組織論における柔軟性を付与することの重要性に影響を受けたBrooks（1985）は，人工知能研究分野で，柔軟性を付与したロボット制御システムとして包摂アーキテクチャ（subsumption architecture）概念を提唱している。この概念は，固定した目的に対して手段を特定化していく従来のフィードバック制御の考えから脱却し，目的に優先順位を付けて分割して設定しそれに応じた手段も分割した，目的毎に対応する柔軟なレイヤード制御（layered control）を採用することで自律的に問題解決を図ることが特徴

となっている（図 2-2）。Brooks（2002, 邦訳 2006）は，動物の行動を 3 つの基本的な行動群に分け，簡単な制御系がより複雑な制御系を包摂して制御する 3 つの層の制御群として構成している。例えば，動物の行動は，「敵がきたら逃げる」，「ウロウロする」，「餌が有ったら食べる」，の 3 つの行動群を想定している。最初の層は，「敵がきたら逃げる」に対応してロボットが環境の中で静止または移動する障害物との接触を避けるための制御系である。2 番目の層は，「ウロウロする」に対応してロボットが目的もなく環境中をさまよう制御系である。3 番目の層は，「餌が有ったら食べる」に対応して，あらかじめ決めておいた興味の対象を検知するとその方向に目的を持って進む制御系である。この様な 3 つの制御ブロックを組み合わせることで，「餌を見つけて食べる」という目的を達成するまで自律的にロボットを制御することができる様になったのである。この様な処理系は，優先度に応じて上位制御系が下位制御系を包摂するために包摂アーキテクチャと呼ばれている（69-70 頁）。さらに，小型で高精度のセンサーが多数出現したことで，距離や物体の認識，経路などの機械学習が可能となり，動物の自律的な動作を模倣することに成功している。

　Brooks（1985）は包摂アーキテクチャ概念を導入して MIT の AI ラボ内部を巡回してアームを使って空き缶を拾い集める自律型の garbage can robot を実際に開発した。Brooks（2002）によれば，このロボットは認知限界に対するサイモンへのオマージュとして Herbert と命名され，現在も MIT 博物館（MIT Museum）に展示されている[44]。また，実務応用例としては，自律的に掃除することが可能なロボット掃除機のルンバや，産業用ロボット分野においては人間との協働が可能な溶接ロボットであるファナックの緑のロボットなどが登場している[45]。

　Pfeifer and Bongard（2007）によると「『包摂アーキテクチャ』は『サービス・イノベーション』の文脈において知識のシステム化のみならず，体の感覚を基に学習する『身体性』による技能のシステム化まで拡張することが

---

[44] 実物写真は次のウェブサイト参照。https://www.britanica.com/topic/Herbert-robot
[45] ファナックの企業カラーは黄色で統一されており，ファナックの産業用ロボットは「黄色ロボット」として活躍してきたが，企業カラーである黄色ではない，人とロボットが協働可能な「緑のロボット」が登場したことが話題を集めた。FANUC−協働ロボット http://www.fanuc.co.jp/ja/product/robot/f_r_collabo.html 参照。

可能となり，知識と技能を統合した知能の原理としての概念形成が成されている」。従って，サービスにおいて人間の技能を習得するために「階層化された組織構造で人間を教育し対応する」とした，従来の人間を中心とした考え方から，今日では，「人間の知識や技能を人工知能とロボティクス技術を組み合わせたシステムに代替する」とした考え方に急速に変化しつつあると捉える必要があると考える。

7 小括

　本節では，システム化をどの様に行うのか，そして知識や技能のシステム化がどの様な経緯で行われてきたのかを小括する。まず，システムとは，Bertalanffy（1968）により相互に作用する要素の複合体と定義され，Simon（1996b）は，複雑なシステムは階層構造を形成しどの様な複雑なものでもシステム化することが理論的に可能であることを主張した。

　次に，知識のシステム化では，Wiener（1948）が主張する2つのフィードバック概念であるネガティブ・フィードバック，ポジティブ・フィードバックで心や脳の働きをシステム化しようとした。しかし，人間の問題解決行動をシステム化しようとした場合，フィードバック概念だけでは困難に直面した。そこで，フィードバック概念が連続的に行われる自律学習を想定し，太原（2008）や小林（2008）が詳述している機械学習が登場する。そして，Rosenblatt（1958）の考案したパーセプトロンを基本原理として深層学習へと発展していった。特に，良定義問題を解く場合にはルールを変えない1次学習で良かったが，悪定義問題を解くにはルールそのものを変えていく2次学習が必要となる。この様に問題の種類に応じて問題解決行動をシステム化していったのである。最初の実績として，Newell, Shaw, and Simon（1957）は，リスト処理言語とロジックセオリストを考案し良定義問題である数学原理における定理証明に成功したが，情報処理モデルは一般化において限界に直面した。その後，Feigenbaum, McCorduck, and Nii（1988）が詳述している様に，情報を1つの固まりである知識と捉え，関連づけられる対象となる知識である宣言的知識と，情報を関連づけるための知識である手続的知識に分け

ることで，長期記憶される知識ベースを確立していき，推論エンジンと知識ベースを組み合わせることで人間の頭脳を代替するエキスパート・システムが登場した。また，手続的知識は Wenger, McDermott, and Snyder（2002）が主張する実践共同体活動による知識学習によって獲得される。このエキスパート・システムは，知識量の不足や知識の定義が曖昧であることなどからその後進展しなかったが，今日では集合知の概念や評判に基づいて重みを付けるアルゴリズムの登場によりチェス名人やクイズ王に勝利することができ

表2-1 本章の主要概念

概念 文献・要旨	文献	要旨
システム化	Wiener（1948）	フィードバックによる心と脳の学習機能の説明。
	Bertalanffy（1968）	システムとは，相互に作用する要素の複合体と定義。
	Simon（1996b）	複雑なシステムは階層構造を形成すると主張。
知識のシステム化	Newell, Shaw, and Simon（1957）	論理推論を可能とする宣言的言語の原点である「リスト処理言語（IPL）」とプログラム本体である「ロジックセオリスト（LT）」考案。
	太原（2008），小林（2008）	属性から決定木を使いクラス分類させることでパターン認識を行う機械学習の基本原理。
	Rosenblatt（1958）	図形認識の基本原理であるパーセプトロンの考案。深層学習へと発展。
	Feigenbaum, McCorduck, and Nii（1988）	知識をシステム化させるエキスパートシステムの基本原理。
	Wenger, McDermott, and Snyder（2002）	実践共同体による知識学習の主張。
技能のシステム化	Brooks（1985）	自律制御を可能にする包摂アーキテクチャの基本原理。
	Lave and Wenger（1991）	正統的周辺参加論（LPP）による技能学習の主張。

出所：筆者作成

るレベルに達し，悪定義問題も解決できる人工知能[46]が登場する段階まで到達した。

そして，技能のシステム化については，技能学習の研究として産婆の技能習得を研究した Lave and Wenger（1991）の正統的周辺参加論がある。一方で，技能をシステム化するために，経営学の組織論におけるゴミ箱モデルを着想として Brooks（1985）により包摂アーキテクチャが考案された。従来の無人化は遠隔で人間がロボットを操作する遠隔無人化が主流であったが，包摂アーキテクチャを適用することで自律無人化が可能になったのである。この自律無人化の技術は，i-Robot のロボット掃除機であるルンバとしても実用化されている。

この様な，知識・技能のシステム化を支える ICRT の発展は，複雑なサービス・プロセスを人間ではなく ICRT が代替できることを意味しており，その特徴は，コンピュータやロボットが主体となるため人間の認知限界を超えることができるところにある。この特長を生かすことで新たなサービス・イノベーションが創出できるのである。

最近では，時系列大量データ（big data）を活用することで，人間の認知限界を超える様々な問題に対して知識・技能のシステム化が進められ，多くのサービス・イノベーションが生まれている。その背景として，単に情報科学を基盤とした ICT だけではなく，認知科学を基盤とした人工知能やロボット技術である R が加わった ICRT の重要性を認識しなければ，現代のサービス・イノベーションの技術的基盤を理解することができないと考える。

本章における主要な概念と根拠となる文献ならびにその要旨を纏めたものを表 2-1 に示す。

---

[46] 日経デジタルマーケティング編（2016）『最新マーケティングの教科書 2016』によれば，「人工知能」は，「人間と同様の知能をコンピュータで実現しようという試み，あるいはその為の技術を指す」（34頁）と定義されている。しかしその内容は，「推論，探索，〔中略〕ロボット，ゲーム，自然言語処理，機械学習，〔中略〕データマイニング，マルチエージェントなど様々な技術を含んでいる。」（34頁）とされている。

第3章

先行研究レビューⅡ
資源ベース理論

1 はじめに

　本章では，従来からサービス開発に関連が深い，資源ベース理論分野を中心に先行研究レビューを行う。

　Matthyssens and Vandenbempt（1998）によれば，サービス開発は資源ベース理論（Resource Based View：RBV）[1]と深く関連しており，企業経営者が資源や技能に投資を行い，業務効率化を図り，独自のスキルを開発することで顧客価値が創出されるとした概念枠組みを提唱している。サービス・パラドックスの本質的メカニズムを検討する上で，企業経営者の意思決定と資源との関わりを検討することは意義あることと考えられる。本書では，Matthyssens and Vandenbempt（1998）が主張する概念枠組みを基にして新たな概念枠組みを検討するが，大きく3つ検討すべき課題があると考えている。第1は，彼らがいう資源や技能への投資は，企業経営者の意思決定と言い替えることができるが，一方で投資を行うか否かの企業経営者の判断に係る論理についてどの様な議論がなされているかである。第2は，知識・技能のシステム化に関連して，従来の資源ベース理論分野で企業間関係性や組織能力

---

[1] Barney（2002, 邦訳 2003）は，資源ベース理論の中で企業の強みと弱みを分析するためにVRIOフレームワークを主張している。VRIOフレームワークとは，「経済価値（Value）」，「希少性（Rarity）」，「模倣困難性（Inimitability）」，「組織（Organization）」の頭文字を取って命名され，これらの4つの視点からの問いによって構成されている（250頁）。

についてどの様な議論が展開され，その問題点はどこにあるのかという点である。第3は，構築したサービス・プロセスを効率的に運用することを考えた時，サービス・トライアングルの複雑なサービス・プロセスをどの様に効率化していくのか，といった点である。この第1の課題に関連して，Sarasvathy（2008）による起業家研究において，企業経営者の意思決定の質の違いと業績との関わりについて議論されており，この点を中心にレビューする必要があると考える。第2の課題に関連して，Penrose（1997）によると，資源は潜在的なサービスの束であると捉えられており[2]，資源構築によりサービス創造を図るといった考え方が強調されている。Edvardsson and Olsson（1996）によれば，サービス開発[3]はサービス・コンセプト（service concept），サービス・システム（resource structure），サービス・プロセス（service process）の3つの要素に分類することができるが，中でも，サービス・コンセプトやサービス・システムをどの様に構築するかに焦点を当てレビューする必要がある。第3の課題に関しては，顧客プロセスとサービス・プロセスの統合を主張するサービス・オペレーション・マネジメント（Service Operation Management：SOM）の先行研究をレビューする必要があると考えられる。

　以上を踏まえて先行研究レビューは，以下の3つの視角で行う。第1に，企業経営者の意思決定と資源ベース理論分野の関わり，第2に，知識・技能のシステム化に関連して資源ベース理論分野では企業間関係性や組織能力についてどの様な議論がなされて来たのか，第3に，複雑なサービス・トライアングルにおいて知識・技能のシステム化をどの様に顧客志向のプロセス設計に反映するのか，という観点から先行研究レビューを行う。

---

[2] Penrose（1997）は，企業は「生産資源」から成り立っており，生産資源には「物的資源」と「人的資源」があり，生産に使用されるのは単に資源ではなく資源から生み出されるサービスであり，資源は潜在的なサービスの束であると主張している。

[3] Kindström and Kowalkowski（2009）によれば，新しいサービス開発は「市場の検知（market sensing）」，「開発（development）」，「販売（sales）」，「発送（delivery）」の4つのステップで創出する概念枠組みであると主張しており，Matthyssens and Vandenbempt（1998）のサービス開発の概念枠組みより具体的である。

2　企業経営者の意思決定と資源構築活動

　企業経営者の意思決定について最初の研究は，1938年のチェスター・アーヴィング・バーナード（Chester Irving Barnard）の研究が挙げられる。バーナードは企業経営者の意思決定について，目的の決定に関わる道徳的要因と，手段の選択に関わる機会主義的要因の2つの側面があることを主張している。前者は，協働の新しい目的を形成する理想や希望といった非論理的な判断基準であり，後者は，目的達成の手段及び条件に関連した論理的判断基準である。前述のサイモンは，これを「価値前提」と「事実前提」として識別し，そこに独自の「限定合理性」の概念を導入しそれぞれが均衡する満足点で意思決定が行われることを説明している。しかし，サイモンの研究は，企業経営者個人の意思決定というより組織も包含したものであり，別の表現をすれば，何故企業は分業し組織として行動するのかという点を限定合理性の概念を用いて説明したともいえる。

　Gebauer, Fleisch, and Friedli（2005）は，サービス・パラドックスの要因を従業員のワーク・モチベーションの問題として捉えているが，資源の問題というよりもむしろ，不透明な事業環境下における企業経営者の事業機会の認知能力そのものが資源に影響を与えていると捉えることもできる[4]。Penrose（1997）によれば，企業経営者には，業務を遂行したり監督したりする経営者サービス（managerial service）と，イノベーションや企業の拡張を立案する起業家サービス（entrepreneurial service）の2つの側面がある。そして，企業経営者は目的達成のために，経営者サービス能力を発揮する場合と，イノベーションを立案する起業家サービス能力を発揮する場合があることを示唆している。サービス・パラドックス現象の本質的なメカニズムを検討する場合，企業経営者が投資などの意思決定を行う際に事業機会をどの様に認知しているかという起業家サービスの側面が重要になると考えられる。

　Penrose（1959）を源流とした従来の資源ベース理論では，強みの要因を希少性，模倣困難性など資源の内容に着目した内容理論（contents theory）

---

[4] 起業家の，事業機会の認知については，Alvarez and Barney（2007a, 2007b）の論文を参照。

の側面が強かった。しかし，Busenitz and Barney（1997）による最近の研究では，大企業のマネジャーと起業家の意思決定の違いを比較検討している。前者は論理を重んじ，後者は実践を重視していることが示唆されている。さらに，金井・楠見（2012）は実践から得られる知識を実践知と呼び，Wenger, McDermott, and Snyder（2002）によると実践知は，実践共同体[5]活動から得られイノベーション創出に貢献することを主張している。またBaker and Nelson（2005）は，起業家が無から有を創造する手法として，実践的な知識や技能を寄せ集め，それらを試行錯誤しながら上手く組み合わせて他の用途に転用し，新たな物を創造していくブリコラージュ[6]が重要であることを主張している。これらの理論はいずれも，強みの要因を実践であるプロセスに求める過程理論（process theory）の側面が強くなってきている。従来の内容理論の場合は，企業経営者の戦略を基に資源選択が意思決定され実践する流れであるが，過程理論の場合は，実践から資源構築し戦略形成を図り企業経営者が最終的に意思決定する流れとなる。この様に，両者は反対の流れとなることが特徴となっており，最近では，Reckwitz（2002）によるプラクティス理論（practice theory）をもとに，例えば大森（2015）においても，戦略は実践に従う（SaP：Strategy as Practice）ことが主張されている。

3　エフェクチュエーション

　企業経営者の意思決定と資源構築活動について，戦略論では前述のSaP研究があるが，マーケティング領域では，事業環境と起業家の意思決定パターン[7]に焦点を当てたSarasvathy（2001）によるエフェクチュエーション（effectuation）研究がある。エフェクチュエーションの概念を主張したサイモンの晩年の弟子で起業家[8]を対象とした熟達研究を行っているサラス・サラ

5　実践共同体については，本書第2章第2節を参照。
6　詳細は，本書第2章第2節を参照。
7　起業家の意思決定の研究は，Ericsson, Charness, Feltovich, and Hoffman（2006）の「熟達研究」が基になっている。熟達者の特長として，①10年ルール，1万時間の法則，②心的表象，③師弟関係，などが挙げられている。

スバシー（Saras Sarasvathy）は，アントレプレナーシップの研究の中で，成功する起業家と成功できない起業家との違いを，個人の「意思決定の質」の違いとして熟達化に関連づけて説明している。

　彼女は，エキスパートと呼ばれる熟達した企業経営者を，①10年以上の現職，②2回以上の創業，③上場経験，と定義して母集団データを収集し，その母集団を分析することで起業における意思決定の場数が事業機会の直観的な認知や熟達化に大きく関連していることを主張している。チェスの名人は将棋の名人ではなく，ある領域固有の専門領域における長期記憶が5万チャンク以上あるかどうかが判断基準となる。また，チェスや将棋において早指しがあるが，この早指し勝負で勝利するのは直観と呼ばれる長期記憶部分が影響していることがシンクアラウド法によるプロトコル分析により明らかになっている。サイモンは，企業が何故分業するのかを個人の認知限界である「限定合理性」の概念で説明したが，弟子のサラスバシーは個人の認知限界を熟達化の「領域固有性」の概念で説明したのである。

　Sarasvathy（2008，邦訳2015）の監訳者である加護野によると，エフェクチュエーションとは通常ビジネススクールで教えられている合理的意思決定の原理（因果論的行動原理）とは対立した考え方で，事業環境が不確実な中で成功する起業家が市場創造のために行う5つの原則からなる意思決定の原理（実効論的行動原理）である（448頁）。高瀬（2012）によれば，「サラスバシーは，著名なベンチャーキャピタリストであるSilver（1985）によって選ばれた起業家に加え，大手会計事務所アーンスト・アンド・ヤング（Ernst & Young）によって実施された『アントレプレナー・オブ・ザ・イヤー（entrepreneur of the year）』の受賞者合計245名の母集団の中から，最終的に調査に応じた27名の経験豊かな熟達した起業家のプロトコル分析を行い，起業経験を持たないMBA学生のプロトコルと比較分析を行った結果，MBA学生のプロトコルは，『コーゼーション（causation）』を前提とした意思決定をしており，経験豊かな熟達した起業家のプロトコルは，『エフェクチュエーション（effectuation）』を前提とした意思決定をしていることを明らかにした」としている。

8　アントレプレナーには，「起業家」，「企業家」両者の邦訳があるが，本書では個人の起業家を対象としているため表現は，「起業家」に統一して用いる。

エフェクチュエーションの考え方の特徴としてSarasvathy（2008）は，経験豊かな熟達した起業家が遂行する5つの原則を提示している[9]。第1原則は，「手中の鳥の原則」である。これは，目的に導かれるのではなく，手元にある手段の有効利用を考えることであり，完全な機会を待つのではなく，準備できていること（自分は何者か？何を知っているのか？誰を知っているのか？）に基づいて行動することを示している。第2原則は，「許容可能な損失の原則」であり，将来の利益予想によって導かれるのではなく，どの程度の損失まで耐えられるのかを計算し，投資をその範囲内に抑えるよう事業機会を評価することである。第3の原則は，「クレージーキルトの原則」であり，あらかじめ決められたコンセプトを基に必要な資源を選択するのではなく，協力者が提供してくれる資源を柔軟に組み合わせて価値あるモノを作り出すことである。第4の原則は，「レモネードの原則」であり，粗悪なレモンをつかまされたらレモネードを作る様に，偶発事象にも柔軟に対応することである。第5の原則は，「飛行機のパイロットの原則」であり，外界の力を利用して失敗を回避し成功を収めるのではなく，自らの力と自覚で生き残ることである。これらの原則を統合し，事業機会を認知しリスクを評価して適応していくのではなく，不確実な事業環境下でも事業機会を創造していくことを主張している[10]。

　Sarasvathy（2008）は，エフェクチュエーションの捉える問題空間[11]として，企業経営者の市場リスクの認識に係る不確実性についてKnight（1921）の不確実性を援用して3つに分類している。Knight（1921）は，3つの不確実性を確率に例えて次の様に説明している（pp.115-116）。第1の不確実性は，a priori（先験的）な確率でありサイコロの出る目の確率の様に数学的に計

---

[9] Read, Sarasvathy, Dew, Wiltbank, and Ohlsson（2010）は，経験豊かな熟達した起業家が遂行する4つの中核的原則を要約し，第1原則は「手段から始める（start with your means）」，第2原則は「可能な損失額を決める（set affordable loss）」，第3原則は「偶発性に対応する（leverage contingency）」，第4原則は「パートナーシップを構築する（form partnership）」，と表現している。

[10] 5つの原則は，Sarasvathy（2008, 邦訳2015）の監訳者である加護野の解説を参照している（447頁）。第1, 3, 4の原則と新規ベンチャーの成果についてはRead and Song（2007）のメタ分析により正の相関関係が示されている（342頁）。

[11] Sarasvathy（2008）は，「エフェクチュエーション」の捉える問題空間として①Knight（1921）の不確実性，②目的の曖昧性，③環境の等方性，を挙げているが，ここではKnight（1921）の不確実性について詳述する。

算できる場合である。第2の不確実性は，statistical（統計的）な確率であり保険商品の様に事象発生の確率が経験的に評価できる場合である。第3の不確実性は，estimate（推定）であり分類することが困難なユニークな事象や，数量的な確率として評価できない場合である。

図3-1に示す類型は，企業経営者による意思決定を分類したものである。事業環境の予測（prediction）概念は事業環境の不確実性の度合を表わしており，制御（control）概念は，企業経営者の資源選択による位置取りや，積極的に資源構築を図るものであり，この2軸に分かれている。この類型にしたがって，起業経営者の意思決定を予測と制御の変数概念でマトリックス表記した場合，縦軸の予測概念は，事業環境における第1，第2，第3の不確実性に対応している。Sarasvathy（2008）は，これらの不確実性と予測・非予測とを対比させ，その内容から第1と第2の不確実性は第1象限である予測的コントロール（predictive control）に対応しており，第3の不確実性は第4象限である非予測的コントロール（non-predictive control）に対応しているとする。そして，起業経営者が資源に投資し資源構築を図ることを前提とした場合の予測的コントロールに対応する意思決定がコーゼーションで

図3-1　起業経営者の意思決定類型

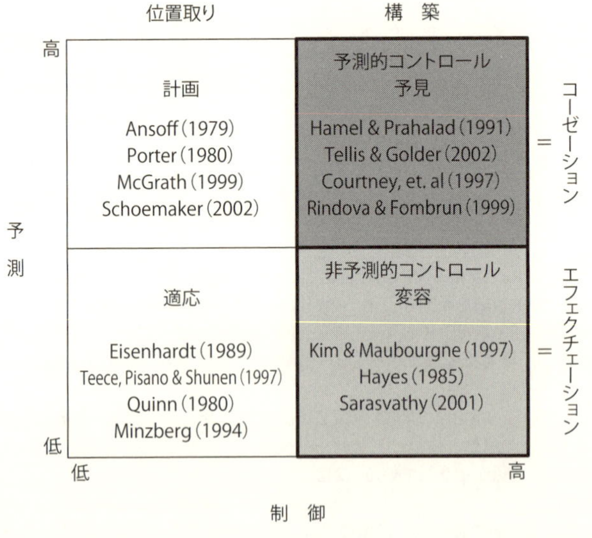

	位置取り	構築	
予測 高	計画 Ansoff (1979) Porter (1980) McGrath (1999) Schoemaker (2002)	予測的コントロール 予見 Hamel & Prahalad (1991) Tellis & Golder (2002) Courtney, et. al (1997) Rindova & Fombrun (1999)	＝コーゼーション
予測 低	適応 Eisenhardt (1989) Teece, Pisano & Shunen (1997) Quinn (1980) Minzberg (1994)	非予測的コントロール 変容 Kim & Maubourgne (1997) Hayes (1985) Sarasvathy (2001)	＝エフェクチュエーション
	低　　　　　制御　　　　　高		

出所：Wiltbank, Dew, Read, and Sarasvathy（2006）p.984の筆者訳に筆者加筆

第3章　先行研究レビューⅡ：資源ベース理論

図3-2　コーゼーションのプロセス

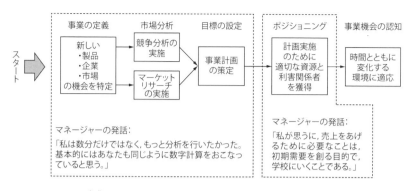

出典：Read, Dew, Sarasvathy, Song, and Wiltbank（2009）
出所：高瀬（2012）5頁に筆者加筆

あり，非予測的コントロールに対応する意思決定がエフェクチュエーションということになる。この様な起業家研究の意思決定パターンを表す概念枠組みを用いて，サービスにおける事業機会の認知に係る固有の熟達領域を考えれば，前者は因果に基づく推論（causal reasoning）を行う初心者（novice）の意思決定に当たり，後者は直観に基づく推論（effectual reasoning）を行う熟達者（expert）の意思決定に当たることになる。この様な概念枠組みは，サービス・パラドックス現象の本質的メカニズムを説明する概念枠組みとして，検討する価値があると考えられる。

なお，Sarasvathy（2008）やRead et al.（2009）によれば，事業計画やマーケティング計画の策定は，合理性に基づく意思決定であるコーゼーションによるものとされ，図3-2に示す5段階のプロセスとしてKotler（1991）による伝統的なマーケティングリサーチ方法を用いてコーゼーションのプロセスを説明している。その内容は次の通りである。製品に対して可能な限りの全消費者からなる事前に定義された市場からプロセスを始め，その市場についての情報がフォーカス・グループ・インタビュー，サーベイ調査などを通じて集められる。そして，妥当な変数を用いて市場をセグメントに分割し（segmentation），潜在的市場の戦略的価値に基づいてその中からいくつかの特別なセグメントを選択し，ターゲットとする（targeting）。最終的に，競争分析に基づいて，資源や技術制限を勘案した条件下で，最適な方法で製品

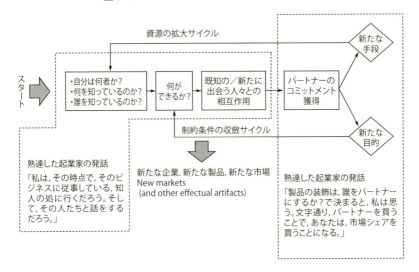

図3-3 エフェクチュエーションのプロセス

出典：Read, Dew, Sarasvathy, Song, and Wiltbank（2009）
出所：高瀬（2012）4頁

はターゲットとしたセグメントにポジショニングされる（positioning）。

　一方で，Sarasvathy（2008）によれば，熟達した起業家の意思決定は合理性に基づく意思決定であるコーゼーションとは正反対の思考方法であり，その特徴をエフェクチュエーションと定義し[12]，図3-3に示す4段階のプロセスとして表している。その内容として，意思決定は，事前に決められた効果や市場から始めない。その代わりに，与えられた利用可能な手段（自分は何者か？何を知っているのか？誰を知っているのか？）を定義することから始め，そこから見出した条件に応じて，幾つかの可能な効果を創造し，選択を行う。そして，継続的に，新しい機会に対しての優位性を編み出し，活用する，と説明している。

　コーゼーションプロセスとエフェクチュエーションプロセスの大きな違いは，エフェクチュエーションプロセスでは資源の拡大サイクルや制約条件の収斂サイクルなどに，利害関係者から目的や手段のフィードバックが反映さ

---

[12] Sarasvathy（2008）によれば，エフェクチュエーションは，「起業家的熟達の論理であり，世界において新しい人工物を創造する，ダイナミックで対話的なプロセスである」と定義されており，「コーゼーション」の対偶概念として概念形成されたものである。

れる点である。この様なエフェクチュエーションの研究は，Chandler, DeTienne, McKelvie, and Mumford（2011）により実証研究が行われる段階となって来ており，起業家の事業機会の認知は，Penrose（1959）が主張した様に，資源を潜在的なサービスの束と捉え，資源の活用いかんで提供できるサービスが異なるとした考え方を踏襲し，起業経営者がマーケティング戦略を立案し資源選択を図るとしたコーゼーションの考え方に対し，まず手段から始め利害関係者からのフィードバックにより当初の手段や目的を柔軟に修正して事業機会を見つけ資源構築していく，いわば，熟達経営者の直観的意思決定であるエフェクチュエーションを，アンチテーゼとして主張したものである。

　以上は，起業家研究におけるエフェクチュエーションによる意思決定の研究成果であるが，サービス・パラドックス現象を，不確実な市場の事業機会認知に係る企業経営者の意思決定問題と捉え直し，エフェクチュエーションを鍵概念[13]とすることで，サービス・パラドックス現象の本質的メカニズムを説明できる可能性があると考える[14]。

4　企業間関係性，組織能力とプロセスの設計

4.1　企業間関係性：「強連結」と「弱連結」

　山倉（1993）によれば，組織間関係論が体系化されたのは1970年代後半である（14頁）。特に企業間関係の支配的パースペクティブとして提唱されたのが，資源ベース理論との関わりが深い，Pfeffer and Salancik（1978）に

---

[13] MOTにおける類似した議論として，前川（2013）は，研究開発を，人・金・モノ・時間をかけさえすれば必ずアウトプットが出せる「ジグソーパズル型（jigsaw puzzle type）」と，アウトプットが出せるかどうか判らないリスクのある「知恵の輪型（puzzle links type）」に分類し，両者のマネジメントにおける意思決定の在り方が異なることを「パズル理論」として主張している。

[14] 2014年からGEの企業価値が"GE Beliefs"に改められ，Ries（2011）が主張している「リーンスタートアップ」を源流とする「ファーストワークス（fastworks）」がスタートしている。ファーストワークスは，変化する事業環境の中で，顧客のためにより良い成果を生み出す会社のツールであり，GEにおいても近年，起業家研究成果も取り入れた活動を展開している。「製造業を激変させる3つの切り札」『日経ビジネス』2014年12月22日号，36-37頁参照。

よる資源依存理論 (resource dependence perspective) である。山倉 (1993) によれば，この視角は，組織間関係が形成され展開される理由として「第1に，〔中略〕組織が存続するために資源を保有している他組織に依存していることを前提としている。」(16頁) としている。さらに，「第2に，〔中略〕組織と組織との間のパワー関係がなぜ生じるのか，組織間パワーの均衡化をいかに図るのかを明らかにしている。また資源依存及び依存操作の観点から，合併，合弁，取締役会の構成，協定，政府規制，政治行動などの組織間調整メカニズムを取り扱っている。」(16頁) としている。「第3に，〔中略〕資源依存パースペクティブの発想は，ネットワーク分析と結びつき，組織間システムにも適用されていった。」(17頁) としている。

この様な，資源依存理論の影響としては，経済学領域では Williamson (1975) が企業間の垂直統合現象を取引コスト (transaction cost) 概念を用いて説明することに繋がっていった。

一方マーケティング領域では，関係的取引 (relationship transaction) に影響を与えており，Arndt (1979) は，従来の市場取引 (market transaction) に対して事業の不確実性を低減し，取引コストを低減することで，お互いの業務を相互補完する内部化市場 (domesticated markets) の概念を主張している。また，Dwyer, Schurr, and Oh (1987) は，市場での離散的取引 (discrete transaction) との対比概念としての関係的取引を主張し，Jackson (1985) は，マーケティングにおける関係的取引の重要性を主張した。さらに，Anderson and Weitz (1989), Morgan and Hunt (1994), Selnes (1998) らは，顧客との長期的関係性 (long-term relationship) の構築には社会交換理論 (social exchange theory) を背景とした信頼 (trust) の必要性を強調している。サービス・マーケティングとの関わりにおいて，Berry (1995) は顧客との関係性 (relationship) の重要性を主張している。この様な社会交換理論を背景とした信頼を強調する研究の流れと，資源依存理論の組織間の資源交換，依存関係を中心とした研究の流れが併存している。また，Johanson and Mattson (1987) は，Industrial Marketing Purchasing (IMP) を源流として発展したネットワーク (network) アプローチで導出された関係性の概念は，交換 (exchange) や適応 (adaptation) が基盤となっていることを主張している。彼らの主張するネットワーク概念は，地域社会への既存の

共同体(community)への社会的埋め込み(social embeddedness)効果を強調するものである。Mattson(1997)によれば、ネットワークアプローチは顧客との相互の関係性をさらに拡張したものと捉えることができるとした。

　Walter, Ritter, and Gemünden(2001)やUlaga(2003)によれば、この様な顧客との強い関係性の構築は、価値創造に繋がるとし、Grönroos(2000)によれば、顧客との関係性は問題解決(problem-solving)行動そのものであることが強調され、顧客との相互作用(interaction)により問題解決能力が構築されることを主張したのだった。また、Matthyssens and Vandenbempt(2008)によれば、ソリューション提案は、通常のサービス提案と比べて付加価値を付けることが容易になる、と主張されており、ソリューション・サービスは、通常のインストール・ベース・サービスと較べて顧客価値が高くなる傾向にあると考えられる。この様に、マーケティング領域における企業間関係性の議論は、社会交換理論を背景とする信頼と社会学における社会的埋め込み、顧客との相互作用を中心とするソリューションであることが先行研究レビューから読み取ることができるが、これらの議論は、企業間における強い関係性としての「強連結(strong-tie)」を前提として議論されてきた。

　一方で、西口(2007)によれば、Granovetter(1976)による転職活動の成功例[15]を端緒とした「弱連結(weak-tie)」の考え方は、社会のネットワークを広く捉え、強連結としての近所づきあいのネットワークと、弱連結としての遠距離交際のネットワークを上手く組み合わせたスモールワールド・ネットワーク[16]を構築することで情報の澱みを無くすことの重要性を主張している。西口(2007)によれば、「近所づきあいのネットワークは、アメリカの社会学者コールマン(Coleman, 1990)の議論に依拠して、固定的なメンバーの間で繰り返し行われる交流や交換が相互依存関係を深め、集団的なアイデンティティーを醸成する。〔中略〕これらは、『信頼(trust)』がベースになっており機密性の高い情報や暗黙知に基づくノウハウの共有、協調行

15　西口(2007)によれば、転職の様な人生の重大情報は5人の知人を経て6回程辿ってゆくと情報に巡り会うとした経験則で、「六度の隔たりあるいは接続(six degrees of separation)」として表現されている。
16　Watts, Duncan, and Strogatz(1998)は、規則的なネットワークに一部のランダムネットワークを埋め込むことで通常流れにくい情報が流れ易くなりネットワーク全体が活性化するとした、シミュレーション結果を示している。

動などの深い学習などが，その一例である。」（167頁）としている。遠距離交際のネットワークは，アメリカの社会学者ロナルド・バート（Burt, Ronald. S., 1992, 1997, 1999, 2002, 2005）の議論に基づいて，「〔中略〕複数のネットワークを情報の流れから見た場合，『構造的な溝（structural hole）』が存在し，〔中略〕特定の人や組織が『構造的な溝』を埋めると各グループに属する人や組織は，それまで断絶されていた新しい情報の流れにアクセスできる。この場合，得られる情報そのものは『形式知（explicit knowledge）』である場合が多いが，それまでの遮断で知り得なかった情報が，受け手側にとって希少価値を持つかによって，相応のヒントの発生と獲得が期待できる。」（西口，2007, 167頁）としている。

　西口（2007）の主張する近所づきあいのネットワークは，従来からマーケティング領域で議論されている資源依存理論を基盤とした企業間関係性の概念枠組みに近く，強連結の企業間関係性を構築し，とりわけ市場を代表する顧客の潜在ニーズを掘り起こすことで市場全体の顧客価値向上に繋がる開発を推進していこうとするリード・ユーザー法などの議論とも親和性が高いと考えられる。これに対して，遠距離交際のネットワークは弱連結としての企業間関係性を構築する方法として，Gans, Koole, and Mandelbaum（2003）によるコールセンター（call center）や，Brax and Jonsson（2008）による機械の遠隔診断（remote diagnostic）などの手法に親和性が高い。これにより，顧客に直接販売した製品のみならず，販売会社や商社を経由して販売した製品であったとしても，顧客の運用状況を正確に把握する情報を獲得することができる。さらに，Gazis, Sasloglou, Frangiadakis, and Kikiras（2012）によれば，IoT（Internet of Things）やM2M（Machine to Machine）[17]（以下，IoT/M2M）と呼ばれるセンサー技術と人工知能技術を組み合わせたネットワークの構築により，人間の関与を全く無くす，もしくは，最小化しながら時系列大量データ（big data）を獲得することが可能になってきている。

　今日では，この様な弱連結を基盤にして時系列大量データ（big data）を

---

[17] 必ずしも学術的定義が確立されている訳ではないが，M2MとはMachine-to-Machineの略で，人が介在することなく，機械同士が相互に情報をやりとりすることを表す。一方，IoT（Internet of Things）とは，モノのインターネットの略で，いろんなモノが通信機能を持ちネットワークにつながる世界を表す。https://www.oki.com/jp/iot/doc/2016/16vol_10.html参照。

獲得し活用することで，サービス・イノベーションが生まれ始めている[18]。必ずしも学術研究として位置づけられたものではないが，城田（2012）によれば，狭義のビッグデータを「既存の一般的な技術では管理することが困難な大量のデータ群である」（27頁）と定義し，「ビッグデータを活用することによって，ビジネス・インテリジェンスの進化として現在求められている将来予測が効率的に実行できると同時に，その予測精度の向上も期待できることになる。」（41頁）。また，George, Haas, and Pentland（2014）によれば，「時系列大量データ（big data）」を「『ビッグ（big）』，『スマート（smart）』に係らず，物理的，社会的に統合された『社会物理学』の科学的な領域と同じ様に，人間行動を予測することでビジネスにおいてお金を稼ぎ，政府の指針を実行する為に使用する，大量のデータである」（322頁）と定義している。さらに，Davenport（2014）は時系列大量データ（big data）を活用してモデルを構築する専門家をデータ・サイエンティストと呼んでいる。時系列大量データ（big data）を活用したサービス・イノベーションの事例としては，顧客データや売上データといった構造化データのみならず，テキスト，動画，音声，センサー，GPSなどの非構造化データを活用し画像解析が行われている。例えばマーケティング分野では，ディスカウントストアチェーンのトライアルカンパニーは，カメラの映像により「どの商品を手に取り，何を棚に戻し，どれを買い物カゴに入れたか」を記録し，従来のポイントカードとPOSシステム（Point of Sale System）の売れた商品に関する購買データの管理からさらに一歩進めて，売れなかった商品の機会損失分析に活用している[19]。また，電力やガスの自由化が進んでいるイギリスでは，スマート電

18　2011年2月，IBMのコンピュータであるWatsonがアメリカのクイズ番組"Jeopardy"でクイズチャンピオンに勝利したニュースが衝撃をもって世界を駆け巡った。(http://www-06.ibm.com/software/jp/info/ibmsoftware/bao/interview.html 参照）以来，Watsonの人工知能技術は，医療，金融，保険，法律のサービス分野に適用可能性が検討されている。また，2014年7月にIBMと *Bon Appetit* 誌は，Watsonを利用して，大量のレシピを分析してまったく新しいレシピを提案するアプリのベータ版を公開した。(http://wired.jp/2014/07/02/watson-will-make-your-meals/ 参照）。

19　「ビッグデータ　本当の破壊力」『日経ビジネス』2013年9月30日号によると，買わない理由をあぶり出す手法として画像データの活用が紹介されている。この他にも，カーナビのデータを活用した事故回避，遺伝子データを活用したがん・糖尿病リスクの分析など，ビッグデータは幅広くサービス・イノベーションに活用されている。これらは，1980年代のエキスパート・システムの萌芽的研究にルーツを持ち，人工知能基礎研究の応用である。

力量計の設置を推進しており，このスマート電力量計から入手できる時系列大量データ（big data）を活用した電力消費パターンの分析と将来の電力消費動向の予測，最終的には電力料金体系の最適化などの需要応答（demand response）をスマート電力量計による大量の時系列データによる分析と最適化を基に自動的に行おうとしていることが報告されている[20]。

また，心理学研究領域において，Goleman（2013, 邦訳 2015）は，大量のデータからある特定のパターンを検出する能力をシステム思考と呼んでいる。システム思考に秀でた人材は，「点がたくさん並んだ写真を一瞬だけ見せて点が何個有ったかを当てさせるテストで正解に近い答えを出す人で，〔中略〕大量のデータの中から規則性や法則性のある『パターン認識』が出来る」（169頁）としている。この様な時系列大量データ（big data）をどの様に処理するかについての議論は，認知科学の知見を活用し顧客価値を発見する方法論の確立へと収斂していくと考えられる。

以上のように，企業間関係性を基にした活動を議論する場合においても，Conlon, Napolitano, and Pusateri（1997）が主張する様に，顧客との関係性を強化することで通常の関係的取引から戦略的取引へと次元を高め売上の拡大を図る[21]，強連結の近所づきあいのネットワークが強調されてきたが，今日ではIoT/M2Mによる時系列大量データ（big data）を中心とした弱連結の遠距離交際のネットワークがより注目を集めて来ている。時系列大量データ（big data）を獲得することにより情報の澱みが無くなり運用状況が可視化されると同時に，情報間の規則性や因果関係を把握することで運用状況の予測・最適化を行うことや，各種センサーを活用して自律無人化することで知識・技能のシステム化が成され，製造業のサービス・イノベーションを活性化することができると考えられる。

20　城田（2012）によれば，1990年のイギリスのガス・電力事業の自由化を受けて，BPのガス販売・サービス部門から独立したCentricaは，イギリス全世帯の約68％に相当する1800万の家庭と100万の企業に対してスマート電力計を設置する計画を推進している（101頁参照）。

21　KAM（Key Account Management）活動を推進することで関係性の次元を上げ，より価値の高い提案へ繋げていくことを主張している。Conlon, Napolitano, and Pusateri（1997）によれば，KAM活動によってP&Gは，競争環境が厳しさを増したにもかかわらず，売上高を21％向上させたという実績が報告されている。

4.2 組織能力：ソリューション・サービスの創出

　資源ベース理論の発祥は，Penrose（1959）である。彼女は，企業を生産資源の集合体と考え，それは人的資源と物的資源で構成されており，生産に使用されるのは，単に資源ではなく資源から生み出されるサービスであり，資源は潜在的なサービスの束として捉えられてきた。Wernerfelt（1984）は資源概念を人材や機械などの触知可能（tangible）な資源と，ブランド，技術，契約などの触知不可能（intangible）な資源に分けて考え，競争優位を構築するために中長期的に資源獲得を判断していくことの必要性を主張している。Barney（1991）によれば，資源は工場，設備などの物的資源（physical capital resource）と，経験，判断，知性などの人的資源（human capital resource）と，報告の仕方，計画の策定などの組織的資源（organizational capital resource）に分けられる。そして資源は，経済価値（valuable），希少性（rare），模倣困難性（imperfectly imitable），代替困難性（not substitutable）の4つの要素を持ち，戦略的要素市場（strategic factor market）[22]で取引できると考えられており，資源の獲得により持続的な競争優位が築けることを主張している。ここで Barney（1991）は，資源の一部である情報について，マネジャー間の効率的な情報交換，大量の情報を迅速に裁く能力，情報を効率的に共有する能力などの情報処理システム（information processing system）に，持続的な競争力を構築する潜在力があることを認識し，資源の中でも情報処理システムの重要性を主張している。

　その後，Dierickx and Cool（1989）はアンチテーゼとして，取引できない資源こそ競争優位の源泉であることを主張している。取引できない資源とは，サービスにおける知識など一部簡単に交換できないノウハウなどの暗黙知や，技能などの暗黙知が該当すると考えられる。技能と資源概念との関わりにおいては，Lave and Wenger（1991）による徒弟制度の事例研究から技能学習を概念化した正統的周辺参加論により，技能などの暗黙知の習得が重要であることが主張されている。

　一方で，ソリューション・サービスの創出と深く関わっているのが資源ベース理論の中でも組織能力（organizational capability）の議論である。1990

22　Barney（1986）は，資源を「戦略的要素市場（strategic factor market）」で取引可能であると位置づけている。

年代に入って，Prahalad and Hamel（1990）による中核能力（core competence）概念や，Stalk, Evans, and Shulman（1992）によるウォルマート（Walmart）の事例をもとにした能力ベースの競争（competing on capabilities）の主張により，企業の能力，力量，技量，戦略資産などが持続的な競争優位の源泉であると考えられた。中でも，Stalk, Evans, and Shulman（1992）による能力（capabilities）概念は，Kought and Zander（1992）により情報やノウハウなどが組み合わされた組み合わせ能力（combinative capability）や，能力を静的に捉えるのではなく動的に捉え，組織が長い間に学習，適応，変化，変革する能力として Teece, Pisano, and Shuen（1997）の動態能力（dynamic capabilities）概念として議論されて来ている。そして，Grant（1991, 1996）により知識を統合することで能力を高めることができるとした組織能力概念として定着した。Möller and Törrönen（2003）は，この組織能力が顧客の抱えている問題解決を促す顧客価値に繋がることを主張している。ソリューション・サービスと資源概念の関わりにおいて，Foote, Galbraith, Hope, and Miller（2001）は，ソリューション・サービスを創出するためには，顧客との関係性を構築し顧客ニーズを把握するフロントユニット（front unit）組織と，把握した顧客ニーズに対して組織能力を駆使して解決策を提示するバックユニット（back unit）組織とを組み合わせることで，経営幹部が積極的に関与する組織体制モデルを提唱している。この時点では，ソリューション・サービスを生むために鍵となる概念は，資源ベース理論の中でも組織能力であり，この組織能力は，Kogut and Zander（1992），Grant（1996）らの先行研究によれば，知識の統合の概念枠組みとして提示されている。これらの議論は，組織能力の獲得は，組織学習を行うことを前提としたものであった。しかし，この組織能力概念は，野中・竹内（1996）により「組織の様々な部署が新しいユニークな何かを創造するためにいかに時間をかけて相互作用するかを示す全体的枠組みが示せていない。」（71頁）と批判されている。この点，Inkpen and Dinur（1998）や Zollo and Winter（2002）らの研究によれば，組織間の知識移転や，知識創造には学習が重要な役割を果たすことが主張されており，近藤（2012）においてもサービス・イノベーションの鍵となる概念を組織能力を獲得する組織学習に置いている。

　以上の様に，これまでの資源ベース理論における議論は，サービスに重要

な役割を果たす知識や技能は人間を中心とした組織能力に宿るものと考えられ組織学習により組織能力が獲得される点が強調されて来た。しかし、知識・技能のシステム化を図る過程で組織学習は必要であるが、一方で第2章でレビューした様に認知科学研究分野の視点では、現場にある時系列大量データ (big data) と人工知能やロボット技術を組み合わせ機械学習や深層学習を行わせることで知識・技能のシステム化を図ることも可能となって来ている。今日のサービス・イノベーションを活性化させる概念枠組みを考える時、資源ベース理論で議論されて来た、従来の強連結による企業間関係性に加えて、弱連結による企業間関係性を加えることと、従来の組織学習概念に機械学習や深層学習を包摂した枠組みで組織学習を捉えることで、人間の認知限界を超えるサービス創造が可能になると考えられる。

4.3 顧客志向のプロセス設計

　知識・技能のシステム化を実際のサービス・プロセスに適用するには、顧客との接点であるサービス・エンカウンターにおいて、製品、サービス、顧客の3つを統合したサービス・トライアングルでの顧客志向のプロセス設計に、それをどの様に反映するかが問題となって来る。先行研究としては、第1にサービス・オペレーション・マネジメント (Service Operations Management：SOM) である。顧客プロセスとサービス・プロセスとの間の顧客接点を効率化するためにどの様な議論がなされてきたのかという点をレビューする。第2には、サービス・プロセスを容易にする製品設計に関する議論がどの様に展開されてきたのかという点をレビューする。

　第1の先行研究、すなわち顧客プロセスとサービス・プロセスとの間の顧客接点の効率化の議論をまずレビューする。サービス・オペレーション・マネジメント研究の中で、サービス・プロセスの設計 (service process design) を行う場合について、Chase (1981) は顧客コンタクトモデル (customer contact model) を提唱し、高密度のコンタクト・オペレーションと低密度のコンタクト・オペレーションを区別し比較すると、施設体制、職務設計、品質測定などに関して数々の影響が異なることを主張している。その後、サービス・プロセスの設計を行うためにサービス・ブルー・プリンティング (Service Blue Printing：SBP) の議論が展開されている。SBPの議論は、

Shostack（1984）が嚆矢であり，Kingman-Brundage（1989）がそれを拡張し，Lovelock and Wirtz（2007）が体系化を行っている。SBPの基本概念は，2次元の平面上にサービス提供のプロセスを描写し可視化することで目に見えないサービスの効率化を図るものであり，当初のShostack（1984）型では，靴磨きサービスをフローチャート化して横軸に時間を取り，サービス提供に関わる全ての活動と定義を明確化した。その後，Kingman-Brundage（1989）型では，縦軸にバックオフィスとしてのサービス組織の視点が拡張され，サービス活動におけるフロント，バック体制としての役割が明確化された。Fließ and Kleinaltenkamp（2004）は，サービス・プロセスを可視化できる部分と可視化できない部分に分け，サービス提供側の従業員もこれらによって対応を分けることを主張している。従来のSBPの議論を顧客プロセスである顧客アクションにまで拡張した議論として，Sampson and Froehle（2006）が主張する統一サービス理論が挙げられる。これは，サービス・プロセスと顧客プロセスを一体化してプロセス設計することの重要性を主張している。さらにEichentopf, Kleinaltenkamp, and Van Stiphout（2011）によれば，顧客アクションがブラックボックスとして扱われていることを認めた上で，顧客接点を境界に顧客側と企業側の活動について可視化境界や相互作用境界を相互に設けるミラーリング構造を提唱している。Sampson(2012)は，この様な顧客プロセスとサービス・プロセスを統合した複雑なプロセスとしてプロセス・チェーン・ネットワーク（Process-Chain-Network：PCN）による可視化フレームワークを提唱し，プロセスの改善，イノベーション機会の特定を主張している。この様な議論は，顧客接点を可視化すると共に，この接点部分の境界を移動させることによりサービス・プロセス・イノベーション（service process innovation）の議論へと発展している。

　サービス・プロセス・イノベーションの議論において，Normann（2001）は価値空間再構成（value-space reconfigurations）の考え方を主張し，イノベーションの自前化（enabling innovations）と呼ばれるサービス提供者のプロセスを顧客プロセスに移転すること，並びに，イノベーションの代行（relieving innovations）と呼ばれる顧客プロセスをサービス提供者のプロセスに取り込むことでサービス・プロセス・イノベーションが生まれることを主張している。前者は，Normann and Ramirez（1993）による小売業者イ

ケア（IKEA）の事例の様に，家具の組み立てというプロセスを同社から顧客へと移転することで企業側のコストを低減し，高い品質の家具を廉価で販売することが可能になるなどのサービス・プロセス・イノベーションへ繋がっている[23]。後者は，顧客プロセスをサービス提供者のプロセスに移転する事例として，例えば Neely（2008）による航空用ジェットエンジンメーカーであるロールス・ロイス・エアロスペース（Rolls-Royce Aerospace）が，エンジンの販売から，エンジンの使用時間に応じて料金を徴収するエンジンのリースへとビジネス転換を図り，エンジンのメンテナンスや修理といった顧客プロセスを軽減するサービス・プロセス・イノベーションへ繋がっていることを紹介している。この様なイノベーションの代行は，Christopher, Maglio, and Davis（2011）によりスーパー・サービス（super service）と呼称され，顧客がサービス提供者によって行われてきたタスクを代行すること，と定義されている。

　一方で，サービス・プロセスにおける部品供給体制の効率化の議論として，サプライ・チェーン・マネジメント（Supply Chain Management：SCM）における需要予測（demand prediction）とクイック・レスポンス（quick response）が議論されている。SCM の先行研究において Fisher（1997）は，商品を機能的商品と革新的商品に特性で分類し，その各々について効率重視型と市場対応型の SCM で対応することを主張している。前者は，リーン（lean）型 SCM であり，後者はアジャイル（agile）型 SCM である。Christopher and Towill（2000）は，リーン型 SCM とアジャイル型 SCM を融合することを主張しているが，Christopher, Lowson, and Peck（2004）によれば，従来の需要予測による SCM だけでは不十分で，下請け業者も含めた垂直統合企業体を構築し，クイック・レスポンスが可能な柔軟な組織の必要性を，ファッション業界の事例研究により明らかにしている。また，Reichhart and Holweg（2007）は，リーン型 SCM の中でも，リーン生産とリー

23　Normann and Ramirez（1993）によれば，イケアの事例では顧客に家具の組み立てや自宅までの配送の役割を担わせることで低価格の家具を供給し顧客価値を高めることに成功している。この様なアプローチは従来のバリュー・チェーン（value chain）を価値ベースで見直し組み替えることで達成しているとして，「価値群（value constellation）」の概念を提唱している。製造業の場合，バリュー・チェーン自体のアンバンドリングよりは知識や技能がフィードバックされることによって価値創造の活性化につながると考えられる。

ン流通の間には大きな対立点があることを指摘したが，この点，Mohamad, Shanker, and Bawnet（2008）によれば，アウトソースを活用することで，柔軟にリーン型 SCM とアジャイル型 SCM を融合させることができる。いずれも，リーン型 SCM とアジャイル型 SCM を融合させるためには需要予測[24]の精度を向上させることと，部品メーカーを統合しリードタイムを短縮させるクイック・レスポンス供給体制の確立が課題になると考えられる。

　第2の先行研究レビューとして，サービス・プロセスの構築を容易にする製品設計に関する議論では，石井・飯野（2008）により価値づくり設計が提唱されている。価値づくり設計は，スタンフォード大学におけるフィリップ・バーカン（Philip Barkan）教授の「生産性設計（Design For Manufacturability：DFM）」を端緒として Gershenson and Ishii（1992）により議論されてきた「保守性のための設計（Design For Serviceability：DFS）」が中心となっている。石井・飯野（2008）によれば，DFS は「市場に提供した製品の保守，製品ファミリーにおける共用部品を含めた設計，ユーザーから回収した廃棄製品の部品リサイクル，〔中略〕これら全ての要因を考え合わせ，総合的に利益を最大化することを目指すライフサイクルコストのための設計である。」（88頁）。保守性のための設計事例として，図3-4にインクジェットプリンタにおけるクメンタ（Kumenta）の保守性チャートを示す。この図では，横軸にサービスステップ数，縦軸にサービスの頻度をそれぞれ正規化して示している。目標は，各構成サブアッセンブリが図中網掛けの領域にプロットされる様に設計することである。改良前の製品には，この網掛け領域を大きく外れるサブアッセンブリが有った。問題は，印字中酷使される印字ヘッドがしばしば壊れるのに対して，それが印字メカニズムの一部であったために交換に手間が掛かったことである。そこで，印字ヘッドを印字メカニズムから外し，インク供給サブアッセンブリと一体化し，インク交換を簡単に行う様にしたことで，製品としてのライフサイクルコストが改善された，と紹介している（88-89頁）。この様に，製品ライフサイクル視点で評価した場合は，製品使用中のフィードバックを製品改良設計に取り入れることが

24　森・松尾・小坂（1998）は，知的エージェント技術（agent-based system）を使って需要予測など柔軟に生産資源の配分を行う方法を提案している。知的エージェント技術は，AI 技術を適用した線形計画法による最適化シュミレーションツールである。

重要になると考えられる。この様なサービス性設計の考え方をさらに発展させ，アップル（Apple）の元設計者でもあった Norman（2007）により，顧客中心の設計が主張されている。しかし一方で，Olausson and Berggren（2012）によれば，複雑な製品開発を行う場合，製品開発（R&D）部門とサービス部門の情報共有や相互交流は上手く行われておらず，情報の非対称性や相互交流を上手く管理するという課題があることが指摘されている。

　以上の先行研究レビューから，サービス・トライアングルにおいて顧客プロセスを可視化し，顧客価値を創造するサービス・プロセスを構築することでサービス・プロセス・イノベーションが可能になることがわかる。また，部品在庫の管理においては需要予測を高い精度で行うことと，部品メーカーを統合しリードタイムを短縮させるクイック・レスポンス供給体制を確立することが重要であるとした2点を指摘している。

　また，製品プロセスとサービス・プロセスの議論では，図3-5に示す様に，

図3-4　保守性のための設計事例：インクジェットプリンタ

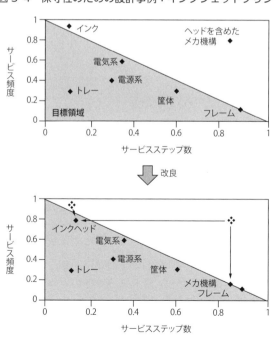

出所：石井・飯野（2008）89 頁

図 3-5 ライフサイクル管理による価値連鎖の循環

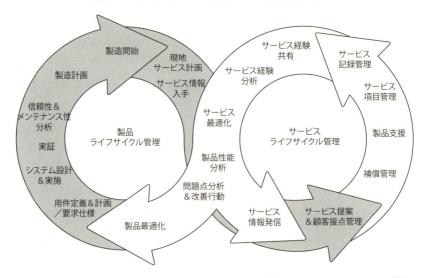

注：本図は，2014 年 7 月 16 日（水），PTC ジャパン主催の講演会「PTC Live Executive Exchange 〜戦略的サービス事業への変革がもたらすグローバル競争優位性の獲得〜」（東京：JP タワーホール＆カンファレンス）における，Philips Healthcare 社サービスパーツサプライチェーン部門担当の VP ジョン・シュランジャー氏による「サービス業務の変革により顧客価値を確保」と題したプレゼン資料（p.11）から抜粋した。Philips Healthcare 社では，製品，サービスの両プロセスにフィードバックの思想が反映されていることがわかる。

出所：Philips Healthcare（2014）"Service parts supply chain" を筆者訳
　　　（PTC ジャパン㈱より転載許可済み）

　製品，サービスをライフサイクルで考えた場合，製品のサービス性設計が重要になると考えられるが，その際に，製品開発部門（R&D）とサービス部門の情報共有や相互交流は上手く行われていないといった課題も存在する。従って，サービス・イノベーションを検討する上では，サービス・トライアングルにおける顧客プロセスを可視化して需要予測しクイック・レスポンス体制を構築することで，顧客価値を創造することと，製品を作る製品プロセスや製品のメンテナンスを行うサービス・プロセス間で知識・技能のシステム化を推進する共通プラットフォームを構築することが重要であり，この点を考慮した顧客志向のプロセス設計が必要になると考える。

5　顧客価値概念

　Holbrook（1999）は，表3-1に示す様な消費者の価値類型を提唱している。南・西岡（2014）によれば，この価値論の前提は，「価値というものは消費者や顧客と製品との間の相互作用的なものであり，その点で価値は絶対的であるというより，主観的であり，選好を伴うものであること，経験することの中に価値が存在する。」（45頁）としている。製造業のサービスをHolbrook（1999）の価値類型に当てはめて考えてみると，企業側から提供されたインストール・ベース・サービスは，付帯的かつ自己志向であり受動的な卓越性がその価値になると考えられる。また，ソリューション・サービスは，付帯的かつ自己志向であり能動的な有効性がその価値になると考えられる。Holbrook（1999）の価値類型は主観的・客観的価値観の両者を包含する広い範囲の価値を提示しているが，製造業の中でも生産財企業の場合，購買形態として購買センターの概念が示唆されている（高嶋・南，2006, 22頁）。生産財の場合は，消費財と異なり購買意思決定に関与する構成員が幅広く数多く存在し，企業内の誰の眼から見ても妥当であると評価できる客観的な顧客価値である必要性があるため，顧客と生産財企業間に限定すると，Holbrook（1999）が類型化している多様な消費者価値から他者志向や本質的なものを除き，自己志向かつ付帯的な価値が顧客価値になると考えられる。

　Heskett, Sasser, and Christopher（1990）は，顧客価値は，過程品質と結果品質を加えたものを，料金や入手コストなどのサービス獲得コストで除し

表3-1　消費者の価値類型

		付帯的	本質的
自己志向	能動的	有効性	楽しみ
	受動的	卓越性	審美的
他者志向	能動的	ステイタス	倫理的
	受動的	尊敬	精神的

出典：Holbrook（1999）
出所：南・西岡（2014）46頁

たものであると定義している（p.3）。近藤（2012）においても顧客価値の概念は，Heskett, Sasser, and Christopher（1990）の考え方を踏襲している[25]（162頁）。これらの考え方は，産出（output）である過程品質や結果品質を，投入（input）であるサービス獲得コストで除したものと定義していることから，顧客価値を生産性（productivity）概念と捉えた所に特徴があり，Holbrook（1999）による卓越性や有効性などの価値観を客観的な品質概念に置き換えて説明することが可能であると考える[26]。

　従って本書においても，サービス・イノベーションを，サービスの業務プロセスを改革することにより生産性を向上させることに対応した過程品質とこれまでにない革新的なサービスを創出することに対応した結果品質をサービス獲得コストで除して定義することとし，近藤（2012）や Heskett, Sasser, and Christopher（1990）らのサービスに対する顧客価値概念を援用する。また，サービスにおける品質概念は，製品における品質概念とは異なり，知覚品質として既に定着している。知覚品質は，Oliver（1980）が主張した期待 – 不一致理論がその背景にあるが，これはあるサービス経験に対して事前の期待があり，期待に達しなければ満足には至らず，期待を超えていれば満足するといった考え方である。近藤（2012）によれば，過程品質は，「そのサービスの提供過程での品質であり，例えば，サービス従業員から十分な援助と世話を受けたか，礼儀正しかったか，信頼感が持てたか，タイミング良く対応し，待たせなかったか。」（164頁）である。また，結果品質は，「そのサービスがもたらす結果の内容の質の高さであり，効用，ベネフィット。」（163頁）

---

[25] 2013年11月20日（水），PTC ジャパン主催の講演会「顧客を起点としたグローバル競争優位戦略〜製造業におけるサービス事業の変革と収益化〜」（東京：東京コンファレンスセンター）において，元・オムロンフィールドエンジニアリング㈱常務取締役諏訪良武氏による「製造業のサービス・マネージメント改革」講演資料の中でも同様に，サービス品質は，「成果品質」と「プロセス品質」に分解され，説明されている（28頁）。

[26] 南・西岡（2014）は，顧客価値を日本版顧客満足指数（JCSI）で測定可能な満足の「原因」と「結果」としての概念枠組みに関連させて説明している（33頁）が，製造業の中でも，生産財企業に限定して考えた場合，顧客価値をJCSIで扱っているロイヤリティ概念で説明するよりも，むしろ，アウトプットをインプットで割った生産性概念枠組みとして説明した方が，納得感が得られ易いと考えられる。その理由として，生産財企業では特有の「購買センター」という購買意思決定があり，関連部署の多くが可視化し易い共通の指標によりコンセンサスを得ることが重要になると考えられるからである。従って，本書では Heskett, Sasser, and Christopher（1990）や近藤（2012）らが提唱している顧客価値の概念枠組みを援用する。

などとしている。これらの概念は，サービスにおける品質であり両者共に知覚品質として測定することが可能であると考える。さらに，料金は，「そのサービスにかかる金銭的費用」（164頁）であり，入手コストは，「そのサービスを入手するために必要な料金以外の全てのコストで，金銭的，肉体的，時間的，精神的なコストを指す。」（164頁）としている。従って，料金と入手コストの合計がサービス獲得コストとなる。以上を総括すると，製造業の顧客価値概念は，過程品質，結果品質の総和をサービス獲得コストで除した変数概念として表すことが可能であると考える。

6　小括

　資源ベース理論分野の先行研究レビューにおける重要な点は，以下の4点に要約することができる。
　第1は，サービス・パラドックス現象を不確実な市場の事業機会の認知に係る企業経営者の意思決定問題と捉え直すと，Sarasvarthy（2008）による熟達経営者のエフェクチュエーションによる直観的意思決定には，サービス・パラドックス現象の本質的メカニズムを説明できる可能性が秘められているという点である。エフェクチュエーションによる意思決定は，Busenitz and Barney（1997）の資源ベース理論分野の派生的研究において，大企業マネジャーと起業家の意思決定の違いを比較し，前者は論理を重んじ，後者は実践を重視している点を主張したことを端緒としている。その後，Wiltbank, Dew, Read, and Sarasvarthy（2006）の研究により，エフェクチュエーションによる意思決定を予測と制御の2つの変数概念で説明し，Sarasvathy（2008）によって企業経営者の意思決定の質をコーゼーションとエフェクチュエーションとして概念化するに至っている。
　第2は，西口（2007）が，1970年代の資源依存理論を背景とした強連結の近所づきあいのネットワークに対して，弱連結の遠距離交際のネットワークにより情報の澱みを解消することが重要である点を主張した点である。今日では，IoT/M2Mなどにより時系列大量データ（big data）を獲得することが可能となっている。この時系列大量データ（big data）は，George,

Haas, and Pentland（2014）により学術的に定義がなされている。そしてGoleman（2013）は，時系列大量データ（big data）から特定の規則性や因果関係を発見するパターン認識が重要であることを主張している。

第3は，サービス研究における知識や技能は，資源ベース理論分野においては構成員に依拠した組織能力として捉えられておりこれを獲得するために組織学習が重要であるとした議論が展開されているが，第2章でレビューした知識・技能のシステム化と統合して考えると，実践現場において時系列大量データ（big data）を獲得し人工知能やロボット技術を適用して機械学習や深層学習を行わせることで知識・技能のシステム化が可能なレベルまで到達しており，この点を包摂した組織学習の概念として議論することが重要となってきている点である。

第4は，顧客プロセスを可視化することで顧客価値を創造するサービス・プロセス・イノベーションが可能になり，部品在庫の管理においては需要予測を高精度で行うことと，クイック・レスポンス体制を構築することが重要となる点である。また，製品プロセスとサービス・プロセスの議論では，サービスを製品のライフサイクルで考えた場合，石井・飯野（2008）が主張する保守性（サービス性）設計が重要になるが，一方で，製品開発（R&D）部門とサービス部門の情報共有や相互交流は上手く行われていないという課題も存在する。従って，サービス・イノベーションを検討する上でサービス・トライアングルにおける各プロセスを可視化することが重要となり，Sampson and Froehle（2006）が主張する顧客プロセスとサービス・プロセスを統合し，さらにNorman（2007）による顧客志向設計の主張から顧客プロセスと製品プロセスを統合することで顧客志向のプロセス設計が可能となり顧客価値が創造されることを想定する。この時，製造業のサービスにおける顧客価値概念は，Hesket, Sasser, and Christopher（1990）が主張する過程品質と結果品質の和をサービス獲得コストで除した生産性概念として捉えることができ，サービスにおける品質概念は，Oliver（1980）が主張する知覚品質概念で表すことができる。

以上から，サービス・パラドックス現象を不確実な事業環境における事業機会の認知問題と捉えると，事業環境を分析しセグメントに分類して必要な資源選択を行う従来のアプローチとは異なって，熟達経営者のエフェクチュ

第 3 章　先行研究レビューⅡ：資源ベース理論

表 3-2　本章の主要概念

概念	文　献	要　旨
熟達経営者の直観的意思決定	Busenitz and Barney（1997）	大企業マネジャーと起業家の意思決定の違いを比較し，前者は論理を重んじ後者は実践を重視している点を主張。
	Wiltbank, Dew, Read and Sarasvathy（2006）	企業経営者の意思決定類型を「予測」と「制御」の概念で分類。
	Sarasvathy（2008）	企業経営者の意思決定の質を「コーゼーション」と「エフェクチュエーション」として概念化。
時系列大量データ（big data）の獲得	西口（2007）	企業間関係において「近所づきあいのネットワーク」と「遠距離交際のネットワーク」を対比させ情報収集における弱連結の重要性を主張。
	George, Haas and Pentland（2014）	時系列大量データ（big data）の学術定義。
	Goleman（2013）	時系列大量データ（big data）からパターン認識することの重要性を主張。
知識・技能のシステム化	認知科学研究分野：表 2-1 参照	認知科学研究分野：表 2-1 参照
	資源ベース理論分野：Foote, Galbraith, Hope, and Miler（2001）	ソリューションサービス創出には組織能力が必要。
	資源ベース理論分野：近藤（2012）	組織能力獲得のためには組織学習が必要。
顧客志向のプロセス設計	Norman（2007）	顧客志向設計の主張。
	Sampson and Froehle（2006）	サービスプロセスと顧客プロセスを統合した統一サービス理論の主張。
	石井・飯野（2008）	保守性（サービス性）設計の重要性を主張。
顧客価値	Oliver（1980）	期待不一致理論による知覚品質概念の主張。
	Heskett, Sasser, and Christopher（1990）	顧客価値を過程品質と結果品質の和をサービス獲得コストで除した生産性概念として定義。

出所：筆者作成

エーションによる直観的意思決定により実践的に資源構築を行うアプローチが重要となる。資源構築では，人間が組織能力を獲得するために組織学習を行うことのみならず，IoT/M2M を駆使して弱連結による時系列大量データ（big data）を獲得し，人工知能やロボット技術を適用し機械学習や深層学習を行わせることで，効率的に知識・技能のシステム化が行われ組織学習が推進される。このことは，人工知能やロボット技術が人間の認知限界を超える潜在的能力を秘めていることを示唆している。そして，顧客プロセス，サービス・プロセス，製品プロセスを統合する複雑なサービス・トライアングルにおいて，知識・技能のシステム化をサービス・プロセスに反映することで，顧客志向のプロセス設計が成され，過程品質，結果品質を高めると同時に，顧客のサービス獲得コストを低減することが可能となり，顧客価値を高めていくことができる。

　以上，本章における主要な概念と根拠となる文献ならびにその要旨を纏めたものを表 3-2 に示しておいた。

第4章

リサーチ・クエスチョンと研究方法

1 本書の分析概念枠組み

1.1 先行研究のまとめ

　これまで，製造業におけるサービス・イノベーション活性化に関わる認知科学研究分野，資源ベース理論分野の2つの領域の先行研究をレビューしてきた。

　まず，認知科学研究分野については，近年の人工知能やロボット技術を背景として ICRT により知識・技能のシステム化が可能となって来ている点を説明した。この知識・技能のシステム化は，第1に，現在では知識において人間の認知限界を超える可能性を秘めていること，第2に，技能においては遠隔で人間がロボットを操作するレベルから人間の頭脳と身体を統合した自律機能を持つロボットが実用化されるレベルに来ていること，この2点について言及した（第2章）。

　次に，資源ベース理論分野において，第1に，熟達研究を理論背景とする Sarasvathy（2008）によるエフェクチュエーション研究では，エフェクチュエーションによる熟達経営者の直観的意思決定と，コーゼーションによる素人経営者の因果論的意思決定の違いが，サービス・パラドックス現象の本質的メカニズムを説明する概念枠組みとして有望であることを示唆した（第3章第3節）。第2に，企業間関係性において従来の資源依存理論を背景として議論されてきた強連結の企業間関係性から，コンピュータの進歩により情

報獲得コストが著しく低減したことでIoT/M2Mなどの弱連結のネットワークを用いて時系列大量データ（big data）を獲得することが低コストでできる様になったことを明らかにした（第3章第4節）。第3に，従来の資源ベース理論分野の議論ではソリューション・サービスにおいて組織能力が重要であり組織学習によりこの能力を獲得することができたが，今日ではICRTを適用し時系列大量データ（big data）を収集して機械学習や深層学習を行うことで人間の認知限界を超える知識・技能のシステム化が図れる様になってきた。その結果，ソリューション・サービスをモデル化することが現実味を帯びてきたことを示唆した（第3章第4節）。第4として，実際のサービス・オペレーションにおいては，知識・技能のシステム化を行うことでSCMにおける需要予測や見積り，インボイスなどの事務処理の効率化が可能となりクイック・レスポンス体制が構築されることでサービス・プロセスの効率化が促進される。また，IoT/M2Mにより顧客の製品使用情報として獲得した時系列大量データ（big data）をもとに特定の規則性や因果関係を発見し，それをセンサーなどと組み合わせることでロボットの自律無人化を推進することが可能となり，サービス・プロセスの効率改善のみならず，製品プロセスにおいても製品開発構想が惹起される。従来の上流から下流への一方向のバリュー・チェーンに対して，顧客志向のプロセス設計では顧客プロセスの可視化により結果品質のみならず過程品質を向上させ，ロボットによる自律無人化を促進することによりサービス獲得コストを低減でき顧客価値向上が可能になることを示唆した（第3章第4, 5節）。

　以上，4点について言及したが，製造業のサービス・イノベーションに係る概念枠組みとして，事業環境が不確実な状況では熟達経営者の直観的意思決定が重要であり，その意思決定から資源構築活動である時系列大量データ（big data）の獲得，知識・技能のシステム化，顧客志向のプロセス設計などのステップへと繋がる。そして，これらのステップを経て顧客価値を向上させることが可能になると想定することができる。さらに，Wenger, McDermott, and Snyder（2002）によれば，資源構築を行う手段として実践共同体活動がイノベーション創出を促すことを主張しており，Baker and Nelson（2005）による起業家研究においても，イノベーションの様な，無から有を生み出す資源構築活動は，野生の思考として知られているブリコラー

ジュが重要であることを主張している。

1.2 分析概念枠組み

本節では以上のレビュー結果の纏めから，第2章の表2-1，第3章の表3-2に示した主要概念を統合することで，本研究における製造業のサービス・イノベーションに関する分析概念枠組みを，図4-1の通り提示する。まず，製造業のサービス・イノベーションの活性化は，(a) 経営者が戦略に基づいて資源選択を図る従来の因果論的意思決定ではなく，ソリューションのレパートリーを数多く持った熟達経営者が直観的に事業機会を認知し，資源を上手く組み合わせる実効論的意思決定を行っていることを想定する。次に，(b) 認知科学における高度な人工知能やロボット技術を基盤としたICRTの適用により，企業間関係を弱連結することで時系列大量データ（big data）情報の中から特定の規則性や因果関係を発見し，さらにセンサーなども組み合わせることでロボットによる自律無人化を推進することが可能となって知識・技能のシステム化が促進され，顧客の問題解決のモデル化が促進される。

図4-1 「製造業のサービス・イノベーション」分析概念枠組み

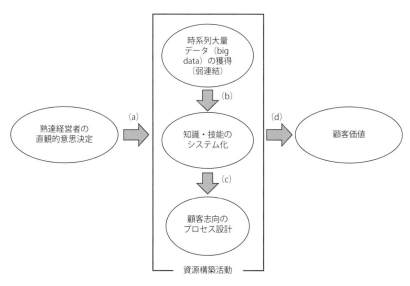

出所：筆者作成

(c) サービス・オペレーションにおいては，知識・技能のシステム化を製品プロセスとサービス・プロセス設計に反映し，顧客プロセスの可視化を行うことで顧客志向のプロセス設計がなされる。この様なプロセス設計は，複雑な顧客接点を構成するサービス・トライアングルにおいて，顧客との共創が促進されると同時に，製品，サービス各々のプロセスにおけるコストが削減され顧客価値の向上が期待できる。これら一連の活動は，従来から資源ベース理論分野において議論されてきた組織能力におけるルーティン業務の高度化とは異なり，人工知能やロボット技術を基盤とするICRTを適用した実践共同体活動を通じて資源構築を図る活動として捉え直すことができる。さらに，(d) 資源を組み合わせて事業機会を創出する資源構築活動は，サービス提供における結果品質，過程品質などの統合された知覚品質をサービス獲得コストで除した顧客価値が向上すると想定する。

本書で扱う事例と分析方法は本章第3節で詳述するが，Beach and Pedersen (2013) が主張する過程追跡（process-tracing）法[1]を用いて探究する。過程追跡法では，推論の出発点が明確にわかっている結果から出発して，時間をさかのぼって不明確な原因を探っていく。この様な推論は，歴史学と同様で原因が生じた後に初めて結果が生じる，すなわち原因は結果に時間的に先行するという前提に基づいている。また，関係者に当時の状況を振り返ってもらいオーラル・ヒストリー（oral history）法[2]による回顧的インタビューとして纏めることで，確実な証拠に基づいた比較事例研究とする。

2　本書のリサーチ・クエスチョン

本研究では，2000年以降，製造業のサービス・イノベーションにおいて成功したコマツを，事例として取りあげる。コマツは，日本の伝統的な建設

1　田村 (2006) によれば，過程追跡法（process tracking）とは，特定の単独事例の従属変数の結果を生み出す因果過程の諸段階を，歴史的なコンテキスト（文脈）において識別する手順である。「コンテキスト（文脈）を重視する点で，共時（クロスセクション）的な事例分析とは異なっている」(172頁) としている。
2　本書のオーラル・ヒストリーについては，個人情報が含まれているため全文は非公開とし，引用可能な部分についてのみ本書に引用する形で掲載している。

機械製造企業であるが，日本発のアフターマーケット戦略（長内・榊原，2012）における先駆的成功企業であり，先進事例として位置づけることができる。一方，もう1つの事例であるキャタピラーは，建設機械製造企業として世界シェアNo.1であり業界を代表する，代表事例として位置づけることができる[3]。この2社に対して，2000年以降，コマツがキャタピラーにサービス・イノベーションでどの様に追いついたのかを時系列的に比較することで，そのパターンの違いを明確化することを試みる。

　方法論としては，過程追跡法による複数事例比較によりパターンの違いを浮き彫りにすることを志向する。その理論領域としては，servitization研究に対して熟達研究を理論背景とする企業経営者の直観的意思決定や，認知科学研究を理論背景とする時系列大量データ（big data）を活用し使える知識や技能を獲得する知識・技能のシステム化である。そしてサービス・トライアングルにおける製品，サービス，顧客，各々のプロセスを可視化し顧客プロセス，サービス・プロセス，製品プロセス各々を接続することで，顧客志向のプロセス設計を推進し顧客価値創造に繋げた点を鍵概念に定めた試みである。

　本研究では，コマツがサービス・イノベーションを実施するに当たりソリューション・サービスのモデル化をどの様に推進したのか，また，サービス・パラドックスをどの様に乗り越えたのかを探索することで，本質的メカニズムを明らかにする。さらにコマツは，サービス・トライアングルにおいて顧客志向のプロセス設計をどの様に構築しているか，といった点を中心に，以下の3つのリサーチ・クエスチョン（RQ）を設定する。このリサーチ・クエスチョンは，servitization研究潮流における3つの研究課題（詳細は第1章第3節参照）に呼応して設定されている。

【RQ1】企業は，どの様に知識・技能をシステム化し，ソリューション・サービスのモデル化に繋げているのか。

---

[3] 本書の理論サンプリングは，田村（2006）の理論事例のタイプ（80頁）を参考にしている。田村（2006）では，将来代表事例になると期待される事例を「先端事例」と定義しているが，本書では将来代表事例になると期待される事例群の1つという意味で「先進事例」という言葉を使用している。

【RQ2】企業経営者の意思決定が資源構築活動にどの様な影響を与えるのか。またその意思決定は，サービス・パラドックス現象の本質的メカニズムを説明することができるのか。

【RQ3】企業はサービス・トライアングルにおいて，顧客の製品使用状況をどの様に製品プロセスやサービス・プロセスに反映し，顧客志向のプロセス設計を行っているのか。

第1のリサーチ・クエスチョン（RQ1）は，分析概念枠組みの（b），（c）を統合し設定している。製造業においては，消耗部品の交換など従来のインストール・ベース・サービスの収益性が低下して来ている。そのため，新たにソリューション・サービスを創出してサービスの売上を増やしていくことは，サービス・パラドックスを回避する上で重要な戦略であると考えられる。しかしながら Tuli, Kohli, and Bharadwaj（2007）が指摘する様に，ソリューション・サービスは個々の顧客が抱えている問題を解決する個別サービスであり，多数の顧客に共通する広い範囲で適用可能なビジネスとして展開するにはそれをどの様なプロセスで標準サービスとして商品化していくかといった点について課題が残されている。これに関して現在では，様々な問題解決の場において時系列大量データ（big data）を活用し知識・技能のシステム化を推進することで人間の認知限界を超える解決策が提案されている。その背景には，単に情報科学を基盤としたICTだけではなく，認知科学を基盤とした人工知能やロボット技術であるRが加わり，今井（2016）が主張する使える知識・技能のシステム化をICRTに代替し実現することが技術的に可能になって来たことが挙げられる。この様な技術の潮流を捉え，ソリューション・サービスをどの様なアプローチでモデル化しているのかについて，コマツとキャタピラーの事例を通して探究する。

第2のリサーチ・クエスチョン（RQ2）は，分析概念枠組みの（a）より設定している。経営者の意思決定がサービス・パラドックスにどの様に関連しているか，という問題である。熟達領域の先行研究による企業経営者の事業機会の認知の概念枠組みについては，エフェクチュエーションタイプとコーゼーションタイプがある。Gebauer, Fleisch, and Friedli（2005）は，サービス・イノベーションを成功させる企業とそうでない企業の違いを，従業員

のワーク・モチベーションの問題や市場環境に適応しようとした場合の組織構造・組織変更における副作用に焦点を当てた資源面から説明しているが、それによってサービス・パラドックスの本質的なメカニズムの全てが説明された訳ではないと考えられる。本研究では、熟達領域の先行研究であるエフェクチュエーションタイプとコーゼーションタイプの概念枠組みを援用することで、熟達した企業経営者がサービスにおける事業機会をどの様に認知するのかについて、当時の坂根社長を中心としたコマツの経営陣と、グレン・バートン (Glen A. Barton) CEO を中心としたキャタピラーの経営陣の意思決定について時系列に比較検討を行い、明らかにされていない部分の説明を補うことを試みる。

最後に、第3のリサーチ・クエスチョン（RQ3）は、分析概念枠組みの（d）から設定している。製品からサービスへの移行に成功している企業群では、製品組織とサービス組織とを分離させることが成功に繋がるとする Oliva and Kallenberg (2003) の主張と、それとは逆に、製品組織とサービス組織を分離することは失敗に繋がると批判した Neu and Brown (2005) の主張の対立が見られる。この点について Olausson and Berggren (2012) によれば、複雑な製品開発を行う場合、製品開発部門とサービス部門の情報共有や相互交流は上手く行われておらず、情報の非対称性や相互交流を上手く管理することが重要だという指摘もある。本書では、複雑なサービス・トライアングルに着目することで、このような対立した主張の上にリサーチ・クエスチョンを設定し、顧客プロセス、サービス・プロセス、製品プロセスにおいて顧客の製品使用状況をどの様に把握してサービス・プロセスや製品プロセスの効率向上・製品開発の発想に繋げる様な顧客志向のプロセス設計を行っているのか、という視点でコマツ、キャタピラーの事例を通して探究する。以上のリサーチ・クエスチョンはいずれも servitization 研究と関連しているが、第1のリサーチ・クエスチョンは、認知科学研究分野にも関連した問いであり、第2、第3のリサーチ・クエスチョンは戦略、マーケティング分野にも関連した問いとして設定している。

3 本書で扱う事例と分析方法

3.1 事例の選択

　本研究は，理論サンプリングにおいて製造業の中でもサービス・イノベーションで成功している先進事例として「コマツ」を選択する。同社のシステムは建設機械ビジネスに特化したものであるが，サービスに対する考え方や，そこでの認知科学を応用した技術活用の方法は普遍的であり，製造業のサービス・イノベーションの論理を構築することを試みるに当たって有益な議論になると考えられるからである。コマツは，建設機械業界の中でもシェアがキャタピラーに次ぐ世界第2位の大企業であり，2001年以降建設機械の稼働状況をインターネットで閲覧できる稼働管理システムの「KOMTRAX」を標準装備化し，リモートモニタリング技術や無人化技術を駆使して，インストール・ベース・サービスのみならずソリューション・サービスを創出し，売上高営業利益率を改善することでキャタピラーを追撃している[4]。今回取り上げる先進事例のコマツはサービスにより企業業績を伸ばした成功事例であるが，Stuart, McCutcheon, Handfield, McLachlin, and Samson（2002）によれば，リサーチ・クエスチョンにおいては，先進事例で何が起こっているのか，また，その先進事例は研究するに値するといえるのか，といった視点が重要になると主張されている。その点について先進事例としてコマツを選択することは，製造業のサービス化を文字通り成功させてきた企業であり，製造業のサービス・イノベーションの論理を検討する上で妥当な事例選択であると考える。一方，キャタピラーは建設機械の世界シェア第1位でインストール・ベース・サービスを中心とした事業を行う現在の製造業を映す代表事例といえる。この先進事例であるコマツと代表事例であるキャタピラーの取り組みを比較し，その違いを検討し，意味解釈することは，製造業のサービス・イノベーションの理論構築に繋がると期待される[5]。

---

[4] 長内・榊原（2012）によれば，コマツはコモディティ化を防ぎソリューション・ビジネスを創出する成功企業として位置づけられている。

[5] 田村（2006）によれば，時が経てば次世代の代表モデルになる可能性を秘めた先端事例と，「現在の代表モデルとを比較して差異を明らかにし，その意味を解釈することは先端事例分析の重要な焦点である」（81頁）としている。

3.2 分析方法

この様なサービス・イノベーションを考える際に乗り越えなければならない共通課題として，サービス・パラドックスの問題が存在するが，コマツはどの様なアプローチでサービス・パラドックスを乗り越え，キャタピラーに追いついたのかという点については，過程追跡法により時系列で比較し，因果メカニズムを浮き彫りにすることを試みる。田村（2014）は，過程追跡法による分析を恐竜の足跡（dinosaur tracks）の分析[6]になぞらえ，図4-2に示す事業活動の三種の足跡を時系列的に比較することを提唱している（26頁）。三種の足跡とは，顧客への価値提案であるフロント・フォーマット，価値創造の仕組みであるバック・フォーマット，財務成果と資金管理である財務システムを指している。そして，この事業活動における三種の足跡にトップの言動である戦略（意思決定）がどの様に関わっているかを調査することで因果メカニズムを明らかにすることができると主張している。これを本書

図4-2 事業活動の三種の足跡

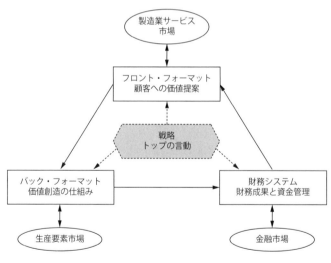

出所：田村（2014）26頁に筆者加筆

---

[6] ロックレイ・松川・小島（1991），平山（1999）らによる恐竜学からの教えにより，絶滅してしまった恐竜達がどの様な生活をしていたのかを，足跡の化石から推測するアプローチであることを示している（20頁）。

の事例にあてはめると，現在のKOMTRAXによりどの様に時系列大量データ（big data）を獲得しているのか，そして，それを支える仕組みとして獲得した時系列大量データ（big data）をどの様に知識や技能としてシステム化しているのか，また，システム化により製品プロセス，サービス・プロセスをどの様に統合し新製品，新サービスの創出に繋げているのかについて検討を行う。そして，事業活動の結果がどの様な財務成果に結びついているのか，とりわけ，McInerney（2014）が主張する，キャッシュ化速度指標（Cash Conversion Cycle: CCC）と資本速度指標（Return on Invested Capital: ROIC）を用いて2000年以降の経営指標を時系列的にプロットすることにより，いかに多くの顧客情報を自社のオペレーションに組み込むことができるのか，また，いかに早く顧客情報をキャッシュ化することができるのか，といった視点で財務成果を評価することができる。また，事業活動の三種の足跡に対して，経営トップがどの様に関わり意思決定を行っているかについて，樋口（2014）が主張する計量テキスト分析手法を適用し，企業経営者の意思決定を分析する。具体的には，経営トップの意思決定を直接反映している財務諸表やアニュアル・レポートなどのテキスト・データを基にして計量テキスト分析を行うために，KH Coder プログラム[7]を利用して分析を行う。KH Coderプログラムは，頻出語彙群の通時的な数を計量プロットでき，経営トップの関心がどの様に推移していったのかを時系列的かつ定量的に把握することが可能となる。この計量テキスト分析を実施することで，先進事例と代表事例において企業経営者の意思決定にどの様な違いがあるのかについて比較検討を行う。

　本調査の分析単位は製造業のサービス・イノベーションとリンクした成長過程に焦点を合わせ，建設機械事業環境が混沌とした状況にあった2001年〜2013年を過程追跡期間と設定する。先進事例における三種の足跡を時系列的に追跡しこれを代表事例と比較することで因果メカニズムを解き明かすアプローチは，客観的事実に基づいているため，本書の事例研究の妥当性と信頼性を高めることに繋がると考えられる。

---

[7] KH Coderは，樋口耕一氏が開発したテキストマイニング分析ソフトである。本ソフトは2001年から公開され，2013年9月の時点で研究論文，学会発表など500点に使用されている。

3.3 世界の建設機械業界の概要

ここで，本書の事例企業であるコマツとキャタピラーを取りまく2001年～2013年の建設機械業界の概要を俯瞰しておく。

建設機械（construction equipment）には明確な定義は存在しないが，住宅やビル，道路，ガス・上下水道，電気・通信など我々の生活に必要な施設の建設や維持に使用され，土砂の掘削や運搬を行う機械として知られている。また，工場や発電所などの産業施設や農業施設，鉱山開発などで使われる機械も建設機械と呼ばれており具体的には，油圧ショベル，ブルドーザ，建設用クレーンなどを指す。総務省の日本標準産業分類において，建設機械の製造は，「建設機械・鉱山機械製造業」に分類されている[8]。

世界の建設機械市場規模（世界建設機械メーカー上位50社の売上合計）は，図4-3に示す様に約16.3兆円（2013年）であり，多くの建設機械メーカーが存続し続けられる背景として，建設機械市場の継続的な成長が挙げられる。市場は2003年～2008年まで毎年10%を超える強い成長が続いていたが，2008年第3四半期の世界金融危機（以下，リーマンショックと称する）により，成長が一気にマイナスとなった。しかし，翌年2010年からは再び高

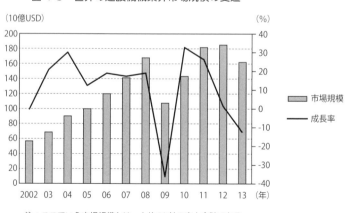

図4-3　世界の建設機械業界市場規模の変遷

注：ここでいう市場規模とは，上位50社の売上合計である。
出所：International Construction-Yellow Table

8　川上清市（2011）『最新 機械業界の動向とカラクリがよ～くわかる本』秀和システム，106頁。

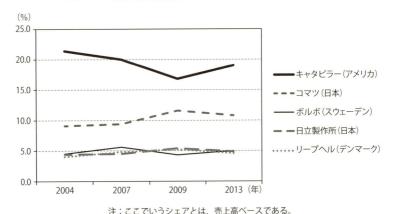

図 4-4　代表的建設機械メーカーの世界市場シェア推移

注：ここでいうシェアとは，売上高ベースである。
出所：International Construction-Yellow Table

い成長率を取戻しており，2018年現在ではリーマンショック以前の水準に回復している。なお，2013年のマイナス成長は，中国景気の減速などによるものである。

代表的建設機械メーカーの世界市場シェアの推移については，図4-4に示す。2002年～2013年の10年間，第1位のキャタピラーと第2位のコマツの二強が高シェアを維持している状態が続いている。その他第3位グループ以下にもメーカーが多数あり，日米欧のメーカーに加え，韓国や中国のメーカーなども参入している。

日本国内の建設機械市場規模（日本国内で生産された建設機械の出荷金額）は約2.2兆円（2013年）であり，事業者数は約2000程度となっている。ただし日本では，コマツ，日立建機日本，コベルコ建機日本，日本キャタピラー，住友建機，タダノの上位6社が約40％のシェアを占めている。国内建設機械メーカーの出荷金額は10年以上前から輸出が国内向けを上回っていたが，2011年からは東日本大震災の復興工事などがあり，国内向け出荷金額が増えており，今後は2020年の東京オリンピックに向けたインフラ整備や再開発のために国内向け出荷が一時的に増えていくことが予想されている。

一方，地域別の需要動向としては，1980～1990年代，建設機械の需要構成は日米欧の伝統市場が約80％を占めていたが，2000年に入ってから中国

第4章　リサーチ・クエスチョンと研究方法

図4-5　建設機械輸出金額の地域別シェア比較

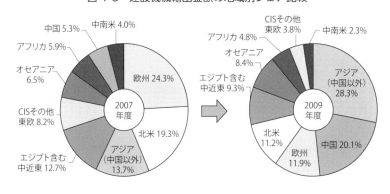

出所：日本建設機械工業会「通関統計」

を筆頭とした新興諸国の戦略市場が約70%を占める市場構造へと大きく転換している[9]。図4-5に，日本の建設機械輸出金額の地域別シェアを示す。2008年のリーマンショックを境にして欧米を中心としていた輸出が，中国を中心としたアジアや新興諸国に移行していることがわかる。この背景には，中国では2008年に北京オリンピック，2010年に上海万博が開かれ，大規模なインフラ建設が進められたことが挙げられる。さらに北京や上海以外の大都市や中堅都市でも経済成長に伴いインフラや住宅整備が進められ，2009年には4兆元の景気対策投資もあり交通インフラなどの整備が進められた結果，建設機械の需要は爆発的に伸びてきた[10]。先の景気対策投資が実需を上回っていたこともあり，現在は建設機械市場の伸びは一段落している。なお，中国経済成長に付随して石炭や鉄鉱石，銅などの資源採掘の開発需要が旺盛となったことも，中国における建設機械需要を伸ばした主要因として挙げられる[11]。

建設機械ビジネスにおいて，新品建設機械を自社で保有し使用する以外に，

---

[9] 「田原総一郎の『この人に聞きたい！』」〔1〕これから5年，日米に好景気がやってくる」『PRESIDENT』2014年5月19日号，77頁。坂根（2011）によれば，コマツは日米欧を中心とした市場を「伝統市場」と呼び，中国を筆頭とした新興市場を「戦略市場」と呼んで区別している（24-26頁）。本書でもこれと同様の意味で「伝統市場」，「戦略市場」という言葉を用いる。
[10] 「中国建設機械業界の現状と今後の展望」『三菱東京UFJ銀行（社内報）』（2012年）による。
[11] 川上（2011）118-119頁。

レンタルあるいは中古品を使用するケースも一般的となって来ている。国内では 1997 年には，中古建設機械が新品建設機械の出荷を上回った。中古建設機械は海外での需要も大きく，2001 年からは輸出が国内向けを上回っている状況となっている。

3.4 資料収集

Yin（1994, 邦訳 1996）によると，まだ誰も活字にしていない一次資料であるインタビュー調査を行う前に，事例研究における複数の証拠源として，関連書籍，インターネット，新聞や雑誌，企業の製品案内，財務諸表，アニュアル・レポートなど公表されている二次資料の調査を十分に行う必要がある（121 頁）。コマツの場合，2001 年の坂根社長就任以降のサービスにおいて躍進した企業の成長過程に焦点を当てるため，関連する書籍として長内・榊原（2012）の『アフター・マーケット戦略：コモディティ化を防ぐコマツのソリューション・ビジネス』，並びに坂根（2011）の『ダントツ経営：コマツが目指す「日本国籍グローバル企業」』を二次資料の中心に据えて関連資料の調査を進めた。キャタピラーにおいては，バートン CEO 以降の企業活動に焦点を当てるため，関連書籍として Bouchard and Koch（2014）の *The Caterpillar Way: Lessons in leadership, growth, and shareholder value* を二次資料の中心に据え，両社のウェブサイト，新聞や雑誌，企業の製品案内，財務諸表，アニュアル・レポートなどに公表されている資料を適宜活用することで調査を進める。この様な複数の証拠源による調査により選択バイアスを抑え，証拠の連鎖により複眼的分析が可能になると考える。

また，三品（2004）によって，コマツとキャタピラーの攻防史は既に戦略視点で第 1 幕と第 2 幕に分かれた攻防史として纏められている。第 1 幕は 1978 年〜 1984 年の期間で，業界シェア第 1 位のキャタピラーに対して業界シェア第 2 位のコマツがシェアの拡大と売上高営業利益率で追いつくキャッチアップモデルとして記述されコマツに軍配が上がっている。第 2 幕は 1985 年〜 1998 年の期間で，キャタピラーの反攻戦略として顧客の要望に応答する際の迅速性を重視した取り組みとしてスピードモデルが記述され，キャタピラーに軍配が上がっている。本書では，第 3 幕として，坂根社長が就任した 2001 年〜 2013 年の期間に焦点を当てて，コマツにおけるサービス・

イノベーションへの取り組みと売上高営業利益率の追撃の構図として，サービス・イノベーションモデルにつき時系列的に資料収集を行うこととする。

3.5 インタビュー調査

本書の事例研究はまた，2014年5月から2014年10月にかけて行った関係者へのインタビュー調査に基づいている。事例の構造は前述の通り，フロント・フォーマット，バック・フォーマット，財務システム，経営者の意思決定，の4つの視点での年代記構造として記載する。インタビューは，オーラル・ヒストリー[12]法により収集された一次資料を用いて事例を執筆する。桜井・小林（2005）によれば，ライフ・ストーリー[13]法の下位概念として，個人的記録などによって構成される個人の伝記であるライフ・ヒストリー法，歴史的な経験や過去の出来事の表象に焦点を当てるオーラル・ヒストリー法が位置付けられる，としている（8頁）。元来，ライフ・ヒストリー法は社会学者による弱者研究に，オーラル・ヒストリー法は歴史学者による政治家などの公人研究に利用されてきた経緯がある[14]。今回，二次資料のみでは捉

---

[12] 御厨（2002）は，「オーラル・ヒストリー」とは，「公人の，専門家による，万人のための口述記録」であると定義し，情報公開を前提とした口述記録である，としている（5頁）。

[13] 桜井・小林（2005）によれば，「ライフストーリー研究法には，大きく分けて2つのアプローチがある。ひとつは，リアリズム・アプローチといわれるもので，もうひとつはナラティブ・アプローチに分類されるものである。」（29頁）前者は，「解釈的客観主義アプローチ」と呼ばれ，「一つないし複数のライフストーリーを収集，それを分析，解釈した上で，次の適切な語り手を選択してライフストーリーインタビューを行い，仮説の修正と再構成を行うという，収集と分析，解釈が同時並行的なプロセスである。」（36頁）。一方後者は，「対話的構築主義アプローチ」と呼ばれ，「インタビューの場で語り手とインタビュアーの両方の関心から構築した対話的な構築物にほかならない。」（39頁）とされており，「いつ，どこで，だれが，なにを，なぜ，どのようにおこなったか，という一連の行為とその条件が指示されている。これらは，筋（プロット）と呼ばれる出来事や行為の展開過程を指し示すものである。」（42頁）としている。

[14] 高瀬（2017）は次のように述べている。「ライフヒストリーは，1920年代以降，シカゴ大学社会学部に源流があるが，オーラルヒストリーは，第2次世界大戦後，録音機器の普及に伴って，口述記録が可能となったことによって広まったとされる（Yow, 2005）。ライフヒストリーは，個人の内的，経験的側面に焦点がおかれ，主に，社会学者，心理学者がその研究の担い手であるが，オーラルヒストリーは，歴史的叙述に焦点がおかれ，主に，歴史学者が担い手である。ライフヒストリーの研究対象は，移民や非行少年，マイノリティーが多いが，オーラルヒストリーは，政治家，官僚，起業家などの公人が対象になることが多い。ライフヒストリーの方法は，手紙，口述，インタビュー等の「個人的資料」を踏まえた，対象者の主観的意味付けに対する研究者の概念レンズによる解釈であるが，オーラルヒストリーは，概ね25年以上経過し評価の定まった公文庫，企業内資料などの史料を補完する位置付けである（谷，2008；林，2010）。『ジャック・ローラー』（Shaw, 1930）において，シカゴ大学社会学部の研究者であったショウは，監察員の立場で，

表4-1　インタビュー対象者リスト

会社	氏名	日時	時間	インタビュー場所
クオリカ	T氏	2014年10月23日	58分30秒	兵庫県
コマツ	A氏	2014年5月22日	1時間8分21秒	東京都
新キャタピラー三菱	H氏	2014年6月9日	1時間9分33秒	東京都

えにくい顧客価値を創造する仕組みであるバック・フォーマット部分を浮き彫りにするために，オーラル・ヒストリー法で用いられる回顧的インタビューにより，出来事や行為の展開過程において，なぜその様な行為が行われたのか，どの様にそのことを達成することができたのかといった点を明確化することは有効なアプローチであると考えられる。具体的なインタビューにおいては，事前に用意した質問に対する回答を中心に，対話の進行に応じて臨機応変な質問も合わせて行う半構造化インタビュー（semi-structured interview）の形式を取った。インタビューはICレコーダにて録音し，文字におこした上でトランスクリプトを作成し，オーラル・ヒストリーの形で定性データとして纏めている。

　表4-1にインタビュー対象者のリストを示す。コマツの100%子会社である「クオリカ」に出向しているT氏は，1981年コマツ入社でKOMTRAXの開発経緯を良くご存じの元コンピュータ技術者であり，KOMTRAXを起案したコマツの開発者とは研究所の同僚でもある。また，コマツのA氏は1993年コマツ入社で，コマツにおける建設機械のICT化，無人化を牽引してきた中心人物である。一方キャタピラー側としては，「新キャタピラー三菱」という三菱重工業との合弁会社を1986年に兵庫県明石市に設立したが，設立当初から新キャタピラー三菱に勤務していた元販売部で上席研究員のH氏にお願いした。H氏は，1994年の雲仙普賢岳の火砕流対策において建設機械を自動化することで解決するための国からの試験発注に携わった経験があり，建設機械の自動化についてキャタピラーの事情を良くご存じである。

非行少年のその経緯に関する生活記録を，更正を目的として記述させたが，その点，ライフヒストリーは，内省的であり，臨床的側面に意義がある。一方，オーラルヒストリーは，歴史的証言として後世に残すという点に意義がある（Goodson and Sikes, 2001）。」(77頁) その他にも「オーラル・ヒストリー」に関する参考文献として，Tompson (1978) を参照。

事例として取り上げる建設機械は，建設機械が納入された後，機器の稼動を維持するために消耗部品の交換などの保守メンテナンスサービスが行われている。一方で，顧客が建設機械を使用する上で抱えている問題点を解決するソリューション・サービスも合わせて提案されている。インタビューを行う上で，保守メンテナンスサービスやソリューション・サービスが，顧客に対してどの様に提案されてきたのか，また，サービス提案を行うに当たりどの様な仕組みでそれらのサービス創出が支えられているのか，そして，それらのサービス提案は最終的な財務成果としてどの様な形に繋がっていったのかについて，時系列的にインタビューを行う。特に，仕組みの部分は，二次資料だけでは見えにくい部分が多いため，前述のオーラル・ヒストリー法による回顧的インタビューを引用しながら，コマツとキャタピラーの事例を読み解いていく。

3.6　計量テキスト分析による経営者の意思決定プロセスの解明

　樋口（2014）によれば，計量テキスト分析とは，「計量的分析手法を用いてテキスト型データを整理または分析し，『内容分析（Content Analysis）』を行う方法である。」(15頁) と定義されている。内容分析は，Berelson (1952) の定義によると，「表記されたコミュニケーション内容の客観的・体系的・数量的記述のための調査技術」として定義され，第二次大戦時に，ドイツやその同盟国のマス・メディアの分析であるプロパガンダ研究が行われたことを契機として方法論が確立し，今日では多岐にわたる分野で用いられている。

　今回，企業経営者の意思決定を反映した財務諸表やアニュアル・レポートにおいて分析者が典型的だと考える箇所を引用し解釈する質的データ分析を行う予定であるが，その前段階で計量的分析手法を用いることで，質的データの全体像を計量的方法で示した上で，その中のどの部分を引用，解釈したのかを説明する予定である。そのことにより，偏った，不完全な，そして非常に選択的な印象を回避することを目的としている。また，計量的分析手法を用いることで，広い意味でのデータ探索を行うことが考えられ，これまで見過ごされていたデータの質的側面が，計量的分析によって明らかになる可能性がある。そのことにより，単に読んでいるだけでは気づかない，あるいは気づきにくいデータの潜在的論理を発見できる可能性があると考えている。

樋口（2014）は，計量テキスト分析手法として，Correlational アプローチ[15] と Dictionary-based アプローチ[16] の２つを統合する接合アプローチを提唱している（18頁）。第１段階では，Correlational アプローチにならい，多変量解析を用いることで，分析者の持つ理論や問題意識の影響を極力受けない形で，データを要約・提示する。第２段階では，Dictionary-based アプローチにならい，コーディング・ルールを作成することで，明示的に理論仮説の検証や問題意識の追及を行う。具体的には，分析用ソフトウエアとしてKH Coder を用い，第１段階の分析においては，自己組織化マップ[17]を作成することでテキスト・データが持つ主題の把握を行う。第２段階の分析においては，抽出された主題に分析者の問題意識を反映したコーディング・ルールを作成し，2001年以降の出現率がどの様に推移するのかを定量的にプロットすることで企業経営者の関心がどの様に推移したのかを考察することとする。

3.7　調査・執筆プロセス

本研究の調査・執筆プロセスは，①書籍，雑誌などの二次資料を基に，サービス・イノベーションに係るエポックメイキングな出来事を整理し，②当時の出来事を共有した企業関係者にインタビューを行い，③筆者が，サービス・イノベーションの成功要因を解釈し，④財務諸表やアニュアル・レポートの計量テキスト分析から企業経営者の意思決定を客観的に評価し事例記述を行う，という作業を，先進事例，代表事例それぞれにおいて実施する。

松島・竹中（2011）によれば，例えば政治学の分野で政治家や官僚に対してオーラル・ヒストリー法が適用されているが，オーラル・ヒストリー法によるインタビューは研究者と対象者の対談形式であり，基本的には回顧的インタビューによる歴史叙述である。オーラル・ヒストリー法によるインタ

---

[15]　樋口（2014）によれば，Correlational アプローチとは「文書の中に良く一緒に現れる言葉のグループや，あるいは，共通する言葉を多く含む文書のグループを，多変量解析によって自動的に発見・分類するためにコンピュータを用いるアプローチである」（17頁）としている。

[16]　樋口（2014）によれば，Dictionary-based アプローチとは，「分析者が作成した基準（コーディング・ルール）に従って言葉や文書を分類する為にコンピュータを用いるアプローチである」（17頁）としている。

[17]　樋口（2014）によれば，「自己組織化マップとは，ニューラルネットワークの一種で，中間層を持たない２層型の教師無し学習モデルであり，高次元空間の複雑で階層的な関係を２次元平面に表現可能である」（24頁）としている。

ビューのデータを用いて，インタビューの聞き手である研究者が，歴史的背景，その他の資料を踏まえ，前述の分析枠組みを用いて，事例を記載していくことになる。

また，本研究においては，熟達した企業経営者の直観的な意思決定と素人の企業経営者の因果論的意思決定との違いが，サービス・イノベーションにどの様な影響を与え，またサービス・パラドックス現象の本質的メカニズムを説明できるのかについて，過程追跡法により明らかにする予定である。過程追跡を行うに当たっては，可能な限り客観的に当時の企業経営者が何に関心を示していたのかについて把握するために，計量テキスト分析手法を援用する。

第5章

コマツの事例

1 はじめに

　本章では，コマツ（登記社名：株式会社小松製作所）における2001年～2013年（過程追跡期間）のサービス・イノベーション活動と収益性の改善に焦点を当てる[1]。

　長内・榊原（2012）によれば，「コマツは，製品販売のみから利益をあげるだけではなく，販売後の故障修理や機能の回復維持のための保守サービスをコストセンターとしてではなく，『アフターマーケット・ビジネス』というプロフィットセンターとして位置づけ，製品販売に次ぐ第2の収益源としている。」さらに，「アフターマーケット・ビジネスを支える基幹技術についての言及があり，独自のICT技術が肝になっている」（iv頁）。この記述から，コマツの2つの重要な方針[2]が読み取れる。1つ目は，製品ではなくサービス・イノベーションを重要な戦略と位置づけている点，2つ目は，サービス・イノベーションを支える技術として独自のICT技術が中心となっている点である。

　特に着目したいのは，ICT技術において独自のという言葉に表れるコマ

---

[1] 第5章，第6章の事例研究は過程追跡期間を2001～2013年としており，記述内容，データなどはその当時のものである。

[2] コマツの方針は，2008年，映像情報メディア学会のアントレプレナー・エンジニアリング研究会における，コマツのマネジャーによる「アフターマーケットソリューション～コマツの戦略と提言」（長内・榊原, 2012, iii頁）と題する発表による。

ツの独自性部分である。ICT 技術自体は特段珍しいものではなく，今日ではサービス領域において広く普及しているが，我々が認識している通常のICT 技術と何がどの様に異なるのか。この点について，第2章でレビューしてきた認知科学の視角を持って事例を見ていくことにする。

　製造業のサービスとして，部品・消耗品（油圧ホースや履帯など）の取り換えサービスなどの販売後の保守が主である「インストール・ベース・サービス」，顧客の問題解決を主体とした「ソリューション・サービス」が存在する。コマツでは，独自の ICT 技術を使ってどの様なインストール・ベース・サービスやソリューション・サービスを創造し顧客価値に結びつけていったのか，という点について，また独自の ICT 技術はどの様な経緯を経て生まれ，サービス・イノベーションを支える仕組みとしてどの様に組み込まれていったのか，という点について，過程追跡を行う。過程追跡に当たっては，コマツのA氏，クオリカのT氏のインタビューを基にした当時の回顧録であるオーラル・ヒストリーの一次資料と，雑誌や書籍などの二次資料を基に記述する。次に，創出したサービスが売上や利益，在庫などの財務システムの中でどの様に貢献したのかについてアニュアル・レポートや財務諸表などにより財務評価を行う。その上で，サービスにおける価値創造や，それを支える仕組みの部分に対して，企業経営者がどの様に関与していたのかについて検討するために，トップとしてコマツの事業方針を打ち出した，坂根正弘氏（代表取締役社長兼 CEO 在任期間：2001 年 6 月 27 日〜2007 年 6 月 22 日），野路國夫氏（同：2007 年 6 月 22 日〜2013 年 4 月 1 日），大橋徹二氏（同：2013 年 4 月 1 日〜2019 年 4 月 1 日）らの意思決定が何を基準として行われたものであったのかを，当時のアニュアル・レポート，財務諸表，株主への公式発表書類などの公開されている二次資料から，経営方針に係る部分を抽出し計量テキスト分析を行うことで明らかにする。

　先述の通り，コマツのサービス・イノベーションは製造業のサービス化に成功している先進事例と考えられる。2000 年に入ってから，コマツの事業環境として大きな潮目となったのは，従来の日米欧の伝統市場から中国を筆頭とする新興国市場である戦略市場に対象が大きく変化したことと，新品建設機械の販売からレンタル・リースの比率が高まってきたことが挙げられる。この様に建設機械を取り巻く事業環境が大きく変化していく中で，顧客に対

表5-1 コマツ概要（2018年3月時点）

項　　目	概　　要
社　　名	コマツ（登記社名：株式会社小松製作所）
創　　立	1921年
従業員数（連結）	61,908人
主な事業	建設・鉱山機械，ユーティリティ（小型機械），林業機械，産業機械など
売上高（連結）	2兆5011億円
売上高営業利益率（連結）	10.7%

出所：2018年3月期コマツ財務諸表，コマツHPより筆者作成

してどの様な仕組みでサービスを創造し利益を拡大していったのであろうか。コマツの顧客への価値提案であるフロント・フォーマット，価値提案を支える仕組みであるバック・フォーマット，顧客への価値提案がどの程度財務システムに影響を与えたか，そして各フォーマットへ経営者がどの様に関わったのか。この順に当時の回顧録とエポックメイキングなイベントを過程追跡しながら，詳細に読み解いていくことにしよう。

なお，現在のコマツ概要は表5-1の通りである。

2　フロント・フォーマット：顧客への価値提案

2.1　建設機械の盗難を端緒にした問題解決アプローチ

1990年代の後半から建設機械の盗難問題が社会問題化し始めた。図5-1の通り，建設機械の盗難は1990年代後半から増え始め，2001年度には国内においても1511台とピークを迎え，その後，減少傾向に転じるが依然として被害は多かった。盗難にあった建設機械の大半は，需要が大きくかつ高値で販売できる海外へと転売されるケースが多く，また，盗難にあった建設機械の中にはATM強盗に利用されるケースもあった[3]。この様な状況を受けて，

---

[3]　林 竹治（2008）「建設機械の盗難防止装置」『建設の施工企画』No.695, 49頁。

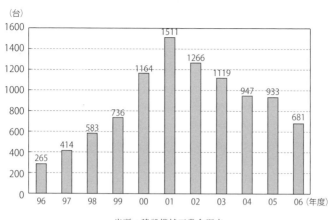

図 5-1　全国における建設機械盗難発生件数

出所：建設機械工業会調査

　一般社団法人日本建設機械工業会では 2003 年 2 月に，建設機械の盗難防止の装備を推進するために「建設機械の盗難防止に関するガイドライン」を制定している。このガイドラインの中では，①多種類キー，②機械的防御，③電子式盗難防止装置，④追跡装置，⑤隠しキーなどの盗難防止装置要求基準が策定され，これらの中でいずれか 1 つ以上を標準装備することが要求されている[4]。実はこの様なガイドラインができる前の 1985 年から，コマツの建設機械には盗難防止装置として，衛星で居場所を特定できる GPS 機能があり，また，エンジンを強制的に停止する機能を持つ「KOMTRAX（Komatsu Machine Tracking System）」の基本構想を当時研究所に所属していた開発者が起案している。

　　KOMTRAX を最初に起案した人は，私は実はよく知っている人でして，よく知っているというか，私が入社した時の先輩なんですよ。彼はもともと研究所出身なので，要はコマツの DNA である新しいものを生み出すっていう，他社からヒントが何かあったのかもしれないけど，基本的にはコマツが研究所の中で，先ほどもいいましたけど，新しいことをやれって，85 年からものすごく強烈にあり，当時は本当に暗中模索でやっ

---

[4] 林 竹治（2008）「建設機械の盗難防止装置」『建設の施工企画』No.695, 50 頁。

てました。

クオリカ　T氏インタビュー[5]

　KOMTRAXは，盗難防止の機能のみならず，エンジンコントローラーやポンプコントローラーからの情報を集約することで，その建設機械が今どこにいるか，稼働中か休止中か，燃料の残量はどの位かといった情報を，通信システムを使ってコマツのサーバーにデータを送る役目も果たしている。この様なデータ集約のシステム自体は，当時，他社も行っており特段特長のあるものではなかったが，KOMTRAXが装備されていれば，万が一建設機械が盗まれても，手元のパソコンの画面を見れば，今どこにあるのかその場所がわかる上にシステムによる遠隔操作でロックを掛けることができる[6]。しかし，顧客にとって建設機械の使用状況を安価に把握することができるメリットはあるが，営業部門からKOMTRAX装備によるコストアップに対する難色が示されたため，当初はオプション装備として開発することになった経緯がある。

　この様に，当初のKOMTRAXの開発のきっかけの1つは，建設機械の盗難防止であったが，後に3つの点で顧客から評価を得ることになる。第1は，KOMTRAXによる様々な情報を会社側でも遠隔で見ていれば，この機械はそろそろ部品の交換が必要だということや，燃料補給に向かう際にもそれぞれの建設機械の燃料の残量を把握できるので補給の順番や経路を効率的に選択することが可能となり，顧客から高い評価を得た点が挙げられる[7]。部品交換時期の事前把握は，顧客が保有している建設機械のダウンタイム（非稼働時間）を短縮することに繋がり，顧客の経済損失を改善する効果がある。建設機械は，一般的に5千種類，3万点の部品に分解できるといわれている。もともとの建設機械自体の価格を1とすれば，1台当たりに用いられる各部品の価格を足し合わせると3～4となり，1台当たりの部品の価格の合計は

5　オーラルヒストリー全文は個人情報を含むため非公開とし，個人名，会社名などの個人を特定できる情報は〈×社〉の形式で記す。また，筆者による補足などの筆者注は［　］で囲んだものである。以下，インタビュー引用部について同様。
6　坂根（2011）149頁。
7　坂根（2011）150頁。

新品1台の価格よりも3〜4倍高いことになる[8]。この様な高価格で部品が販売される背景には，顧客が建設工事を行うに当たって建設機械の稼働率向上が重要視されている点に加えその部品が無ければ過酷な条件で使用される建設機械の稼働を維持することができず，OEM（Original Equipment Manufacture）であるコマツにより信頼性が保証された部品であれば，高価格でも販売できたという事情があると考えられる。また，一般的に部品は，大量生産できればコストが下がり価格を下げることが可能となるが，多品種かつ少量生産が必要なメンテナンス部品においては，製造コストが高くなる傾向があるので，確実に売れることがわからなければつくることができない。この点コマツでは，KOMTRAXにより顧客の建設機械について今まで見えていなかった現場使用状況が可視化できるので，部品寿命の予測精度が高まった。第2は，発展的なKOMTRAXの活用方法として，例えば北米の現場においてKOMTRAXデータによりエンジン稼働時間の大半が休憩時間中のエアコンによる燃料消費であったことや，建設機械の稼働状況がオペレータのスキルが欠如しているために向上しないことなどを特定し，使われ方を数値で把握し燃費改善提案サービスに繋げていったことが挙げられる。この様なサービスによる付加価値がある分，車両価格を競合他社よりも高く設定するこが可能となっている[9]。第3は，KOMTRAXを装備した建設機械は，前述の理由により盗難にあいにくいため，機械保険の料率が他の建設機械よりも割安となり，顧客にとってメリットが生まれた点が挙げられる[10]。

　1990年代後半の建設機械の盗難という社会問題を解決する数ある手段の中から，コマツは追跡装置という手段を選択し，KOMTRAXの開発を推進していった。開発当初はオプション価格として約15万円（1台当たり）であったKOMTRAXを，顧客からの評価を得たのち2001年に，坂根社長（当時）がその標準装備化を決断している。

> 標準装備になった理由は，盗難だけじゃなくて，やはりコマツとしてはKOMTRAXっていうのは何を目的としたものなんだと考えた時に，やはり機械の現場情報ですよね。要は，働いた情報が手に入るわけです

8　長内・榊原（2012）34-35頁。
9　『週刊ダイヤモンド』2014年12月27日号，180頁。
10　坂根（2011）150頁。

よね。〔中略〕しかも［1社の］データだけ見てたって，通信料に見合う価値はないですよ。でも，何十万台っていう情報が上がって来るじゃないですか，その中から見えてくる傾向ってのは何十倍，何百倍にも価値がふくれ上がるわけで，こんなの通信コストや装着コスト［よりも］，ずっと［価値としては］上になるだろうという発想を［して］当時の経営陣以下の皆さんでGOをだしたと思います。〔中略〕今いった様な議論がなされて，これは経営者がすぐれているなと，私も坂根さんがそのへんは指導してやったと思います。

クオリカ　T氏インタビュー

坂根社長のこの時の判断は，1970年代前半の若手社員時代にブルドーザの補修コストの調査を命じられ，苦労の末に部品の稼働と補修の頻度，価格情報を集めた結果，ブルドーザの補修コストは思ったより高く，1万時間稼働させるには，新車価格の80%相当の補修コストが必要という事実を突き止めた経験に基づいている[11]。長年，建設機械でビジネスを行ってきたにもかかわらず，この様な基本的なこともデータとしてきちんと把握できていなかったことを知り，衝撃を受けたと同時に，データさえしっかりしていれば自ずと「何をするべきか」が見えて来ることを自ら教訓として学んだ経験が強く影響しているという。また技術的にも，インターネットの登場やクラウドの出現により情報入手コストが大幅に低減し，建設機械から得られる時系列の大量情報を利用すると，価値あるサービスを顧客に提案することができると判断したと考えられる。

　　裏側ではもっと大事なことがあって，まさに先程いった様にコンピュータがやるべきことと，人間がやるべきことが段々明確になってきて，今まで人間ができなかったことができる様になった。では，それがなにかっていうのはあまり細かいことはいえませんが，一例としては，やっぱりサービスマンが自由になった。時間的にも今まで苦労したところは間違いなく減ったでしょうし，あとKOMTRAXから出てくる情報っていうのは，非常にお客様にとっても有益な情報であるはずなんですよ。例えばお宅の機械はいまこんな動かされ方してるんでこういうオペレーションしたらブームが壊れやすいですよと，過去の例からいくとこうな

---

[11]　坂根（2011）152頁。

りますよというのは，情報があればコマツは経験をもってるからコンサルできるじゃないですか。そういうふうな情報を営業の拠点，サービスの拠点に供給される様な体制ができ上がったわけです。〔中略〕KOMTRAX っていうのはツールですけど，社内のマインドとか，仕事のやり方とか，人の活用とか，色んな意味で KOMTRAX が与えた効果，当然悪い部分もないわけじゃないと思うんですけど，いい効果の方が大きい。これは逆に社内にはあんまり理解されてない。説明が難しいですからね。

クオリカ　T氏インタビュー

　KOMTRAX は 2001 年に標準装備化されて以来，2014 年の時点で，世界で約 34 万台の建設機械に標準装備されており[12]，当初の開発動機であった盗難防止のみならず，大量の建設機械の運転データを収集し分析することで，建設機械の稼働率向上とソリューション・サービスに繋がるサービス提案を検討するための重要なツールとして進化している。サービス提案を検討する上では，顧客と共に議論を重ねて顧客と共にサービスの創出を行っている。

2.2　中古建設機械の転売ビジネス

　2000 年以降，日本では建設投資が縮小されていった。その結果，日本では建設機械の調達方針として，新品の購入よりもリース・レンタルが一般化していった。図 5-2 は，国内建設機械需要のリース・レンタル比率を表すグラフであるが，1990 年代から比較すると 2000 年以降，リース・レンタルの比率が大きく上昇していることがわかる。このことは，日本の建設機械調達の方針が，従来の購入ベースの調達から，リース・レンタルベースの調達方針へとシフトしたことを裏づけている。一方，中国ではオリンピックや万博などの公共工事を中心とした建設投資の拡大が促されるなど，新興国を中心とした戦略市場における建設機械の需要が高まっていった。

　リース・レンタルを扱う日本の業者は，新品の建設機械を好み，1 度目のオーバーホールになった時点で転売を行う[13]。「コマツクイック」という中古建設機械を扱うコマツのグループ企業は，コマツの代理店がリース・レンタ

12　「田原総一郎の『この人に聞きたい！』〔1〕これから 5 年，日米に好景気がやってくる」『PRESIDENT』2014 年 5 月 19 日号，74 頁。
13　長内・榊原（2012）32 頁。

図 5-2　国内における建設機械リース・レンタル需要の推移

出所：日本建設機械工業会「建設機械出荷金額統計」より筆者作成

ル業者から下取りした中古建設機械を広大なヤードに一堂に集めて，年に3回程度，横浜や神戸などで，中古機械販売会社向けにオークションを開催し，中古の建設機械を転売している。1990年代初めから細々と続けてきた中古の建設機械転売ビジネスではあるが，2001年頃に香港などから中古機械販売業者が大挙してやってきて，次々と高値で落札していった[14]。その背景には大きく2つある。1つには，前述の中国を中心とした戦略市場の急成長により，建設機械の品不足状態が恒常化したことが挙げられる。2つ目は，日本市場の特殊性であり，過当競争状態の日本市場では，国際的な水準よりも安い価格で建設機械が売買されているため，世界中からバイヤーが集まったことが挙げられる。また，日本における建設機械1台当たりの稼働時間は，年間1000時間にも満たず，1日の稼働時間が平均3時間弱の状況となっている。その理由は，工事の規模が小さく，また労働時間や騒音などといった様々な規制により，建設機械を動かせる時間が制約される点である。そのため，日本の中古建設機械は，諸外国の中古建設機械に比べ故障が少ないことが知られており，高値で取引されている。2010年7月の横浜でのオークションでは，2日間で延べ366社，550名が参加したが，うち半数以上が外国人

14　坂根（2011）34頁。

であり，中国や香港などのアジア各地だけでなくアメリカやUAE（アラブ首長国連邦），ロシアなどの世界各地から多数参加していた。

　この様な中古建設機械の転売により，顧客は低価格でしかも短い納期で建設機械を調達することが可能となっている。2000年に入って，新しい建設機械の販売が減少する中で，中古建設機械を買い取り転売するビジネスと，KOMTRAXを使って部品寿命予測を行う積極的な部品供給サービス展開とを統合する形で，コマツは中国を中心とした新興諸国の顧客の要望にマッチした価値提案を行っていった。

2.3　無人ダンプトラック運行システム

　建設機械の自動化やロボット技術の開発研究は，1980年代のバブル期に建設作業員確保が難しくなるという予測から，建設会社や機械メーカー主導で進められてきた。しかし，バブル崩壊後は，作業員不足の懸念が解消され，かつ，経済の低迷から企業の開発余力が低下したため，これらの研究開発に対する当時の勢いは失われていった。1991年の長崎県島原市の雲仙普賢岳で発生した火砕流災害では，その復興作業で二次災害防止の観点から，建設機械の遠隔操作による無人化技術が開発されるきっかけとなった[15]。

　コマツは元々，建設機械事業と産業用機械事業の2つの事業ドメインを持っていたが，多角化戦略の反省と建設機械をロボット化したいという昔からの社内のニーズに対応する形で，1996年に産業用機械事業を縮小しロボット化に従事する人員を建設機械事業に集約していった。

> 建設機械をロボット化したいという思いがやっぱりいろんなエンジニアにありまして，油圧ショベルという土を掘る機械について自動で直線に掘るとかですね，ロボット的な動きをしようというのは，マイコンしかなかった様な時代，70年代後半くらいからですね，細く非常に長くやっていた，ということなんです。ですから技術のベースとしては産業用のロボットの技術ベースと建設機械のロボット化したいという細々としたニーズがそれぞれあって，ちょうど1990年代後半に96, 7年ぐらいですかね，その「産業用ロボットなんかもうやめちまえ」みたいな話になった時にその技術が集約されまして，建設機械の方にシーズから流

15　建山和由（2013）「情報化施工の動向と将来展望」『国土と政策』No.33, 88頁。

れ込んできた。

コマツ　A氏インタビュー

　それと同時に，コマツは1996年にアメリカのモジュラーマイニングシステムズを買収している。モジュラーマイニングシステムズは，鉱山現場で車をどう配車するか，現場のベルトコンベアにどれぐらいの岩石を運んだか，などの鉱山機械の現場運用を管理する会社である。この現場運用のノウハウをシステム化することで，後の「無人ダンプトラック運行システム（Autonomous Haulage System: AHS）」を開発していった。

　この鉱山を管理するっていう［モジュラーマイニングシステムズの］技術はおそらく今後お客さんが，こういった建設機械をハンドリングするのにはもっと活躍するだろうという思いがあって，おそらくシナジーが出るだろうということで買ったんですね。従って，モジュラー［マイニングシステムズ］の中にロボット化技術があったかっていうと，ほとんど無いです。〔中略〕無人ダンプトラックの開発をするに至った時に実は役に立ちました。というのは，時期がそれぞれ似ているんですけど，モジュラー［マイニングシステムズ］を買ってから，無人のダンプトラックを完全制御するっていうんですかね，どこにどういう風に配置してというものが，そもそも人間の手でやっていたディスパッチシステムがあったものですから，それをもうちょっと肉づけしまして自動でダンプトラックを配車する様なことをやろうということがベースとなりました。

コマツ　A氏インタビュー

　2000年代に入って，中国の経済成長と共に資源の高騰が起こり資源開発の重要性が高まる中で，鉱山開発の現場では，掘りやすい場所は全て掘り尽くされ，新たな鉱山を開発するには山奥や寒冷地の様な辺境の現場に出かけていく必要性が高まってきた。当時の顧客は，山奥で鉱山開発を行う場合，労務管理が一番大きな問題となっていた。24時間体制でダンプトラックを動かそうとすると，ダンプトラック1台当たり4〜5人が必要となり，多くの鉱山労働者を山奥や寒冷地などの辺境の地に呼び寄せなければならず，また，ダンプトラックが規則正しく運転されなければちょっとした間違いでそ

第5章　コマツの事例

の周囲で働いている多くの人の安全が脅かされるという問題点があった[16]。

　2008年にコマツは，標高4000mのチリの銅山において，完全無人で稼働する無人ダンプトラック運行システムを開発し実用化している。その翌年，2009年1月からオーストラリアにおいても同様のシステムを実用化している[17]。

　コマツの無人ダンプトラック運行システムが提供する顧客価値は大きく2つある。第1は，ダンプ1台当たり4～5人の運転に関わる人員を必要としていた人件費が無人化により低減することである。チリの銅山であれば，田舎の標高4000mの山奥という高所で掘るので，人を雇うためにそこに小さな町を作るが，その町が小さくて済むという経費節約効果がある。また，ダンプトラックの運転人員の削減のみならず，ダンプトラックがきちんと稼働しているかどうかをコントロールルームでモニター監視し配車管理する管制をしている人員についても，徐々に削減されるという経費節約効果がある。

　　このダンプトラック自身は本当に人が乗ってないんですけど，管制をしている人っていうのは必ず何人か必要で，機械がちゃんと稼働しているかどうかをコントロールルームでじっとモニター眺めているだけなんですけど，そういう人はいますね。〔中略〕初めは，そういう人もたくさん必要でしたけども，システムがソフィスティケート［洗練］されて［コントロールルームにいた］人もだんだん減ってきて，信頼性もだんだん上がってきてっていうのが今の現状です。

　　　　　　　　　　　　　　　　　　　　コマツ　A氏インタビュー

　第2は，人間ではなく無人ダンプトラック運行システムにより運行管理されているため，無駄な加速，急ブレーキが無く常に最適な加減速で走るので，燃費改善やCO_2の削減が可能となる。また経済的なメリットのみではなく，最適な加減速による運転は，機械に対するダメージが少なく，例えば，タイヤに対するダメージを減らしタイヤの寿命が延びるなど付随したメリットも挙げられる。

　　無人ダンプトラックって考えると運転手がいなくなるだけって感じな

16　坂根（2011）155-156頁。
17　坂根（2011）155頁。

んですけど，実はそうじゃなくて，非常にジェントルな［機械に優しい］運転を実現できますので，機械に対するダメージが少ないとか，タイヤに対するダメージ，タイヤのライフが延びたりですとか，燃費も省エネ運転が自動でできたりする。そうすると，さっきいったイニシャル以外のコストがまださらに下がるわけですね。

コマツ　A氏インタビュー

2008年に世界で初めて実用化されたこのコマツの無人ダンプトラック運行システムは，競合他社であるキャタピラーもその後，2012年に実用化をしているが，市場投入という意味ではコマツが4年程度先行している。人間によるダンプトラック配車・運用の知識・技能のシステム化を行ったことで，顧客の問題解決を図るだけではなく，ダンプトラックの部品寿命を延ばすなど顧客の経済性の改善にも繋がっている。

2.4　建設機械の情報化施工

「情報化施工」とは，ICT技術を道路やダム建設などの施工現場に導入することにより，施工効率の改善，構造物の品質向上，施工に伴う環境負荷の低減などをはかる技術の総称である。ICTを利用した重機制御の高度化にはMG（Machine Guidance）とMC（Machine Control）の2種類の機能がある[18]。コマツは，2013年にMC機能を備えたICTブルドーザである「D61EXi/PXi」と，2014年にMG機能を備えたICT油圧ショベルである「PC210LCi」を発売している。従来であればオペレータがブルドーザのブレード制御を行っていたが，MC機能を備えたブルドーザD61EXi/PXiでは，施工前に読み込んだ3次元設計図面の情報に基づき，荒掘削から仕上げ整地までの作業を一部自動化し，オペレータの熟練を要することなく高い精度で作業を実施できる。また車載GNSS（Global Navigation Satellite System：全球測位衛星システム）を使って高精度な3次元測量を行い，作業後の地形を正確かつリアルタイムに把握する機能を備えている。このシステムを導入した場合の顧客のメリットは2つある。第1は，出来形と呼ばれる作業後の施工の仕上がりが綺麗で高さにばらつきが無いことが挙げられる。図5-3は，

18　建山和由（2013）「情報化施工の動向と将来展望」『国土と政策』No.33, 79頁。

図 5-3　整地作業の比較：従来施工と MC 施工

出所：建山和由（2013）「情報化施工の動向と将来展望」『国土と政策』No.33, 80 頁

　ブルドーザによる整地作業の出来映えを示した写真である。上段の A 工区はオペレータが仕上げたものであり，下段の B 工区は MC 機能を備えたブルドーザで整地を行った結果である。一見して，B 工区の方が綺麗な仕上がりであることがわかる。このことは，図 5-4 の整地された地盤の高さ方向の精度のコンター図の違いからも確認することができる。地面の高さを設計面からの誤差の等高線という形で比較すると，従来施工（手動）では±5cm 以内の精度に収まっているエリアの割合は 59% であるのに対し，MC 機能を備えたブルドーザによる施工では 77% で，精度が向上している。第 2 は，施工時間を約 50% 短縮したことによる経済効果が挙げられる。図 5-5 は，従来施工と MC 機能を備えたブルドーザによる施工で各工程の作業を完了するのに要する時間を比較した結果である。従来工法では，仕上げ面を示すために丁張を打ち，それに合わせてオペレータがブレードを操作するが，MC 機能を備えたブルドーザでは所定の出来形となる様にブレードが自動で動くために丁張を必要としない。また，ブレードも効率よく動くため機械を動かす時間を減らすことができ，燃費の低減にも繋がる。この様に，最先端の土木・建築現場では，D61EXi/PXi や PC210LCi の 1 台 1 台が，測量から掘削整地，検測までを連続的に処理し，作業進捗や出来形情報をリアルタイムにフィードバックするという，ハイエンドの土木・建設ワークフローを実

図 5-4　整地された地盤のコンター比較：従来施工と MC 施工

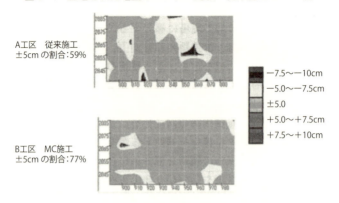

出所：建山和由（2013）「情報化施工の動向と将来展望」『国土と政策』No.33, 80 頁

図 5-5　作業時間比較：従来施工と MC 施工

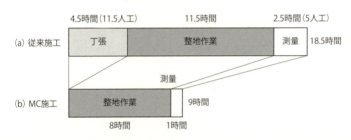

出所：建山和由（2013）「情報化施工の動向と将来展望」『国土と政策』No.33, 81 頁

現している。コマツでは，D61EXi/PXi の日々の稼働データを KOMTRAX と結びつけ，土木・建設現場をあたかも製造工場の様に可視化して，さらなる業務改善に結び付けていくシステムを検討している。特に北米では GNSS 測量データでの工事検収が認められていることから，いち早く情報化施工が導入されている。以上から，従来現場オペレータが行っていた技能の一部をシステム化することで，人間の能力を超える施工が可能となり，工期の短縮，出来形の向上に繋がっている。この様な情報化施工が可能な ICT 建設機械は，価格が 50% 程度高くなる（2013 年時点）が，1 年から 1 年半でそのコストアップ分を回収することができ，顧客価値を高める商品となっている。

2.5 ダントツ商品の開発

　コマツは製造原価を 10% 以上低減しながら、競合他社が少なくとも 3 〜 5 年間は追いつけない先進性を持ったダントツ商品の開発に力を注いでおり、その 1 つとして 2008 年 6 月にハイブリッド油圧ショベルを中国市場に導入している[19]。

　建設機械では、本体購入価格に加えて、修理費、メンテナンス費、消耗品代、燃料費、タイヤ代、機械管理費、オペレータ労務費など、ライフサイクル全体で必要コストを計算すると約 10 年間で製品購入価格の 10 倍強のお金がかかることになる。中国では、オペレータ労務費が日本の 10 分の 1 なので、建設機械の無人化技術を提案しても顧客価値は高まらない[20]。一方で、前述した様に、日本における建設機械 1 台の稼働時間は年間 1000 時間にも満たず、1 日の稼働時間が平均 3 時間弱の状況となっているのに対して、中国では年間稼働時間が 3000 時間程度あり日本の約 3 倍となっている。中国では、建設機械を個人オーナーが所有している場合が多く、自分が投資した機械を少しでも長く稼働させ、早く減価償却しようとする誘因が強く働いている[21]。さらに、建設機械を稼働させる動力源はディーゼルエンジンであり、燃料は軽油を使用している。軽油の燃料代は中国、日本共にあまり変わらないために、稼働率が日本の 3 倍ある中国市場をターゲットにして、燃費が 3 〜 4 割削減できるハイブリッド油圧ショベルを開発することは、顧客の利益に大きく貢献し顧客価値を高めることに繋がる。ハイブリッド油圧ショベルの価格は、能力が同等の既存機種に比べて 1.5 倍の価格（2013 年時点）ではあるが、2008 年の発売から 2 年で 650 台（中国が約 300 台、日本が約 300 台）と販売実績を伸ばしており、その後は建設機械の小型化を行うことでコストダウンを図っていく予定となっている[22]。

　この様な、ダントツ商品の開発は、2001 年 6 月に社長に就任した坂根氏が「ダントツ」の概念を社内に持ち込んだことがきっかけとなっている。坂根氏は、ダントツ商品の認定条件として、「いくつかの重要な性能やスペッ

19　坂根（2011）171 頁。
20　長内・榊原（2012）51-52 頁。
21　坂根（2011）59-60 頁。
22　坂根（2011）172-173 頁。

クで,競合メーカーが数年かかっても追いつけない様な際立った特徴を持つこと」,さらに,「これまでの製品に較べて,原価を10%以上引き下げ,そのコスト余力をダントツの実現に振り向けること」を掲げている[23]。このダントツ概念に基づいた商品開発の発想における特徴的な点は,まず「何を開発するか」を考えるのではなく,まず「何を犠牲にするのか」を考える点から出発していることである[24]。前述のダントツ条件を表面的に見れば,製品における差別化戦略やコストリーダーシップ戦略であり,従来からの製品戦略と特段変わったものではないと考えられるが,その発想やアプローチ方法にはコマツ独自のユニークな面がある。多くの日本企業に共通した製品開発のあり方の様に,何事も競争相手と比べた上で,「コストも,パワーも,燃費も,低騒音も,操作性も良くしよう」と考え,全ての項目で従来製品より数パーセント改良する「少し上」を目標にするよりも,コマツの場合は,これらの項目の中で何を犠牲にするのかをトップダウンで明確に決め,より特長が明確になった製品開発を主導した。コマツは2001年に,GPS通信機を装備したKOMTRAXを標準装備化している[25]。このKOMTRAXから入手した運転データによって,世界中で稼働している建設機械全数データを把握することは,中国や日本の建設機械が顧客にどの様に使用されているのかを比較することに役立つだけではなく,それぞれの市場に適した戦略立案ができる。例えば中国市場における建設機械の運転時間から考えて,燃費改善に焦点を当てたダントツ商品の開発を行えば価格を犠牲にしたとしてもライフサイクル経済性で総合評価した場合には顧客価値を高めることができる,という目算があったと推測される。開発においても,ある程度確信を持って何を犠牲にするかを決定できるのは,KOMTRAXにより顧客の運転状況を精度よく把握していることと,価格を犠牲にしても燃費を低減するという強みを磨けばビジネスとして成立すると考えた坂根氏の直観的意思決定に依る所が大きいと考えられる。ちなみに現在ではダントツの概念を,ダントツ商品のみならず,ダントツサービス,ダントツソリューションへと拡張して進化をとげている。

---

23 坂根(2011)166頁。
24 坂根(2011)163頁。
25 長内・榊原(2012)79頁。

3 バック・フォーマット：価値創造の仕組み

3.1 サービス部品供給を支える独自の ICT 技術

コマツの部品供給を支える仕組みとして，KOMTRAX，CSS-Net（Customer Support System-Network System），BOM（Bill of Material）の3つが挙げられる。コマツの強みは，この3つのシステムが一気通貫で有機的に繋がっている点である。前節で紹介した KOMTRAX のシステム構成を図5-6 に示す。KOMTRAX は，GPS による位置情報，移動時間情報と，建設機械に付属しているセンサーにより集約されたサービスメータ情報，各種警告情報，燃料レベル情報などを，1 日 1 回通信衛星回線／携帯電話回線を介してデータサーバに蓄積しコマツや代理店の端末からその蓄積されたデータを閲覧できる仕組みとなっている。2001 年に KOMTRAX が標準装備化されているが，この時系列大量データ（big data）の中から，本社では建設機

図 5-6 KOMTRAX のシステム構成

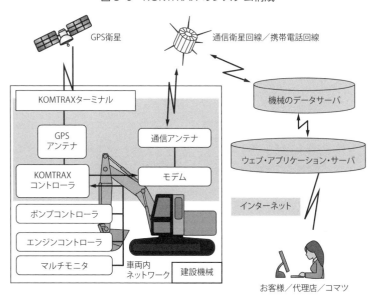

出所：コマツカスタマーサポート「KOMTRAX」
　　　（http://www.komatsu-kenki.co.jp/service/product/komtrax/）より

械の稼働状況を分析することで建設機械の需要予測を行い，工場では需要予測に基づいた生産計画を策定している。また，代理店では稼働状況の分析による在庫管理と位置情報による債権管理を行っている[26]。

　2011年4月コマツ大阪工場に，グローバル販生オペレーションセンタ[27]が設立された。ここは，建設機械マーケティング本部，ICT事業本部，生産本部，情報戦略本部の4つの異なる部署から組織横断的に実務経験者が集まり，KOMTRAXによる集約された時系列大量データ（big data）を分析することで需要予測を行っている。その結果は，最高意思決定機関の1つである全社販生会議に上げられ，建設機械や消耗部品の生産増減を決める基礎資料とされた[28]。

　また，代理店ではKOMTRAX情報から，必要部品を手配しようと考えた時，図5-7に示される，CSS-Netと呼ばれる機械製品の取扱説明書やショップマニュアルなどを電子化しWeb配信するシステムが活用されている。CSS-NetにはWebパーツカタログが掲載されており，部品品番を特定することができる。そして，このWebパーツカタログは受発注システムとの連携が可能となっており，工場への製造指示，顧客に対する見積書・納品書・請求書の作成と連動することが可能となっている。またCSS-Netに掲載されている修理要領書を参照することで，部品の取り換え方法が明確に指示され，オペレーション・マニュアルにより部品取り換え後の運転を問題なく行うことができる[29]。建設機械は1台当たり3万点の部品種類があるが，発注指示を受けた部品は，BOMと呼ばれる製造・在庫管理のシステムにより，これらの部品に番号を付けて管理する仕組みである。以前は，工場毎にBOMを持っていたが，コミュニケーションを取るのに非常に時間がかかることから，今では全ての工場共通のBOMを構築しており，世界の工場部品管理が一元化され新型建設機械の生産立ち上げが非常にスムーズになっている[30]。この様に，KOMTRAX, CSS-Net, BOMなどのICT技術が統合され，

26　坂根（2011）51頁。
27　グローバル販生オペレーションセンタでは，KOMTRAXの建設機械稼働情報のみならず，現場の様子や部品在庫量を監視するモニターが設置されている。
28　「コマツ『ダントツ経営』の裏側」『週刊ダイヤモンド』2014年4月12日号，82頁。
29　「CSS-Netカタログ」『QUALICA』2014年6月，2頁。
30　坂根（2011）146頁。

図 5-7　CSS-Net のシステム構成

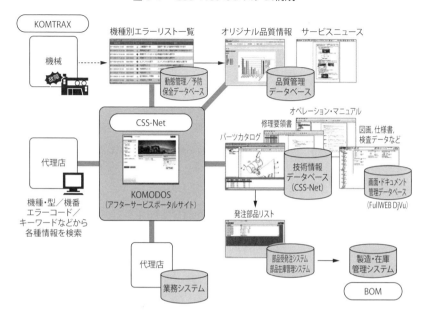

出所：クオリカ「CSS-Net」
　　　（http://www.qualica.co.jp/service/manufact/ams/cssnet/1192826_1663.html）に筆者加筆

かつ，部門横断的に一気通貫して部品供給サービスが全体として効率的にできる仕組みが構築されている。また，システム化が成されたために営業といえどもサービス業務ができる様になり，マルチ職能化が推進され人が行う業務が効率化されている。

　　CSS-Net みたいにね，ちょっとコツさえ知ってれば「すいません。それ，ちょっと調べてみますよ」ができる様になるわけですよ。ICT を使えばですね。KOMTRAX も同じですよね。KOMTRAX のところから自分のお客さんのサービス管理の情報が自分も見れるわけですよ。サービスマンと同じ様に。〔中略〕すると「じゃ，こんな提案を今度してみようかな」とかね。結局サービスのクレームって営業にきたりとかもすることあるじゃないですか。そういう時にやはり心構えとか変わったりとかね。すると，どんどんどんどん前向きになってって気が付いたら「結構サービスのことわかっちゃうようになった」とか，「部品のことわかっちゃうようになった」っていう人が実は育ってきてるんですよね。これっていうのはまさに「コンピュータがやることはコンピュータに任せて，

それで浮いた所謂，マンパワーをもっと有効に使いましょうよ」という発想なんですよね。〔中略〕コンピュータを使って，さっきいったマルチ職能的な動きも入れて，「とにかく現場を強化しよう」ってところは，やはり人ですからね。

クオリカ　T氏インタビュー

3.2　適正在庫管理とみどり会との連携

　2008年のリーマンショック以降，コマツの建設機械需要は半減したが，この時，コマツの取った対応は2つある。第1は，流通在庫調整であり，第2は後述するみどり会による各社への資本支援である。流通在庫には，メーカーが所有するメーカー在庫と，代理店が所有するディーラー在庫があった。2008年のリーマンショック以前の需要好調な時代には，需要が供給に追いつかない商品不足の局面が続いたため，代理店は機会損失を無くすためにディーラー在庫を抱えようとした。しかし，リーマンショック危機に直面すると高値で売れるはずだった在庫はとたんに不良在庫になり，代理店の経営を圧迫した。メーカーは，メーカー在庫は正確に把握しているが，ディーラー在庫は正確に把握できていないことが多く，現実にはディーラー在庫として抱えていただけなのに販売が好調だと勘違いし，増産して在庫を多く抱えるといった失敗事例が多く起こる。コマツはこの点を改善する仕組みとして，ディーラー在庫をゼロにしてメーカー在庫として保有し，流通在庫の見える化による在庫管理を実現している[31]。

　また，リーマンショック危機を契機にコマツの協力企業の資金繰りが圧迫されていった[32]。コマツには，約160社の協力会社を組織した「みどり会」という組織がある。みどり会の3分の2の約100社は，古くからコマツに部品を納入する協力会社である。建設機械の部品は，建設機械メーカー本体で作っているのはトランスミッションやエンジンなどの中枢部品であるが，それは部品全体の10％以下である。一方，ブルドーザの履帯やバケット（前面にある土をすくう部分）など過半数の部品は，外部調達となっている[33]。コマツとみどり会各社との絆は強く，リーマンショック以前の2003年から

31　坂根（2011）104頁。
32　坂根（2011）112頁。
33　坂根（2011）120頁。

2007年までの増産の局面においては,「多少リスクはあっても投資しよう」との決断をコマツは行っている。その結果,みどり会各社の売上高営業利益率は平均で7%の高水準に達し,コマツとみどり会各社との Win-Win の取引関係を保っている。一方,2008年リーマンショック以降の減産の局面においては,みどり会の中の幾つかの会社に資金繰りの悪化による倒産の危機が迫った。通常では考えにくいが,コマツの意向で設備投資を行った協力会社の設備を買い取り,また,協力会社が製作した在庫部品を買い上げ,資本関係にまで踏み込んで支援している[34]。最近では,KOM-MICS（Komatsu Manufacturing Innovation Cloud System）[35] と呼ばれるシステムを構築し,みどり会を経由した調達部品の生産状況を把握するためにサプライヤー工場の生産設備にセンサーを付けて可視化し,KOMTRAX による稼働状況の可視化と共に,需要状況と供給部品の生産状況を最適化し,在庫を増やすこと無く部品供給を効率化する取り組みを行っている。

3.3 無人化・自動化を支えるロボット技術

コマツは,「無人ダンプトラック運行システム」,ブルドーザの「情報化施工」などの無人化・自動化システムを構築するに当たって,2つの大きな行動を取っている。第1の行動は,1990年代に行っていた産業機械事業部における産業機械用ロボットの生産を中止し,1996年に建設機械事業に統合したことである。元々コマツでは,1970年代後半から建設機械をロボット化したいという思いがエンジニアにあった。例えば,油圧ショベルという土を掘る機械について自動で直線的に掘るなど,当時マイコン（micro computer）しかなかった時代から細々と長くやってきた経緯がある。技術のベースとして,産業用ロボットの技術と建設機械をロボット化したいという社内のニーズがそれぞれあって,ちょうど1996年の産業用ロボット撤退の話と同時にこれらが集約され,建設機械にロボット技術が統合された経緯がある。第2の行動は,「無人ダンプトラック運行システム」を構築するために,1996年にアメリカのモジュラーマイニングシステムズを買収し,コマツマ

---

[34] 坂根（2011）113-116頁。
[35] 「サプライヤー工場もスマート化,世界に先手を打つ日本企業」『日経ものづくり』2015年9月号,34-38頁。

図 5-8 コマツの無人ダンプトラック運行システム（AHS）

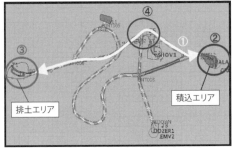

鉱山現場全景

運行管理室モニタの鉱山全体地図（イメージ図）

AHS基本
オペレーション
① 自律運搬オペレーション
② 積込オペレーション
③ 排土オペレーション
④ 運行制御オペレーション

出所：計測自動制御学会資料（2013 年 12 月）より筆者作成

イニングを設立したことが挙げられる[36]。このモジュラーマイニングシステムズが持っていたものは，配車（dispatch）と呼ばれるダンプトラックをどの様に配車するか，どこのベルトコンベアにどれぐらいの岩石を運んだか，といった鉱山運営管理をするノウハウであった。図 5-8 に，具体的な無人ダンプトラック運行システムを示す。積込エリアで岩石を積み込み，排土エリアで岩石を排出するが，無人ダンプトラック移動区間は，①の自律運搬区間と，④の運行制御区間とに区分されている。①と④の移動区間では，一度覚え込ませたルートをなぞるティーチングプレイバック技術と高精度 GPS によって，元々自分が教え込んだ位置と同じところを走っているかを自動制御する技術が適用されている。

　これは，どっちかっていうと当然周りをスキャナーとかで見てはいるんですね。障害物も見ていますし，岩が落ちてないかとか見ているんですけど，ベースは一度覚え込ませたルートがあってそれをなぞっているだけなんです。簡単にいうと，ティーチングプレイバックですね。ロボット的にいいますとですね，そのために，これも高精度 GPS ですけど，プラスマイナス 30mm ぐらいわかる GPS をつけて，元々自分が教え込

36　坂根（2011）156 頁。

まれた位置と同じとこ走っているかなっていうのを見てるということですね。ただ，その時に障害物があったらずっと止まりっぱなしじゃいかんので，その時は自分で新しく，［軌跡を］ルートを作って障害物回避するとかですね。どうしても回避できなかったら，異常警報を発するとか，そういった工夫をされてますね。

コマツ　A氏インタビュー

　しかし，鉱山現場では，ダンプトラックをどの様に配車し，積込場所や鉱山クラッシャーなどの付帯設備とどの様に連携したら良いかという点で，工夫が必要となる。鉱山は毎日掘っていくので道路の形状が日々変わり，障害物が存在するといった点も，鉱山運営管理という意味で大きな技術的課題となった。この技術的課題を解決するためにコマツは，i-Robot のルンバにも導入されているロボット技術として，ある決まったエリアをまんべんなく自動サーチし，内蔵されている人工知能の中に最新の地図を作る技術を建設機械にも導入することを行っている。この技術は，無人ダンプトラックが障害物によりずっと止まったままにならない様に，自分でサーチした地図から新しい無人ダンプトラックの運行ルートを作り障害物を回避する，新しいシステム技術である。

　　i-Robot 社の場合は，［この会社は］軍事会社なので，もうお金に関係なしにアメリカの国防省がすごいお金がどんどんどんどん投入されていますので，そういう我々みたいな心配事は無かったと思うんですね。ただ，民間に技術を転用していってといわれた時に，ある決まったエリアをまんべんなく自動でサーチする技術，勝手に走らしておいて地図を自分の頭の中で作るという技術を転用していいというフェーズにきたので〔中略〕今のコマツにもそういう技術が入っています。

コマツ　A氏インタビュー

　つまり，コマツの無人ダンプトラック運行システムは，従来の自動制御技術と人工知能技術を組み合わせた高度なロボット技術に支えられて自律無人化が実現している[37]。また同様に，ブルドーザの情報化施工における自動化

---

[37] 「土木現場を工場の様に制御，社内の電子部門が強みに」『日経エレクトロニクス』2015 年 12 月号，109-113 頁，によれば，コマツのロボット技術は 1966 年に設立した電気研究所（湘南工場）が原点となっている。

技術も，同様のアプローチで自動制御技術と人工知能技術を組み合わせた高度なロボット技術で支えられている。現在の無人ダンプトラック運行システムやブルドーザの情報化施工は，鉱山運用管理のノウハウを持った会社の買収，建設機械とロボット技術の統合があって初めて実現できたものと考える。

3.4 プロジェクト方式による新製品開発体制

コマツは，従来の平均点主義の商品開発に対して，2001年に社長に就任した坂根氏の命を受け，「ダントツ商品」の開発を推進している。ダントツ商品を開発するに当たり「ダントツプロジェクト」と呼ばれる新製品開発体制で開発推進を行った。ダントツプロジェクトの認定は，社長の専権事項であり，ダントツプロジェクトに認定されれば，開発予算や人員の割り振りで通常の開発プロジェクトより優遇され，重点的に社内資源が配分される[38]。ダントツプロジェクトに認定されるダントツ商品は，「いくつかの重要な性能やスペックで，競合メーカーが数年かかっても追いつけない様な際立った特徴を持ち」かつ，「これまでの製品に較べて，原価を10%以上引き下げ，コストの余力をダントツの実現に振り向けることが出来ること」と定義されている。この定義を満足し社長が承認することで，ダントツプロジェクトとして認定される[39]。

当時の坂根社長は，ダントツ商品開発に係る方向性についてキーワードを3つ挙げている。第1は，環境である。地球全体が脱化石資源に舵を切る中で，建設機械メーカーもそのことに貢献する必要がある，といった考え方である。この考え方に沿った形で，ハイブリッド技術や，既存エンジンの効率アップ，資源の多様化に対応するために，バイオ・ディーゼル燃料などの活用に焦点を絞ったプロジェクトを推進した。第2は，安全性である。これは，前述の無人ダンプトラック運行システム適用により工事現場の事故を低減したことがその例として挙げられる。第3は，ICTである。ICTを使った情報化施工による，施工のインテリジェント化である。通常,油圧ショベルやブルドーザを使いこなすには一定の熟練が必要となる。しかし，新興市場など工事量が爆発的に増えている地域では，熟練オペレータの育成が追い付かないため，

---

[38] 坂根（2011）170頁。
[39] 坂根（2011）166頁。

情報化施工の様なオペナビが必要となる[40]。これら3つの方向性は、いずれもコマツを取り巻く事業環境と顧客の建設機械使用状況における課題をダントツ商品開発に反映しようとしているものであり、バリューチェーンの最下流のサービス部隊が把握している顧客課題を捉えた製品開発目標をトップが自ら設定し、会社として推進する新製品開発体制を敷いている。

4 財務システム：財務成果と資金管理

4.1 売上高と売上高営業利益率の推移

過去にコマツは、事業の多角化を行い多くの事業を行っていた時期もあるが、2013年時点では2つの事業ドメインに集約されている。1つは、「建設機械・車両部門」であり売上高の約90%を占め主力事業ドメインとなっている。もう1つは、「産業機械他部門」であり売上高の約10%である。図5-9にコマツとキャタピラーの売上高と営業利益率を示す。

コマツは、2000年以前は売上高1兆円前後で推移していたが、2000年代に入ると2008年のリーマンショックまで売上高を伸ばし、リーマンショック以降一時売上高を落としたが、2012年の時点では、約2兆円にまで事業

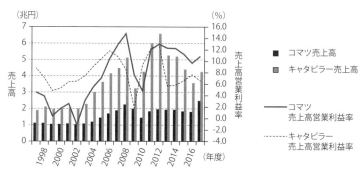

図5-9　コマツとキャタピラーの売上高・営業利益率

注：100円=1USD換算

出所：各社アニュアル・レポートより筆者作成

---

[40] 坂根（2011）175-176頁。

を拡大している。売上高営業利益率の推移においても，2002年からリーマンショックまで右肩上がりでライバルのキャタピラーを追撃し2006年には売上高営業利益率で追いつき，2007年から2009年までは売上高営業利益率でライバルのキャタピラーを追い越していることがわかる。リーマンショック後は，一時売上高営業利益率を落としたが，2012年の時点ではライバルのキャタピラーと同等の利益率となっている。このことは，2001年の坂根氏の社長就任を契機に，サービスを中心とした事業活動を行うことで，売上高におけるサービス売上比率が上昇し，売上高営業利益率が向上したものと考えられる。

4.2 サービス部品販売の拡大と販売管理費の削減

　2000年以降のコマツの財務成果としては，中国を中心とした戦略市場の需要拡大と，建設機械が従来の新品建設機械の販売からリース・レンタルビジネスを中心とした中古建設機械の転売ビジネスへとシフトする中で，サービス部品販売を伸ばして行った経緯がある。図5-10に，2001年から2012年までのサービス部品販売の売上高推移を示す。2001年時点のサービス部品売上高は約1500億円であったが，2012年では，約2倍の3000億円に拡大していることがわかる。中でも，戦略部品は2004年では約500億であったものが，2012年には1000億を超える売上に拡大している。これは，部品の注文が来てから販売するといった従来の「待ちの販売」から，KOMTRAXを使って部品の寿命予測を行い代理店の担当者が「訪問販売」を行ったことと，CSS-NetとBOMを連動したシステムを構築し協力会社と一体となって「品揃えと供給力の強化」を実施したため，サービス部品の売上が伸ばせたことが考えられる。　サービス部品は種類が多く，部品の特定，見積書，納品書，インボイスなどの必要書類の作成は反復継続しており，部品の売上を増やそうとすれば，人員を増やさなければならない。コマツは，KOMTRAX，CSS-Net，BOMなどを連携することにより，人手の掛かる単純作業をシステム化することで，現場で営業もサービスを扱えるマルチ職能化が推進される様になり，限られた人員でも売上を伸ばせるようになっていった。さらに，坂根社長は2002年コマツが赤字に転落したのを契機に，これまでタブー視されてきた雇用に対しても手を付け，当時のコマツ社員約

図 5-10　コマツのサービス部品売上高推移

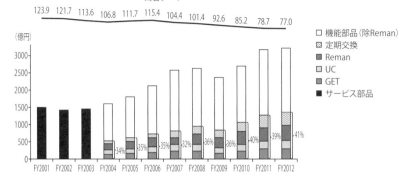

注1：「定期交換」は，油圧ホース，オイルなどの部品と消耗品，「Reman」はエンジン，トランスミッションの再生，「UC」は履帯，スプロケット，アイドラ，「GET」は，バケット，バケットツースなどの戦略部品を示す。
注2：為替レートは，FY2000-2010 が実績社内（コマツ）レート，FY2011 が期中平均レート，FY2012 が BP レート。
注3：2012 年の事業説明会において過去 10 年を振り返った際に，サービス部品の内訳が明記された。それ以前（～ FY2003）は内訳が公表されていないため，サービス部品全体の売上を記載している。

出所：コマツ事業説明会資料（2012 年 12 月 17 日）

2万人（連結）の約 15% である，希望退職 1100 人，子会社への出向社員の転籍 1700 人の計約 2800 人の人件費削減を行っている。この様な，システム化によるサービス業務の効率化とマルチ職能化，痛みを伴う人件費の削減を合わせて行う経営構造改革の結果，販売費・一般管理費（以下，販売管理費，SG&A：Selling, General and Administrative Expenses）の削減が達成できている。[41]

図 5-11 に 2000 年以降の売上高販売管理費率の推移を示すが，坂根氏が社長に就任した 2001 年度では，販売管理費率が 24% であったものが，2006 年度では 15% まで低減し，その後 15% 前後で推移している。販売管理費率自体は，いかに効率よく販売活動を行っているかを示す指標であるが，坂根氏が社長に就任するまではこの数値が競合他社に比較して相対的に高いレベルにあった。社長自身この販売管理費率の低減については低減幅としては大きいが，元々アメリカの競合他社と較べた場合，販売管理費の絶対値そのものが高かったため，経営構造改革により，競合他社との差を縮める改善が成

41　坂根（2011）81 頁。

図 5-11 コマツの売上高販売管理費率の推移

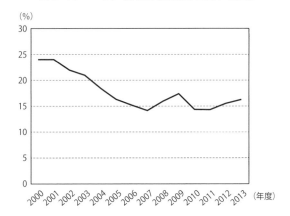

注：売上高販売管理費率は、財務諸表記載の販売管理費を売上高で除して比率を算出している。

出所：コマツの財務諸表より筆者作成

されたと回顧している[42]。

4.3　資本速度指標とキャッシュ化速度指標による評価

　KOMTRAX, CSS-Net, BOM などを組み合わせた部品供給システム, 無人ダンプトラック運行システム, 情報化施工などのシステム構築, ハイブリッド油圧ショベルの様なダントツ商品の開発を行うに当たり, 投下した資本がどの程度効率的に使われたかを評価する資本速度指標として, ROIC を用いる。ROIC は,「NOPLAT（Net Operating Profit Less Adjusted Taxes：みなし税引後営業利益）÷（株主資本＋有利子負債）」式で表される[43]。一方, 顧客需要に関する情報をいかに効率的にキャッシュ化できたかを示すキャッシュ化速度指標として, CCC を用いる。CCC は,「売掛金回転日数＋在庫回転日数－買掛金回転日数」式で表される[44]。これらの資本速度指標とキャッシュ

---

[42] 坂根（2011）79頁。
[43] McInerney（2013, 邦訳 2014）では, 資本速度指標として企業価値（EV）に対する営業利益の割合と定義している（86頁）が, 一方, 金融サービス会社などでは資本速度指標に相当する指標として ROIC を使用しており, 考え方としては同じである。
[44] McInerney（2013, 邦訳 2014）では, キャッシュ化速度指標として家電業界を対象に「売掛金回転日数＋在庫回転日数－40」と定義している（86頁）が, 一方, 金融サービス会社などではキャッシュ化速度指標に相当する指標として「売掛金回転日数＋在庫回転日数－買掛金回転日数」を使用しており, 考え方としては同じである。

第5章　コマツの事例

図 5-12　コマツの ROIC と CCC の推移

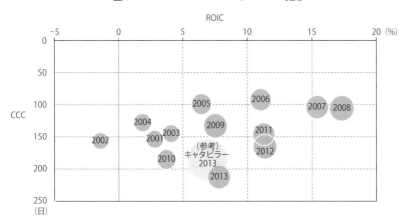

注1：円の大きさは売上高の大きさを表す。
注2：円の中の数字は年度を表す。
出所：コマツの財務諸表より筆者作成

化速度指標を用いてコマツの財務諸表を評価した結果を，図5-12に示す。

まず，資本速度指標としてROICの推移を見ると，坂根氏が社長に就任した2001年は3%であったが，2008年のリーマンショックまでの間に17%まで躍進している。利益獲得のドライバーとしては，2001年に標準装備化されたKOMTRAXと1998年に稼働したCSS-Netとが接続されBOMなどの部品支援システムと結びついた部品供給システムが完成したことによる売上高の躍進と，2008年のチリ銅山の無人ダンプトラック運行システムの受注が挙げられる。しかしながら，2008年のリーマンショックを契機に需要が半減したため利益は下降し，2010年にはオーストラリア鉱山の無人ダンプトラック運行システムやハイブリッド建設機械で挽回はしたものの，ROICは4%まで落ち込み，2013年にはブルドーザの情報化施工を市場投入したがROICは8%で推移している。一方，キャッシュ化速度指標としてCCCを見ていくと，坂根氏が社長に就任した2001年では150日であったが，2008年のリーマンショックまでの間に100日まで低減している。キャッシュ化速度が向上した要因として，KOMTRAXを用いた需要予測による顧客情報の的確な把握と，CSS-Net，BOMなどによるシステム化と部品供給を担うみどり会とが一体化されサービス部品の需要予測による機会損失が低減し，

123

受注から部品納入まで一気通貫で効率良く業務を行うことができたため，人員を増加させることなく増加する部品需要に対して素早くキャッシュ化することができた点が挙げられる．しかし，2008年のリーマンショック以降，コマツは流通在庫ゼロの方針を掲げディーラー在庫をメーカー在庫として抱える方針に転換したため在庫が増え，2013年時点ではCCCを200日まで落としているが，キャッシュ化速度の絶対値としては競合他社であるキャタピラーと同等レベルとなっている．リーマンショックの影響で売上が落ち込んだ時期もあったが，全体として，2013年の時点で2001年から売上高は，約2倍となっている．

　この様に，KOMTRAXを使ってサービス部品のソリューション・サービスの創出と需要予測ができるということは，部品の売上を伸ばすことのみならず，人員数を現状維持したままで増加する部品発注に対応でき，在庫を削減することにも繋がったため，利益を大きく伸ばす要因となっている．また，無人ダンプトラック運用システム，ハイブリッド油圧ショベル，情報化施工など差別化されたサービスや製品は，ICRTを競合他社であるキャタピラーよりもいち早く導入し，顧客の知識部分のみならず技能部分もシステム化できたことが成功要因となっている．この様なダントツ商品は，競合他社であるキャタピラーよりも4，5年早く上市され，リーマンショックの大きな環境変化により需要が半減する中でもコマツの売上，利益を延ばすことに大きく貢献したと評価できる．

5　経営者の行動

5.1　フロント・フォーマットへの経営者の関与

　1990年代の社会問題である建設機械盗難に対して問題解決のきっかけとなったのは，1998年頃，社長就任前の坂根氏の強い想いである．坂根氏は当時を回顧して，「私は，ブルドーザの設計者からスタートしているし，アメリカと日本で，販売後のサービスを担当する部署の部長をやっていたこともある．自分達が苦労して売った機械が盗まれ犯罪に使用されるなんて，悔しいじゃないですか．これをなんとかしようと考えたのがきっかけです」と，

語っている[45]。その後,「GPS を活用して指定の場所から機械が離れたら,アラームが鳴るように出来ないか?」と考えたのが KOMTRAX の出発点であると語っている[46]。KOMTRAX 開発のエピソードとして,坂根氏が 1997 年に経営企画室長に就任した時,部下から,「当時流行していたゲームキャラクターの『たまごっち』から発想して建設機械の情報を自ら発信することが出来ないかといった,福井の販売店からの提案を基に技術的可能性を調査して取りまとめたものがきっかけであった」[47] としている。坂根氏自身,「多数の建設機械を保有するレンタル会社は,機械の場所管理が自動的に出来るだけでも大助かりな上に,防犯にも役立つ。これは価値あるシステムだ,と直観した」[48] と当時を回顧している。その後,開発にゴーサインが出たが他部門には歓迎されず,経営企画室の私的プロジェクトの形でスタートし,1999 年に福島の建設機械レンタル会社から大量受注し,ようやく KOMTRAX は実用化に至っている。坂根氏は 2001 年に社長に就任すると同時に KOMTRAX を標準装備化することを決断し,サービス部品の販売が拡大していくが,坂根氏自身がブルドーザ設計とサービス業務の 2 つの領域において熟達した経験を持っていたことによって,KOMTRAX を使うことで建設機械の場所管理を自動的に行うことができ,建設機械の盗難という社会問題を解決し,なおかつ,サービス部品販売拡大に大きな効果をもたらすことを直観的に感じ取ったと推察される。

坂根氏は無人ダンプトラック運行システム,ハイブリッド油圧ショベル,ブルドーザの情報化施工などのダントツ商品と呼ばれるヒット商品を主導している。「ダントツ」という発想は,坂根氏の「弱みよりも強みを磨こう」とした彼自身の信条にある[49]。坂根氏の回顧によれば,「『強みを伸ばす』といった発想は,受験勉強のときからそうだった。私は,理数系の科目が非常に面白く,またそれだけに真剣に取り組んだ。問題集には模範解答が載って

---

[45] 「田原総一郎の『この人に聞きたい!』〔1〕これから 5 年,日米に好景気がやってくる」『PRESIDENT』2014 年 5 月 19 日号,74 頁。
[46] 「田原総一郎の『この人に聞きたい!』〔1〕これから 5 年,日米に好景気がやってくる」『PRESIDENT』2014 年 5 月 19 日号,74 頁。
[47] 「私の履歴書 坂根正弘(23)-KOMTRAX-」『日本経済新聞』2014 年 11 月 24 日朝刊。
[48] 「私の履歴書 坂根正弘(23)-KOMTRAX-」『日本経済新聞』2014 年 11 月 24 日朝刊。
[49] 「私の履歴書 坂根正弘(5)-大学受験-」『日本経済新聞』2014 年 11 月 5 日朝刊。

いるが，それとは違う方法で答えを出す別解を考えるのが好きで，ある時，鮮やかな別解を思いついて，出版社に手紙で知らせたところ礼状をもらったこともある。一方，歴史のような暗記科目は年号を覚えて何の意味が有るのか分らず，やる気が全く起きない。英語や国語も苦手，というより始めからほとんど勉強せず，従って成績はよくなかった」と語られており，経営者になってからの「捨てるべきは捨てて，強みを磨く」といった発想は，高校生のころから身に付いたごく自然なものであったとしている[50]。この様な回顧から，ダントツ商品の発想は彼自身の信条に基づいたものであることが読み解ける。

フロント・フォーマットへの関与として，KOMTRAXによる顧客の運転状況の可視化によって見えたものの中から顧客が建設機械を使用する際の顧客価値に繋がるソリューション・サービスの創出へと繋げていったことや，ダントツ商品の発想方法など，熟達経営者である坂根氏の専門領域の多様性と信念から構成される個性（identity）がそこに影響を与えている。この様な坂根氏の顧客価値創造の手法は，Read, Dew, Sarasvathy, Song, and Wiltbank（2009）のエフェクチュエーションプロセスの特徴である，顧客のニーズを基に「何を知っているのか？」，「自分は何者か？」などの問いからスタートし，KOMTRAXを社長主導で推進し，ダントツ商品を部門横断する社長直轄のプロジェクト方式にして取り組んでいった資源構築活動の結果として生まれており，コーゼーションプロセスの特徴である，市場を特定する所からスタートして必要資源を選択し顧客価値を創造していくアプローチではないことが事例から読み取れる。この様に，フロント・フォーマットに対する坂根氏の意思決定は非予測的コントロールであり，エフェクチュエーションに代表される実効論的意思決定のパターンと類似しており，従来のマーケティング理論に基づいた予測的コントロールであるコーゼーションに代表される因果論的意思決定のパターンとは異なることがわかる。

5.2 バック・フォーマットへの経営者の関与

コマツは，1980年代の後半から積極的に多角化を推進しており，その過

---

50 「私の履歴書 坂根正弘（5）－大学受験－」『日本経済新聞』2014年11月5日朝刊。

程で産業用ロボットやプラスティックといった建設機械事業とは別の産業機械事業を行っている。しかし，1990年代には事業の多角化戦略を見直し選択と集中を行った。当時を振り返り坂根氏は，「コマツの新規事業が苦戦してきたのは，一言で言えば『戦略の欠如』だ。独自の強みが無いままに，規模を追いかけて大きな市場に参入し，他社と差別化出来ずに収益が低迷するパターンが多かった」と，回顧している[51]。この様な反省を踏まえて，コマツは1996年，安崎社長時代に産業機械事業を建設機械事業に統合する決断をしている。このことにより，産業用ロボティクス技術の知識を持った技術者と産業用ロボット技術のシーズが建設機械事業に流入した。また同時期に，アメリカのモジュラーマイニングシステムズの買収を行っている。先述の通りモジュラーマイニングシステムズは，鉱山機械におけるディスパッチと呼ばれる管制システムを手掛けている会社である。コマツの関係者によると，「鉱山を管理するっていう技術はおそらく今後お客さんが，こういったでっかい建設機械をハンドリングするのにもっと活躍するだろうという思いがあって，おそらくシナジーが出るだろう，ということで買った」と，回顧している[52]。また，坂根氏は「グローバル化を推進するために1995年に就任した当時の安崎社長がITの仕組みを5年がかりで改革することになり，その責任者を野路國夫氏に引き受けてもらった」とも回顧している[53]。当時のコマツのシステムは，小松ソフトウェア開発と呼ばれる子会社が開発したITシステムを使っていたが，基幹システムを世界標準であるSAPのシステムへ統一していった[54]。このことにより，社内でしか通用しないガラパゴス的なシステムから脱却し，グローバルオペレーションの効率化に繋がったとしている。この様に無人化や情報化施工は，個別現場における技能のシステム化による個別問題解決のモデル化であり，KOMTRAX，CSS-Net，BOMなどにより知識をシステム化しSAPの基幹システムと統合することにより，グローバル化に対応する反復継続した部品供給システムを構築することが，知識のシステム化によるサービス・プロセスの効率化に繋がっている。

---

51 「私の履歴書 坂根正弘（18）-企業スポーツ-」『日本経済新聞』2014年11月19日朝刊。
52 本書第5章，コマツA氏インタビュー参照（104頁）。
53 「私の履歴書 坂根正弘（22）-技術本部長-」『日本経済新聞』2014年11月23日朝刊。
54 「私の履歴書 坂根正弘（22）-技術本部長-」『日本経済新聞』2014年11月23日朝刊。

また1990年代後半に，従来行われていた多角化戦略を見直し建設機械事業に経営資源を集中させることで，独自性の追求を行ったが，この様なアプローチの軸となる考え方は，知識・技能のシステム化の技術基盤を整備することであり，従来人間が行っていた作業を可視化しICRTに代替させることで，人間の知識や技能を人間に代替したシステム化し，グローバル化することである。

> [KOMTRAXやCSS-Netなどのシステム化は，概念的にいえば知識や技能のシステム化ですね。] そうですね。私はそう思っていますけどね。
> 　　　　　　　　　　　　　　　　　　　　クオリカ　T氏インタビュー

　コマツのアプローチの特徴は，プロセスを可視化するために必要な資源をM&Aを介して獲得し，関連する知識を持った人材を社内に集約することで独自性を出せる体制を築き，かつ，グローバル化するためにKOMTRAX，CSS-Net，BOMなどの社内独自システムと世界標準の基幹システムとを上手く組み合わせグローバルオペレーションの効率化を図っていった点にある。この様なバック・フォーマットへの経営者の関与として，安崎氏のM&Aや事業集約によるシステム化の推進と，野路氏のITの仕組みの改革によるグローバル化の推進は，Read, Dew, Sarasvathy, Song, and Wiltbank（2009）が主張する予測的コントロールであるコーゼーションプロセスの特徴として，明確な目的があるシステム化，グローバル化を達成するために関連する資源を獲得していくという因果論的意思決定からスタートしており，これら獲得した資源基盤や構築した仕組みの上に坂根氏が主導したKOMTRAXやダントツ商品などが誕生していった。

5.3　財務システムへの経営者の関与

　2001年に社長に就任した坂根氏の財務システムへの関与として挙げられるのが，「固定費の削減」と「成長にむけた投資」である。固定費の削減については，2001年にコマツが赤字に転落した際の反省として，「高すぎる固定費の本質は，成長とコストを分けて考えて来なかったツケともいえる，社

内に蓄積されてきた『無駄な事業や業務』にあった」[55]と,坂根氏は回顧している。当時,子会社の不採算事業が毎年400億円の赤字を出しており,300社あった子会社を1年半で,110社減らしている[56]。財務システムにおける坂根氏の意思決定を強く表す言葉として,「どちらがオーナーになった方が,その事業がより発展していけるか」[57]といった判断基準と,「『この事業は非戦略部門だから切り離す』と決めたら,そこからぶれないことです。相手のある話ですから,時期や売却金額をあらかじめ決めることはできませんが,『売る事』にコミットし続けることが大切です」[58]といったプロセスの効率化を達成するための一貫性のある言動がある。この様な意思決定における一貫性は,エフェクチュエーション,コーゼーションどちらかにかかわらず成功をもたらすための意思決定として共通した特徴であると考えられる。また,本章第3節で言及したシステム化による販売管理費率の低減も業務の効率化に繋がっており,固定費の削減としてプロセスの効率化に貢献している。

　成長にむけた投資について,坂根氏は,当時を回顧して「KOMTRAXや無人ダンプトラック運行システム,ハイブリッド油圧ショベルを始めとした『環境・安全・ICT』を考慮した新商品の開発や,アジアの時代がやってくることを先読みした中国やインドでの工場建設などに投資の選択と集中を加速させたことが,その後の収益改善に大きく貢献した」[59]と語っている。以上から,KOMTRAXや無人ダンプトラック運行システム,ハイブリッド油圧ショベルなどの新サービスや新製品を開発するために,当時の社会問題や顧客の抱えている問題解決を行うためのKOMTRAXの開発,モジュラーマイニングシステムズの買収など成長にむけた投資を行う一方,不採算事業の削減や業務効率を高めることで販売管理費を低減し固定費の削減を同時に行った結果,図5-9に示した様に2001年から2008年までのリーマンショックに至るまで右肩上がりの売上高営業利益率を示している。

　この様に,財務システムにおける経営者の意思決定は,成長に向けた積極的な投資と不採算事業の削減や業務効率を高める販売管理費の削減活動であ

---

55 坂根（2011）79頁。
56 坂根（2011）79頁。
57 坂根（2011）84頁。
58 坂根（2011）84頁。
59 坂根（2011）90頁。

る。この様に，経営者による投資を積極的に行うことと固定費の削減を一体として行うことで売上高営業利益率を改善することができると考えられる。この様な意思決定は，コーゼーションに代表される因果論的意思決定のパターンを示している。

5.4 経営者メッセージのテキスト・マイニング分析

　投資家に対する経営者の公的メッセージとして，アニュアル・レポートや財務諸表などが存在する。これらの経営者メッセージをテキスト・マイニングにより客観的に分析することで，経営者の思いや主張にどの様な傾向があるのかを分析することは，経営者の意思決定がエフェクチュエーションタイプかコーゼーションタイプかを判別する上で，有効な手段と考えられる。どちらのタイプであるかは，プロトコル分析により最終判断が成されねばならないが，KH Coderによりアニュアル・レポートや財務諸表における経営者のメッセージ部分を抜き出し，自己組織化マップによりコーディング・ルールを作成し，テキスト・マイニングにより主題の出現回数を時系列にプロットし，その結果を基にどちらのタイプの考え方の特徴を捉えることができるかを検討することは意義があると考える。今回，テキスト・マイニングの対象となるのは，2001～2007年までの坂根社長（2001～2002年, 安崎暁会長: 2003～2007年, 萩原敏孝会長），2007～2011年の野路社長と2012年の大橋社長（2007～2013年, 坂根会長），である。日本の場合，アニュアル・レポートや財務諸表には社長，会長の意思が反映されるので，2001年から2012年の分析では，通算して全ての年度に社長，会長に就任している坂根氏の意思決定が強く影響していると考えられる。本分析における最大の関心は，顧客への価値提案部分のフロント・フォーマットに対して，経営者である坂根氏がエフェクチュエーションタイプの意思決定を行っているかどうかである。以下順を追って，分析手順の概要と分析結果を示す。

　分析手順として樋口(2014)に従えば，2つのステップがある。第1のステップは，アニュアル・レポートや財務諸表の中から，経営者メッセージ部分のみを抽出し，恣意的になりうる操作を極力避けながらデータの様子を探る。第2のステップは，分析者の問題意識や理論仮説を基にしてデータの中から

表 5-2　経営者メッセージの主題とコーディング・ルール

No	主題	コーディング・ルール
1	部品供給のスマート化	部品 or 供給 or アタッチメント or コンポーネント or KOMTRAX or コムトラックス or PLUS or プラス or 物流 or 現場 or システム or ピーク除去 or スピード or タイムリー or オーバーホール
2	施工のインテリジェント化（無人化）	無人 or システム or 無人ダンプトラック or チリ or オーストラリア or 鉱山 or AHS or イノベーション or マーケティング
3	施工のインテリジェント化（情報化）	ソリューション or ダントツソリューション or 情報 or 情報化施工 or 知恵 or 改善 or アイデア or ICT
4	製品の差別化	ダントツ製品 or 品質 or コスト or 納期 or 信頼 or ハイブリッド
5	中古ビジネス	中古 or レンタル or ファイナンス or リテール
6	チームワーク	チームワーク or 一体 or 一体化 or 協力 or パートナー or 還元 or 皆様 or サプライヤー

出所：コマツのアニュアル・レポート，財務諸表より筆者作成

　概念を取り出しコーディング・ルールを作成する[60]。第1のステップとして自己組織化マップとクラスター分析の結果から，経営者メッセージの主題として，部品供給のスマート化，施工のインテリジェント化（無人化），施工のインテリジェント化（情報化），製品の差別化，中古ビジネス，チームワークの6つが把握された。主題を把握すると同時に構成する単語群の抽出を行った。第2のステップとして，表5-2に経営者メッセージの主題とコーディング・ルールを示す。コーディング・ルールは，第1のステップで得られた主題を構成する単語群の中から，問題意識や理論仮説に則して選別された単語群で構成されている。

　図5-13には，年毎の主題を構成する単語数をカウントし全体の単語数で割った比率を示す。施工のインテリジェント化（無人化），施工のインテリジェント化（情報化）の主題については施工のインテリジェント化として1つに纏めてプロットしている。出現する主題は，施工のインテリジェント化が平均13.1%で突出している。続いて製品の差別化が平均5.2%，部品供給のスマー

---

[60] 樋口（2014）25頁。

図 5-13　コマツ経営戦略のコーディング結果

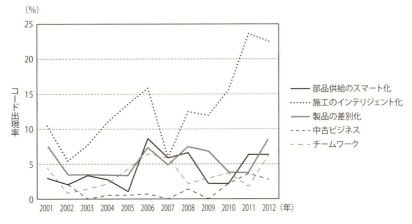

出所：コマツのアニュアル・レポート，財務諸表より筆者作成

ト化が平均4.7%，チームワークが平均3.6%，中古ビジネスが平均1.4%であった。また，コーディング・ルールの主題を構成する単語群は全単語数の28.0%となった。この分析結果から，5つの主題の中で一番多く表れているのは施工のインテリジェント化で，無人ダンプトラック運行システムやブルドーザの情報化施工などの，顧客が行っている技能部分をシステム化することに対する経営者の強い思いが現れていることがわかる。2番目は製品の差別化で，坂根氏自身が主導しているダントツ商品はここに該当すると考えられる。3番目は部品供給のスマート化であり，KOMTRAXを中心とした知識のシステム化による部品供給サービスとなった。いずれも分析の上位を占めるのは，本章第3節に示すフロント・フォーマットに挙げられているエフェクチュエーションによる意思決定に基づいて進化してきた顧客価値創造の結果としての製品・サービス群であることがわかった。また，分析の中で群を抜いてスコアが高かった施工のインテリジェント化は，経営者メッセージとして目的から顧客価値創出を発想したものではなく，具体的な手段である施工をイメージして，完全自動化や部分的な自動化を推進することで顧客の人件費の削減，施工時間の短縮，施工品質の向上などの顧客価値創出を図ろうとするメッセージが強く出ており，エフェクチュエーションによる意思決定の特徴である顧客の問題を起点にして「手段から始める（start with means)」ことで問題解決を図るアプローチが経営者の意思決定に現れていると考えられる。以上の分析結果から，2001〜2012年の期間においてコマツの経営に大きな影響を与えた坂根氏のフロント・フォーマットへの意思決定は，エフェクチュエーションの傾向を示しているといえる。

6　小括

　2000年以降コマツを取り巻く事業環境変化の中で2001年に社長に就任した熟達した経営者である坂根氏の直観的意思決定により，コマツは，KOMTRAX，CSS-NetやBOMなどICT技術を適用した知識のシステム化を行い，同時に，無人化や情報化施工など顧客の抱えている問題についてロボット技術を適用して技能のシステム化を行っていった。この知識・技能のシステム化は，サービスのみならず製品におけるプロセス設計にも反映され，ハイブリッド油圧ショベルなどのダントツ商品と呼ばれる新製品開発にも繋がっている。サービスにおいては，プロセスの効率化，問題解決のモデル化による価値創造を推進し，顧客に対して過程品質のみならず結果品質を高めた結果，売上高及び売上高営業利益率を大きく伸ばしている。改めて，コマツの出来事年代記を整理しコマツの出来事構造における因果関係を小括してみる。表5-3にコマツの出来事コンセプトを時系列的に整理した出来事年代記を示す。また，このコマツの出来事年代記をベースに作成した，出来事構造を図5-14に示す。出来事構造と第4章図4-1の本書の分析概念枠組みとを対比させながら順に説明する。

　出来事構造の第1段階は，サービス・プロセスの効率化の段階である。1から6までの出来事がこの段階に含まれる。ターニング・ポイントとなったのは，出来事番号1の建設機械のリース・レンタルの増加に伴う顧客からの要望と，2の建設機械の盗難という社会問題を背景としてKOMTRAXを実用化し（出来事番号6），出来事番号7において坂根社長がKOMTRAXの標準装備化を決めた2001年である。この時の坂根社長の意思決定は，熟達経営者の直観的意思決定に該当する。そして，KOMTRAXの標準装備化により時系列大量データ（big data）が獲得され，さらに，出来事番号5の

表 5-3　コマツの出来事年代記

	出来事番号	時間的経過	出来事
第1段階	1	先行条件	1994 年以降，建設機械のリース・レンタルが増え始める
	2	先行条件	1996 年から建設機械の盗難が増え始め，2001 年にはピークに達する
	3	1995 年	安崎社長（IT 改革責任者：野路氏）によるグローバル化対応のため IT の仕組み改革
	4	1996 年	産業用ロボット部門を建設機械部門に統合 / モジュラーマイニングシステムズの買収
	5	1998 年	CSS-Net 稼働
	6	1999 年	顧客の要望をもとに KOMTRAX を実用化
第2段階	7	2001 年	坂根社長による「KOMTRAX」の標準装備化
	8	2006 年	燃費改善の提案，販売管理費率の低減（24% 台から 15% 台へ），部品販売の拡大
	9	2006 年	売上高営業利益率でキャタピラーに並び，以降同レベル
	10	2008 年	チリの鉱山向け無人ダンプトラック運行システム稼働
	11	2008 年	ダントツ商品であるハイブリッド油圧ショベル発売
	12	2008 年	流通在庫ゼロ /「みどり会」との連携
	13	2013 年	情報化施工，ICT ブルドーザ / 油圧ショベルを発売

出所：筆者作成

　CSS-Net と統合された結果，ICRT による知識のシステム化が推進された。そのため，サービス・トライアングルにおいて顧客志向のプロセス設計が成され，出来事番号 8 の燃費改善の提案，販売管理費率の低減，部品販売の拡大，そして出来事番号 12 の流通在庫ゼロに繋がる顧客価値の増大へと結びついた。

　出来事構造の第 2 段階は，問題解決のモデル化による価値創造の段階である。出来事番号 7 から 13 までがこの段階に含まれる。ここでも，出来事番号 7 の KOMTRAX の標準装備化を起点にして時系列大量データ（big data）が獲得されると同時に，出来事番号 4 のロボット事業の建設機械への集約，モジュラーマイニングシステムズ買収による管制システムノウハウの獲得が，出来事番号 10 の無人ダンプトラック運行システムと統合された結果，ICRT

図 5-14 コマツの出来事構造

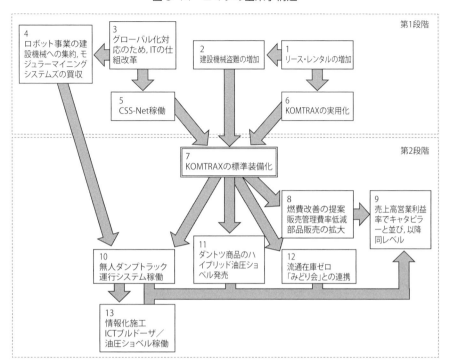

注：項目 10 〜 13 から項目 9 への矢印は，現時点から過去への因果の方向となっているが，2008 年以降，現時点までキャタピラーと同レベル，又はそれ以上の利益を確保しており項目 10 〜 13 の貢献であることを意味している。

出所：筆者作成

による技能のシステム化が達成された。そして，サービス・トライアングルにおいて製品開発部門とサービス部門の情報共有が進み顧客志向のプロセス設計が成されることで，チリの標高 4000m の高地で鉱山現場における人員確保の問題を解決するソリューション・サービスや，出来事番号 11 のハイブリッド油圧ショベル発売，出来事番号 13 の情報化施工に繋げ競合他社より一歩先んじたサービスや新製品を上市することで顧客価値を高めることに成功し，出来事番号 9 の売上高営業利益率の向上に繋げている。この様な，問題解決のモデル化による価値創造により，その後も，コマツは競合であるキャタピラーと同等，あるいはそれ以上の売上高営業利益率を維持している。

以上を第 1 章第 1 節で説明した Oliva and Kallenberg（2003）が主張する

製造業のサービス化の5段階説にあてはめて考えてみると，コマツにおけるサービス化は，第1段階目に当たるサービス品質と供給スピードの改善，効率化から始まっているが，現時点においてある機種では第5段階目のエンド・ユーザーのオペレーションを代替する段階まで到達しており，この部分を横展開している最中であると考えられる。

　この様に，製造業におけるサービス化がサービス・パラドックスに陥らずに最終段階まで進んだ背景には，事業環境が混沌としている中で熟達した経営者が直観的意思決定を行い，時系列大量データ（big data）により知識・技能のシステム化を推進したことに加えて，知識・技能のシステム化を支える認知科学を基盤としたICRTを活用してサービス・トライアングルにおいて製品組織とサービス組織が一体となった顧客志向のプロセス設計を行うことで，顧客価値を高めたことが，事例から読み取れる。

＃ 第6章

キャタピラーの事例

1 はじめに

　前章では，サービス・イノベーションにおける先進事例としてコマツを取り上げたが，本章では，業界を代表するキャタピラーを事例として取り上げる。キャタピラーは，1925年にホルト（Holt Manufacturing Company）とベスト（C.L. Best Gas Traction Company）の2つの農業機械メーカーが合併することで生まれた会社である。しかし誕生後まもなく，参入障壁の低い農業機械ビジネスから撤退し，建設機械ビジネスへと転身している。1931年には，ディーゼルエンジンを開発し，第二次世界大戦ではブルドーザをアメリカ軍に独占的に供給することで，建設機械業界において支配的地位を確立した，歴史と伝統のある会社である[1]。三品（2004）はコマツとキャタピラーの攻防史を，戦後から1985年のリー・モーガン（Lee L. Morgan）CEOまでの期間においてコマツがキャタピラーを一時的に売上及び利益で追い越した第1幕，そして，1986年に取締役，1990年から10年間CEOを歴任したドナルド・ファイツ（Donald Fites）CEOを中心としたキャタピラーの反撃により売上及び利益で長期的な競争優位を築いた第2幕，という戦略視点で描写している。

　本章では，2000年以降のコマツとキャタピラーの攻防におけるコマツの

---

1 三品（2004）64頁。

売上,利益のキャッチアップと 2006～2013 年までのコマツの利益における長期的な競争優位を築いた第 3 幕を,サービス・イノベーション視点でキャタピラー側から描写することを試みる。

キャタピラーの戦略については,1990 年代のファイツ CEO 時代に築いた長期的な競争優位戦略は 2000 年代にも受け継がれており,第 3 幕を考える上で一旦,1980 年代後半から 1990 年代にかけて,ジョージ・シーファ(George Schaefer),そしてファイツ CEO がどの様な手法で長期的な競争優位を築いていったのかについて,サービス・イノベーション視点で再評価することから始めることにする。その上で,シーファ氏,ファイツ氏以降の CEO,グレン・バートン (Glen A. Barton, 1999～2004 年),ジェイムズ・オーエンス (James W. Owens, 2005～2009 年),ダグラス・オーバーヘルマン (Douglas R. Oberhelman, 2010 年～2016 年) らのサービス・イノベーションに関して,前章と同様に過程追跡[2]法による分析を行った上で,コマツとキャタピラーの両者を比較しその異同を次章で考察する。

コマツとキャタピラー攻防の第 3 幕において,コマツがキャッチアップを果たしたことは,2012 年の *Fortune* 誌で「世界で最も賞賛される企業(World's most admired companies)」の第 19 位にランクされたキャタピラーが,50 位以内にもランクインしないコマツを苦々しく感じていることが明確に伺える[3]。キャタピラーがコマツをどの様に見ているか,両者のアプローチの違いを検討することは経営学的視点からも有意義なインプリケーションを導出することに繋がると考えられる。

方法論的として用いる過程追跡法は,原因が結果に先行することを前提とした推論方法論であるため,単独事例としても十分成立するが過程追跡法を先進事例と代表事例に適用し比較検討することで,よりインプリケーションが明確化されるものと考えられる。以上の理由から,本書の分析枠組みの概念レンズを通して 2001 年から 2013 年までのキャタピラーを過程追跡し,どの様に映るのかを検討する。

なお,現在のキャタピラーの概要は表 6-1 の通りである。

---

[2] 第 4 章第 3 節参照。
[3] Bouchard and Koch (2014) pp.148-149.

表6-1 キャタピラー概要（2017年12月末時点）

項　目	概　要
社　名	キャタピラー（Caterpillar Inc.）
創　立	1925年
従業員数（連結）	96,000人
主な事業	Construction Industries, Resource Industries Energy & Transportation, Financial Products
売上高（連結）	4兆2676億円（1USD＝100円換算）
売上高営業利益率（連結）	6.5%

出所：Caterpillar "2017 Annual Report" より筆者作成

　キャタピラーの戦略で要となるのは，補修部品の手配を始めとするサービス体制である。1980年代後半の時点で補修部品はキャタピラーの売上の約4割を占め，部品サービス体制は戦略の中心に位置している[4]。キャタピラーの部品サービス体制の中で特に重要な点は3つ挙げられる。第1は，「独立系ディーラーネットワーク」である。第2は，モダナイゼーションとしての「工場の近代化（PWAF：Plant With A Future）」（以下，PWAF）である[5]。第3は，「分権的事業部制組織」により，事業の業績評価と報酬とを連動させることで顧客の要望に迅速に答えられる管理体制を構築したことである[6]。

　第1のキャタピラーの独立系ディーラーネットワークは，信頼関係に基づいた長期的関係性によって強く結びついている。ここでは，キャタピラー自身の資本をディーラーに投入し前方垂直統合を行っている訳ではなく，ディーラーが資本的に独立していることで，販売という意味でディーラーに強いモチベーションが働く結果となっている。キャタピラーのディーラーであるホルトのピーター・ホルト（Peter Holt）氏によれば，「多くのキャタピラーのディーラーは，数世代にもわたり同族家族によって所有，運営されている」とし，自身も4代目であることを証言している[7]。この様に，キャタピラーとディーラーとの結束は資本的に統合されたものではなく，長期的な

---
[4] 三品（2004）65頁。
[5] Bouchard and Koch（2014）p.28.
[6] Bouchard and Koch（2014）p.31.
[7] Bouchard and Koch（2014）p.125.

信頼関係を基盤として強く統合されている。1995年におけるキャタピラーのディーラー数は，アメリカ国内65社，アメリカ国外121社の合計186社となっているが[8]，ディーラーの量的側面のみならず質的側面においても，キャタピラーは超一流の補修を行う工場を押さえている。この様にキャタピラーは，量的，質的，両面において優れたディーラーを後方支援し，アメリカ国内では補修部品を24時間以内，海外でも48時間以内に即納できる体制を構築しており，この独立系ディーラーネットワークは，顧客獲得の最大の武器となっている[9]。

第2のモダナイゼーションでは，ファイツ氏が取締役に就任した1986年，当時のキャタピラーCEOであったシーファ氏により，1.8 Billion USD（約2000億円）を5年間にわたり投じてPWAFと呼ばれる工場の近代化を実施している。1990年にCEOに就任したファイツ氏は当時を振り返り，「キャタピラーの製造システムは日数がかかり，コスト高，柔軟性が不足していた。キャタピラーは，躍進して来るコマツ他，競合会社を打ち負かすために，低コスト，リーン，そしてより付加価値の高い製造ラインを構築することが必要であった」と，回顧している[10]。PWAFには，当時4つのコンセプトが掲げられていた。第1は，JIT（Just in Time）による在庫コントロールを近代化すること。第2は，工場内の自動化を行うこと。第3は，加工工具と組み立てラインのコンピュータ化，ネットワーク化を推進すること。第4は，フレキシブル製造システムを構築すること，であった[11]。その結果，1993年までには，仕掛在庫の削減幅は6割に達し，製造リードタイムも25日から6日にまで短縮され，初期不良も過去最低水準へと低下した。投資額は約2000億円規模であったが，プロジェクトのリターンであるROIは，20％を超えた[12]，としている。

第3の分権的事業部制組織による，事業の業績評価と報酬を連動させることで顧客の要望に迅速に答えられる管理体制を構築した背景には，1980年代から苦しんでいる官僚体質からの脱却が挙げられる[13]。1990年以前のキャ

8　Bouchard and Koch（2014）p.121.
9　三品（2004）65頁.
10　Bouchard and Koch（2014）p.29.
11　Bouchard and Koch（2014）pp.28-29.
12　三品（2004）73頁.

タピラーは，トップの指示を迅速に遂行する階層的職能制組織で構成されていた。A.J. ラシー（A.J.Rassi）氏やゲリー・フラフェルティ（Gerry Flaherty）氏へのインタビューによれば，「キャタピラーの組織文化は，組織が階層的になっているため，官僚的であり反応がスロー」であったとしている[14]。1990年にファイツ氏がCEOに就任した際，顧客の要望に対して迅速に応答するために，従来の階層的職能制組織から分権的事業部制組織へと移行し，迅速な行動を行うことで業績を向上させ，業績に対して報酬を連動させる体制を構築した。また，従来の階層的職能制組織においては販売管理費が製品の価格競争力に関係なく各部門に割り付けられるやり方がとられていたため，外部市場において競争力のある製品価格が提案できたとしても，キャタピラー内部の割り付けられた販売管理費を集約した価格を使わなければならなかった[15]。そのため，市場状況とは無関係に価格設定がなされ，機会損失が生じていたと考えられる。

しかし，分権的事業部制組織に移行した後は，17の事業単位（Business Unit：BU）に分割され，各々のBUにGM（General Manager）を置くことで市場価格を考慮した価格設定を行っている[16]。このことから，1990年を境にして，以前の官僚的なコストセンター組織から，分権的なプロフィットセンター組織への移行を図り，機会損失を低減させる活動を展開していった[17]。

以上が，1980年代後半から1990年代におけるキャタピラー戦略の総括であるが，2000年に入ってこれらの戦略はどの様に変化したのであろうか。次節からは，顧客価値提案としてのフロント・フォーマット，提案を支える仕組みとしてのバック・フォーマット，顧客価値提案がどの様に財務システムに影響を与えたか，そして，当時の経営者が各フォーマットにどの様に影響を与えたのかについて過程追跡を行うこととする。

13　三品（2004）71頁。
14　Bouchard and Koch（2014）pp.31-32.
15　Bouchard and Koch（2014）p.32.
16　Bouchard and Koch（2014）p.36.
17　Bouchard and Koch（2014）p.31.

2　フロント・フォーマット：顧客への価値提案

2.1　迅速な部品供給・修理体制とファイナンス・保険の付与

　2000年以降におけるキャタピラーの，「世界中48時間以内の部品供給・修理体制」に関する戦略は，過去の戦略を継承している[18]。図6-1に1995年から2012年までのキャタピラーのディーラー数の推移を示す。キャタピラーにおけるディーラー網は総数として横ばいで推移している。ただ2000年以降，中国を中心としたアジア地域市場が拡大したために，アメリカ国内のディーラー数を減少させアメリカ国外のディーラーの数を増加させて対応してきた経緯がある。つまり，市場が活性化している地域を中心として顧客接点の数を増やして対応するが，顧客接点の総数を増やせば販売管理費などの経費が増加するため，アメリカ国内の顧客接点数を減らすことで全体コストのバランスを図りつつ売上の拡大を図っていることが読み取れる。

　2000年に入って建設機械販売よりもリース・レンタルの比率が増えてきたことは前章でも述べた。キャタピラーにおいてもレンタル，そしてサービスの強化を事業戦略として打ち出している[19]。具体的には，レンタル会社が

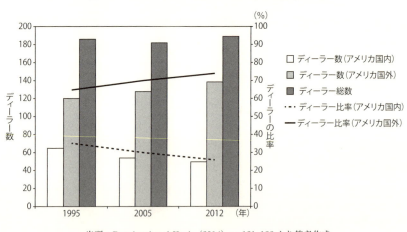

図6-1　キャタピラー全ディーラー数と国内外比率

出所：Bouchard and Koch（2014）pp.121-122より筆者作成

18　「日本発の世界製品で市場を席巻」『週刊ダイヤモンド』2012年1月14日号，83頁。

売りたいと考えている中古建設機械の取引を容易に行うために「CatUsed.com」と呼ばれるオンラインサイトを立ち上げている。加えて，レンタル会社から中古建設機械を買い取って転売する上で重要となるのが，顧客へのファイナンスの提供である。キャタピラーの場合，社内にファイナンスを取り扱う部署があり「Cat Financial」と呼ばれるキャタピラーのファイナンス子会社を介して顧客にファイナンスを提供している。2000年の時点でキャタピラーが販売した建設機械の54%にキャタピラーのファイナンスが付与されている[20]。また，建設機械に付随した保険に関しても「Cat Insurance」という会社を介して保険提供を行っている[21]。キャタピラーの場合，建設機械の価値を正しく見積もり転売するノウハウがあるため，通常の銀行ローンよりも低い金利を顧客に提示できることが強みとなっている[22]。図6-2にキャタピラーのリテールファイナンスの債権残高の推移を示す。債権残高は2000年に入って増え続け2008年には約1兆6000億円にまで達し，キャタピラーの建設機械の販売，転売に大きく貢献していることが読み取れる。

以上から，キャタピラーは販売代理店との長期的な信頼関係を軸に世界中48時間以内の部品供給・修理体制を構築し，さらに，建設機械の販売や転

図6-2 キャタピラーにおけるリテールファイナンスの推移

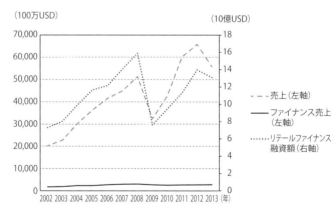

出所：Caterpillar "Form10-K" より筆者作成

19　Caterpillar "2000 Annual Report" p.2.
20　Caterpillar "2000 Annual Report" p.14.
21　Caterpillar "2000 Annual Report" p.14.
22　「コマツ　急拡大の新興市場に打って出る」『週刊ダイヤモンド』2005年8月6日号，50頁。

143

売においてファイナンスや保険を付与することで売上拡大に繋げていることがわかる。

2.2 建設機械の盗難防止対策と問題解決アプローチ

1990年代半ば頃からの，盗難防止対策に関するキャタピラーのアプローチは大きく2つ挙げられる。第1のアプローチは，「セキュリティシステム」として盗難防止用鍵の開発である。第2のアプローチは，「プロダクトリンクジャパン（PL-Japan）」と呼ばれるGPSを備えた追跡装置の開発である[23]。

第1の，セキュリティシステムである盗難防止用鍵は，建設機械の種類によって3つに細分化されている。まず，2001年5月に油圧ショベル用にID式セキュリティシステムを商品化している。このID式セキュリティシステムは，高度な自動認証システムによりIDコードがエンジンを始動するたびに自動変更され，同一コードを再使用することが無いため，登録外のIDタグでセキュリティ機能が解除される可能性が無く，複雑になりがちな盗難防止装置を簡素化し使い易くしている。次に，2003年5月にミニ油圧ショベル用の機械式セキュリティシステムを商品化している[24]。このシステムは，特殊キーでロックできるセキュリティシステムとなっている。3つ目に，同時期にホイルローダ，ブルドーザ用にCATマシンセキュリティシステムを商品化している[25]。このシステムでは，IDコードを記憶したICチップ内蔵のキャタピラー車専用のセキュリティシステムキーにより，システムの解除とロックを自動的に行う様になっている[26]。いずれも，鍵を強化することで盗難防止を図るというアプローチであり，これらのセキュリティシステムは全てオプション扱いで販売されている。

> そういう1つの開発の集団的な開発の流れ。多分建設機械の本体の設計者が考えれば鍵になるでしょうし，流れが違ったんでしょうね。
> 元・新キャタピラー三菱　H氏インタビュー

23　林 竹治 (2008)「建設機械の盗難防止装置」『建設の施工企画』No.695, 51-53頁。
24　林 竹治 (2008)「建設機械の盗難防止装置」『建設の施工企画』No.695, 51頁。
25　林 竹治 (2008)「建設機械の盗難防止装置」『建設の施工企画』No.695, 51頁。
26　林 竹治 (2008)「建設機械の盗難防止装置」『建設の施工企画』No.695, 51頁。

第 6 章　キャタピラーの事例

　第 2 のプロダクトリンクジャパンと呼ばれる GPS を備えたセキュリティシステムは，2006 年に商品化されている[27]。元々，プロダクトリンクジャパンは機械の移動管理，メンテンス管理，レンタル車両管理などを目的として，車両情報（名称，シリアルナンバーなど），GPS による位置情報，移動時間，燃料残量などがパソコンや携帯電話で簡単に確認できるシステムとして，建設機械のオペレータや点検，修理を行うサービススタッフを対象にして開発された。

　　［コマツがいっている KOMTRAX っていう商品はキャタピラーにもうすでにあるんですか？］ほとんど同じ様なもの［プロダクトリンクジャパン］があると思いますよ。私は以前にどこかに記事に書いたことあるけど。［だけど，］それは特に大規模な露天掘りっていう何百台と動くっていう所に［使われていて，コマツでいう］機械管理［を常時行うため］に有効に使っているかっていうとそうではないんですよ。
　　　　　　　　　　　　元・新キャタピラー三菱　Ｈ氏インタビュー

　この様な機能は，突発的な故障や性能低下を未然に防ぐ目的として活用されており，例えば，「S・O・S」と呼ばれる油圧オイルと冷却水の分析点検サービスでは，プロダクトリンクジャパンからの情報を基に，エンジン，トランスミッション，油圧機器などのオイルの状態から故障の兆候を早期に捉え顧客にアドバイスを行っている。「ラボが分析点検するサンプルは月平均 1 万本に上る」[28] と，いわれている。一方で，プロダクトリンクジャパンと連動して，パソコンや携帯電話から建設機械のエンジン始動制限を掛けることで盗難防止を図ることが可能となっている[29]。いずれも，当初はオプション扱いであったが，機器の稼働状況の特徴に応じて順次標準装備化されて来ているが，現時点で全ての機種に標準装備化されるまでは至っていない。
　以上の様に，キャタピラーの建設機械は「One Key」により始動・停止が可能であったため，1995 年頃から盗難防止対策が社内でも大きな問題となった。こうして 2001 年に盗難防止用鍵を商品化し，2006 年頃からは GPS を

27　林 竹治（2008）「建設機械の盗難防止装置」『建設の施工企画』No.695, 52 頁。
28　『週刊ダイヤモンド』2014 年 12 月 27 日号, 176-177 頁。
29　林 竹治（2008）「建設機械の盗難防止装置」『建設の施工企画』No.695, 52 頁。

搭載した追跡装置をオプション化していった。競合他社であるコマツと同様の技術をキャタピラー自身も2006年時点で持っており，建設機械に順次適用していった点はコマツと全く変わりがない。しかし，異なる点として，GPSを備えた盗難防止システムであるプロダクトリンクジャパンを使って全ての建設機械のデータを集めソリューション・サービスの提案や需要予測を行うところまでは繋げていなかった点が挙げられる。関係資料によると，「キャタピラーのサービスは，例えば，油圧ショベルに関して油圧は血液なので，その油をちゃんと調べて定期的にお客様の所の油を採取して，そしてゴミの量・金属の入り具合，そういう分析を出来る装置を持っていって，そのことを実際にやっていた」[30] ことが読み取れる。この様にキャタピラーのアプローチは建設機械の稼働率を維持する顧客密着型のサービス提案が基本であった。この様な顧客密着による稼働率を維持するアプローチの特徴は，顧客接点でのサービス創出において，特定の顧客に狭く深く入り込むことができ，顧客の使用状況や抱えている問題を的確に把握し稼働率を高く維持できる反面，全ての顧客に共通する傾向として捉えることが困難になることである。従って，多くの顧客の共通課題を抽出しソリューション・サービスをモデル化するためには，情報の共有化に多くの時間と労力が掛かる点が課題として挙げられる。つまり，キャタピラーのアプローチは，特定の顧客に対しての建設機械の稼働率向上を図ることに特化したサービスが中心であり，一方で競合他社のコマツは，多数の顧客が共通して抱える建設機械の稼働率の問題として捉え直している点が異なる。コマツは，顧客価値をどの様に高めるかについてKOMTRAXを道具として上手く活用し，KOMTRAXから得た建設機械使用データを使ってソリューション・サービスをモデル化することに繋げたのである。

2.3 無人ダンプトラック運行システム

キャタピラーが無人ダンプトラック運行システムをオフィシャルに発表したのは，2012年，オーストラリアのパースにおいて「CAT® Mine Star™」と呼ばれる商品名で実用化したものが最初であった。無人の定義には種々あ

---

[30] 『週刊ダイヤモンド』2014年12月27日号，176-177頁からも，サービスの詳細内容を読み取ることができる。

るが，ここで実用化された技術は自律という意味における無人化であり，遠隔という意味での無人化はキャタピラーの実績としては1980年代に遡る。

キャタピラーが最初に無人ダンプトラック運行システムを開発したのは，日鉄鉱業烏形山作業所において，ジャイロ式無人ダンプトラックを1984年から1991年まで運行したのが最初である。当時は，GPS式の軌道管理システムが高価であったため，ジャイロ式の軌道管理システムが採用されている。具体的には，メカニカルジャイロスコープ，車軸の回転エンコーダ，路側の位置修正ポールなどを組み合わせて軌道管理し，無線により無人走行する仕組みとなっている。当時のシステムとしては，複数台の無人ダンプトラックと有人積込機械の組み合わせで積込機械のオペレータが積込エリアでダンプトラックの遠隔操作を行い，ダンプ同士は特定小電力無線装置の伝送エリア内で相互通信を行い相互の位置を認識し車間距離の調整を行うものであった[31]。その後，キャタピラーは，2003年にGPS式の遠隔無人ダンプトラックを住友大阪セメントにおいて稼働させている[32]。キャタピラーでは遠隔でのジャイロ式無人ダンプトラックシステムの初号機を1984年のかなり早い段階で実用化させ，その後，2003年にGPS式無人ダンプトラックシステム，そして自律の無人ダンプトラック運行システムである「CAT® Mine Star™」を2012年に実用化するという様に，建設機械の無人化にかなりの時間を要している。顧客視点から見れば，ジャイロ式やGPS式の様な方式では遠隔操作をするオペレータが必要なため人件費を削減することができないが，自律無人化の場合は遠隔操作の必要が無くなるためオペレーションにおける人件費を削減することが可能になり顧客に大きなメリットが生まれる。キャタピラーの場合，当初の遠隔における無人化技術の開発は，社内でオフィシャルに認知されていなかった。この理由として，元・新キャタピラー三菱の関係者は，以下の様に回顧している。

> キャタピラーのその時代は，建設機械本体は基本的に改造してはいけない，と。なぜかというと海外なんかに流出し，色々しますよね。日本

---

31 久武経夫（2008）「ロボット無人化施工研究の道程：エレクトロニクス総プロからロボット総プロへ」『建設の施工計画』11月号，54頁。
32 久武経夫（2008）「ロボット無人化施工研究の道程：エレクトロニクス総プロからロボット総プロへ」『建設の施工計画』11月号，56頁。

国内に務めおける席がないのに，勝手に改造した機械を出さない。キャタピラーは標準車しか出さないという，そういう考えが非常にありました。

元・新キャタピラー三菱　H氏インタビュー

　この様にキャタピラーの場合は標準化思考が強く，標準設計を変える可能性がある場合は，よほどの事業性が経営幹部に認知されない限り認められないので，当時の担当者らは，顧客からの強い要望があるという形で，標準外のジャイロ式無人ダンプトラックの社内開発稟議を通したという経緯がある。

　サービス業ってのは，お客さんに席をゆずってから改造する。［キャタピラーと三菱の資本は］50％-50％の日米の合意だから部品ビジネスナンバーの改定が未だできてないから［建設機械が客先に］移ってからの開発。

元・新キャタピラー三菱　H氏インタビュー

　以上から，キャタピラーの場合は競合他社であるコマツと同等あるいはそれ以上の技術を持ちながら，社内的には，積極的にサービス・イノベーションに繋げていこうという誘因がほとんど働いていない。このことは，企業経営者の意思決定のパターンがキャタピラーとコマツで大きく異なることによると事例から読み取れる。無人ダンプトラック運行システムは，コマツがキャタピラーよりも4年早い2008年にチリ鉱山で実用化したが，後に，このシステムはコマツに大きな収益をもたらしている。競合他社の状況に押された形で，キャタピラーも2012年にオーストラリアで無人ダンプトラックの運行システムを実用化している。

　やっぱり結局，無人ダンプもコマツにおされてやむなくやったということ。

元・新キャタピラー三菱　H氏インタビュー

2.4　建設機械の情報化施工

　ICTを利用した建設機械制御の高度化には，先述のようにMCとMGの2種類の機能がある。キャタピラーにおける情報化施工の取り組みは，AccuGrade™ と呼ばれる MC と，Cat® Grade Control と呼ばれる MG の 2 種類の機能を提供している。両者ともオプションにてブルドーザに搭載することができる。AccuGrade™ をオプション搭載できるキャタピラーのブルドーザ D3K2 は 2012 年 9 月に上市されている。AccuGrade™ による整地された地盤の仕上げ面比較が公開されておらず性能面での評価は困難ではあるが，経済性においては，競合他社のコマツと同等レベルとなっており作業時間の短縮は 62% と公表されている[33]。

コマツにおける建設機械の情報化施工については第 5 章で詳述したが，キャタピラーにおいても同時期に同様の機能と経済性を達成する商品を上市しており，この点における両者の違いは見当たらない。

3 バック・フォーマット：価値創造の仕組み

3.1 世界統一標準仕様「REGA」

キャタピラーが三菱重工業と合弁会社「キャタピラー三菱」を設立したのは 1963 年であった[34]。当時は，キャタピラーの製品を製造，販売する目的で設立されたが，日本での油圧ショベルのニーズが高まったことを背景に，1987 年に両社の油圧ショベル部門譲渡先の会社と合併する形で「新キャタピラー三菱」を設立している。そして新キャタピラー三菱では，超先進型油圧ショベル「REGA」の開発を行い，1992 年に REGA300 シリーズを上市している[35]。1986 年から 1990 年までの間，キャタピラーはモダナイゼーションとして PWAF（工場の近代化）を行い，世界中にあるキャタピラーの工場のレイアウト，製造設備を，アメリカの工場と同じ設計にし，部品においても互換性のある世界標準設計思想で設計を行った。当時油圧ショベルは，日本の明石工場，アメリカ・イリノイ州のオーロラ工場，ヨーロッパ・ベルギーのガズリー工場の 3 工場で製造していた[36]。キャタピラーの考え方は，設計

---

[33] 『週刊ダイヤモンド』2014 年 12 月 27 日号，176-177 頁。
[34] 2012 年に合弁事業は解消している。
[35] 野中・竹内（1996）316-317，329 頁。
[36] 野中・竹内（1996）322-323 頁。

デザインと製造プロセスを標準化することで，信頼性や安全性を高めると同時に規模の経済性によりコストを下げ，製品を世界中に拡販することと，製品サービスにおいて世界中どこでも48時間以内に部品を供給できる体制を構築することであった。

　当時の三菱重工業の設計は，造船スタイルに則って，組立設計図面と生産設計図面に分かれていた。前者は設計チームが作成し，後者は工場の生産技術者が作成していた。設計チームと工場の関係は緩やかで，工場は現場で図面を修正したり付け加えたりすることが許されており，「現場適宜主義」を受け継いでいた[37]。しかし，キャタピラーとの共同開発製品であるREGAの設計図面は，従来の三菱重工業の設計図面と大きく3つの点で異なっていた。第1は，世界的に標準化されたキャタピラーの設計図基準に乗っ取って作成が成されたことであり，第2は，完成品を示すだけではなく途中の製造プロセスも描かれていたことである。第3は，組立手順を詳細に説明する文書説明が付け加えられていたことであった[38]。この様な設計図面様式の違いは，製品の完成図を示すのみならず，設計段階から製造プロセスやサービス部品を交換する場合において役立つ情報を準備していることである。サービス視点で見れば，サービス性設計が徹底された設計が成されているのである。

　一方で，完全な世界標準設計を行った場合，世界の様々な地域の異なるニーズに応えることが難しくなるが，REGAの設計においてはマルチ・セレクション・コンセプト（Multi-Selection Concept）と呼ばれる方式が採用されている。油圧ショベルのショベル部分は，ブームと呼ばれる二の腕の部分，その先のアーム部分，そして先端のバケット部分で構成されている。従来は一定サイズのものが1つの機種に1つ有れば良いとの考え方であったが，REGAのフロント部分は，世界中のキャタピラー，ディーラーに諮った後14もの組み合せの中から選択することができる様に設計されている。つまり，胴体や足回りは固定，フロント部分は地域の異なるニーズに対応し可変にできる様な固変分離型の設計思想となっているのである[39]。

　以上から，キャタピラーの強みは，1つの図面と同じ部品を使って3つの

---

[37] 野中・竹内（1996）324頁。
[38] 野中・竹内（1996）324-325頁。
[39] 野中・竹内（1996）323頁。

工場で同じ製品を作ることができる標準化体制[40]と，製品設計において固変分離型の世界統一設計を行うことで，地域毎のニーズを満足させ信頼性や安全性を確保した上で，部品の互換性を高めることで在庫を減らし，部品交換においても標準化が徹底されたサービス性設計が顧客価値を支えていることだといえる。

3.2 シックスシグマ活動によるコスト低減と調達の効率化

　キャタピラーは，製品の標準化を進めた後，コストダウンとミスの低減を目的に，2001年に「シックスシグマ（6σ：six sigma）活動」[41]を取り入れた。シックスシグマ活動は，1986年にモトローラ（Motorola）が考案し，1995年にGEが取り入れ有名になった，製品品質のばらつきを低減する品質管理手法である[42]。キャタピラーでは，2001年に導入したシックスシグマ活動に従業員の3分の1が取り組み，サンフォードやノースカロライナの工場においては2003年時点で工場の生産性が26％向上し，組立コストが25％低減した[43]。この活動におけるブラックベルト認定者は，2003年時点で25000人に上り，コスト削減は，2005年時点で5億USDとなった[44]。この様に，製品の標準化とシックスシグマ活動を組み合わせることで，大きく収益性が改善したが，一方で2004年から2005年の間には外部調達の効率化が課題となりクロス・トレイン（Cross-Train）と呼ばれるビジネスユニット間の緩やかな調達調整が行われている。キャタピラーの場合，外部調達における責任は製品に対応したビジネスユニット毎に所掌して割り当てられている。そのため，例えば，製品共通のタイヤなどを一括購買しボリュームディスカウントによる購入価格の低減を行おうとしても，ビジネスユニット間の縦割り組織に阻

---

40 「日本発の世界製品で市場を席巻」『週刊ダイヤモンド』2012年1月14日号，83頁。
41 シックスシグマとは，米国モトローラ社が自社製品の品質レベルと日本企業の品質の高さの原因を追求する中から体系化された手法で，「事業経営の中で起こるミスやエラー，欠陥品の発生確率を100万分の3.4のレベルにすることを目標に推進する継続的な経営品質改革活動」と定義されている。またこの活動におけるブラックベルトとは，シックスシグマ活動を推進するチーム・リーダーとなる人物をいい，リーダーとしてメンバーを指導し，縦横さまざまな組織・人を巻き込み，プロジェクトを最後まで完結させる責任を負う。http://www.toshiba-sigma.com 参照。
42 Bouchard and Koch（2014）p.42.
43 Bouchard and Koch（2014）pp.42-43.
44 Caterpillar "2003 Annual Report" p.16.

まれ困難であった。当時の CEO であるオーエンス氏は，サプライ・チェーンにおいて権限を持つ調達機能を本社に設定し，一括購買による購入価格の低減を推進する検討を行っている。検討においては，ボーイング（Boeing）を始めサラ・リー（Sara Lee）などの 15 の異なった業界の企業の調達機能を分析し，ベンチマーク分析を行っている。しかし最終的には，会社の方針として一括購買は意義あることではあるが，従来から行われている各ビジネスユニットによる調達を完全に制約する所までは厳格に行っておらず，クロス・トレインビジネスユニット間で緩やかに調達調整を行う事で決着している[45]。また，製造工場の労働者においても，クロス・トレインビジネスユニット間の調整が可能となる様に，多能工化を推進することで仕事の種類が 90％削減するという効果を生んでいる[46]。

3.3 CPS によるサービス部品供給管理システムの近代化

キャタピラーは，2006 年に「CPS（Caterpillar Production System：キャタピラー生産システム）活動」を始動させている。CPS は，安全，品質，スピード，コストなどの課題に対して問題解決（solution）を図るための概念枠組みで，図 6-3 に示す通り，文化，マネジメント，オペレーションを統合したキャタピラー独自の KPI（Key Performance Indicator）管理手法である。CPS における具体的な活動は広範に及ぶが，主たる活動として，サービス部品供給ビジネスにおける売上を 2006 年度の 33％ から 2010 年度に 37-40％ まで増加させることによる事業の持続的成長を 2010 年度の目標として掲げていた[47]。

一方で,「世界中 48 時間以内の部品供給」として掲げた納期を満たすために，2000 年に入って在庫を増やしていくアプローチを取っている。その結果，前述の強固な事業部制におけるビジネスユニット間の縦割り組織の影響で，事業部間で共通化できる部品までも事業部毎に重複して在庫を持つことになり，過剰在庫を抱えることに繋がっていった。キャタピラーは，2008 年に在庫水準を引き下げ，2009 年には在庫を 240 億 USD 以上削減することで，

---

[45] Bouchard and Koch（2014）pp.43-45.
[46] Bouchard and Koch（2014）pp.43-45.
[47] Caterpillar "2006 Annual Report" p.29.

図 6-3　CPS の概念図

出所：Caterpillar "2006 Annual Report" p.16

在庫回転率の改善とサプライヤーとの関係強化を図る事業改革を打ち出している[48]。サービス部品の売上を増やすためには，機会損失を無くすために在庫を増やさなければならないが，一方で事業部間の壁で共用化できるにもかかわらず重複して在庫を持たなければならないといった在庫の最適化問題に関わるジレンマに対しては，サービス部品の売上拡大と在庫低減を両立させるために，ICT を活用し事業部横断的に部品管理を行う部品流通センターを次々に設立した。

また 2006 年に中国・上海，2007 年にロシア，そして 2008 年に部品ネットワークのさらなる近代化のため，テキサス州のワコーに SAP システムを適用したサービス部品管理システム（service parts management system）を構築し[49]，2011 年には，オハイオ州のクレイトンに新プランニングシステムを設立して建設機械の稼働台数データも考慮に入れた在庫調整システムに積極的に投資を行っている[50]。

キャタピラーは，図面の標準化とシックスシグマ活動とを組み合わせて「世界中 48 時間以内の部品供給・修理体制」を実現したが，完全な縦割りの

48　Caterpillar "2009 Annual Report" p.54.
49　Caterpillar "2008 Annual Report" p.7.
50　Caterpillar "2011 Annual Report" p.34.

分権的事業部制組織の縛りのため，在庫面においても共通部品のクロス・トレインと呼ばれるビジネスユニット間の調整が困難であった。この課題を克服するために，ICT を活用することでビジネスユニット間の部品情報共有を図り，2011 年には，建設機械の稼働状況を需要予測に取り入れたサービス部品管理システムを構築することで，サービス部品の売上を増加させると同時に在庫の低減を目標として活動を行った。

4　財務システム：財務成果と資金管理

4.1　資金調達の強みと事業機会の再認識

キャタピラーの事業は，図 6-4 に示す通り，2012 年において建設機械（construction industries），鉱山機械（resources industries）と呼ばれる建設機械事業が全体の約 60% を占める。そして，ディーゼルエンジンを主体としたエナジー＆パワー・システム（Energy & Power Systems）が全体の 30%，残り 10% は金融商品（financial products），その他事業となっている。キャタピラーの主力事業は建設機械事業であり，建設機械事業の業績がキャ

図 6-4　キャタピラーの事業構造：出荷金額比率（2012 年)

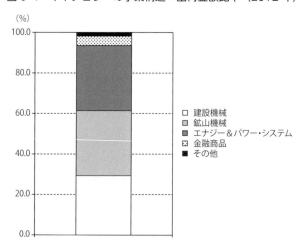

出所：Caterpillar "Form10-K" より筆者作成

タピラーの経営に大きな影響を与える。金融商品事業については、キャタピラー本体での取扱額は 4.7% とその比率は少ないが、キャタピラーの子会社である Cat Financial の債権残高は 1 兆 3000 億円程度に達しており（図 6-2 参照）、キャタピラー本体売上高の約 20% の比率である多額のファインナンスを Cat Financial 経由で顧客に貸与していることがわかる。つまり、建設機械事業を主体としながらもファイナンス子会社の融資で建設機械の販売を支援する形となっている。この点は、キャタピラーの信用を基にした資金調達の強みを建設機械販売に繋げることで、それが大きな強みとなっていることが読み取れる。

一方、コマツも 2005 年度に子会社を設立し、リテールファイナンス事業を開始しており、債権残高は 4000 億円前後で推移しているが、キャタピラーと比較すると小規模顧客を対象とした融資にとどまっている[51]。

また 2012 年時点での地域別売上高では、北米が 36%、アジアが 26%、EAME（Europe, Africa and the Middle East）が 24% と、北米、アジア、ヨーロッパ他でバランスを保ちこれら 3 つの地域で全体市場の約 86% を占めている。2000 年代に入って建設機械の需要が高まった中国市場におけるキャタピラーのアプローチとしては、1978 年北京に事務所を開設し、1980 年代に中国企業に技術移転契約を結び、1990 年代には現地生産工場を開設してきた。2014 年の時点で中国市場は、「我々の将来」であり、「巨大な可能性」、「大きな機会」、「大きな市場規模」であるとキャタピラー幹部も認識している[52]。しかし、キャタピラーは、中古建設機械転売ビジネスでコマツに主導権を奪われ、中国市場におけるシェアはコマツの後塵を拝している。2010 年に CEO に就任したオーバーヘルマン氏は、「キャタピラーの目標は、2015 年までに中国においてトップシェアを奪還する事のみならず、中国は、もはやキャタピラーにとって最も重要な市場に進化している」[53] と事業機会の再認識を発言している。

キャタピラーは、長期的な視点で中国を見て着実に事業を拡大してきたが、一方で、競合他社であるコマツは、中国におけるインフラ整備の拡大や資源

---

51 「コマツのリテールファイナンス事業」『コマツ事業説明会資料』2011 年 8 月 11 日、6 頁。
52 Bouchard and Koch（2014）p.69.
53 Bouchard and Koch（2014）p.71.

需要の増大を背景に，建設機械に KOMTRAX を標準装備化することで稼働状況を監視し，日本のリース会社の買い替え時期がきた中古建設機械を買い取って中国に転売するという新しいビジネスの仕組みを構築した。また債権回収面においても KOMTRAX により建設機械の場所が容易に特定でき，与信審査においても安心して資金供与することができると評価されたため，キャタピラーから中国市場におけるシェアを奪うことに成功している。この様に，資金調達面では競合他社に対して圧倒的優位を誇っていたキャタピラーであるが，中国市場に限定すれば，KOMTRAX による信用付与により資金調達を行い易くし，戦いの土俵を変えたコマツに軍配が上がった形になっている。

4.2　売上高におけるサービス部品比率と販売管理費

　キャタピラーは，サービス部品供給ビジネスにおける売上を 2006 年度の 33% から 2010 年度の 37-40% にまで増加させることによる事業の持続的成長を 2010 年度の目標として掲げており，この方針に伴って売上を増やしながらも販売管理費は一定水準に保つことを目指していた。1980 年代のキャタピラーは，開発・製造・販売などの機能毎に分割された階層的機能制組織となっており，販売管理費は一律に各部門に割り当てられていた。これによって，市場環境に応じて価格を設定するのではなく内部からの積み上げ費用に一律の販売管理費を加えて価格設定していたため，しばしば競争力のない価格設定とならざるを得なかった[54]。また当時の組織は，部門間の壁が厚くサイロ（sailo）と呼ばれる官僚的な組織であったため，顧客に対する反応もスロー（slow）であった，といわれている[55]。1990 ～ 1999 年まで CEO を歴任したファイツ氏は，就任直後に本社を無くし組織を 17 のビジネストレイン（business train）に分割した分権的事業部制組織を構築している。ビジネストレインには GM を置くことで，市場環境を勘案して価格設定ができる様に改革を行っており[56]，販売管理費においても各ビジネストレインが所掌しているため，市場環境を考えず内部から積み上げた費用に一律の販売管理費

54　Bouchard and Koch（2014）p.32.
55　Bouchard and Koch（2014）p.31.
56　Bouchard and Koch（2014）p.36.

図 6-5 キャタピラーの売上高販売管理費率の推移

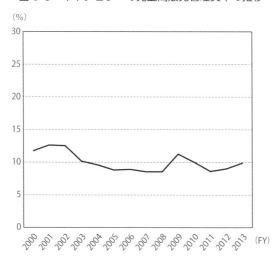

出所:Caterpillar "Form10-K" より筆者作成

を加え価格設定をして機会損失をしていた従来の部分を改善し,かつ,市場環境に適応した販売管理費の管理へと繋がる活動を展開していった。

図 6-5 にキャタピラーの売上高販売管理費率の推移を示す。分権的事業部制組織へと改革され販売管理費は売上高の 10% 前後で管理されている。この数値は,開発・製造・販売などの機能毎に分離された階層的機能制組織を取っているコマツの売上高販売管理費率(図 5-11)と比較して,5% 程度低く管理されている。販売管理費比率の推移は,アメリカの財務諸表であるForm10-K 記載の SG&A を売上高で除して算出しており,コマツとキャタピラーでは,売上高における建設機械事業の比率がそれぞれ異なるために,販売管理費比率自体を直接比較することは困難であるが,比率の時系列推移を把握することで継続的に販売プロセスの合理化を推進しているか否かを判別することができる。キャタピラーでは販売管理費比率は長期的に低いレベルで管理されており,売上が増大しているにもかかわらず販売プロセス効率を高いレベルに維持していることがわかる。

4.3 資本速度指標とキャッシュ化速度指標による評価

キャタピラーは 1980 年代に巨額投資を行い,PWAF による工場のモダナ

イゼーションを背景に，独立系ディーラーネットワークと Cat Financial を駆使して高品質の建設機械を世界各国に大量に販売するビジネスモデルを確立した。そして，2000 年代に入ってサービス部品供給において世界中 48 時間以内の部品供給・修理体制を掲げ，分権的事業部制組織による共通部品の重複を解消するために 2006 年から ICT による情報共有と，2011 年には需要予測も組み入れた在庫の最適化により売上と利益を拡大するビジネスモデルとなっている。この様なキャタピラーのビジネスモデルに対し，第 5 章のコマツの事例と同様に，投下した資本がいかに効率的に使われたかを評価する資本速度指標として ROIC を用いる。一方，2006 年以降のキャタピラーの在庫の最適化の取り組みにおいていかに効率的にキャッシュ化できたかを示すキャッシュ化速度指標として，CCC を用いる。これらの資本速度指標とキャッシュ化速度指標を用いてキャタピラーの財務諸表（Form10-K）を評価した結果を，図 6-6 に示す。まず，資本速度指標として ROIC の推移を見ると，2000 年代に入ってシックスシグマ活動を強力に推進した結果，リーマンショックの影響を受けた 2009 年を除いて全体的に上昇している。しかし，ROIC の最大値は，2011 年度の 12% にとどまっており競合他社であるコマツの 2008 年度 17% と比較すると 5% 程度低い値を示している。キャタピラーのビジネスモデルをサービス視点で評価すると，サービス部品供給に重点が置かれているのに対して，コマツのビジネスモデルはサービス部品供給のみならず無人ダンプトラック運行システムや情報化施工の様なソリューション・サービスを創出しキャタピラーよりも早く市場投入しており，この差が ROIC における差になっていると考えられる。キャタピラーの場合，製品の標準化が徹底されており，かつ，組織的にも分権的事業部制組織による縦割りの壁が高く，顧客の抱えている問題を総合的に解決するには，着手前にその経済性を合理的に説明できなければ経営幹部から認許されないといった事情があるからだと考えられる。

　一方で，キャッシュ化速度指標である CCC は，2000 年以降低下している。この点も，サービス部品供給に重点が置かれた世界中 48 時間以内の部品供給・修理体制推進により，ビジネストレイン間の共通部品の重複在庫が累積していったと考えられる。2006 年にこの問題を解消するため，ICT による部品在庫情報の共有化を図ったことで少し CCC は改善したが，2013 年度に

図 6-6 キャタピラーの ROIC と CCC の推移

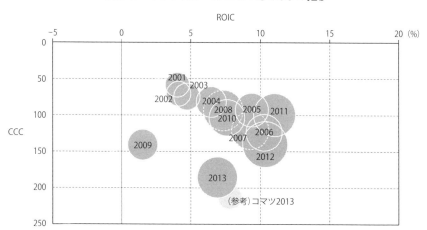

注1：円の大きさは売上高の大きさを表す。
注2：円の中の数字は年度を表す。

出所：Caterpillar "Form10-K" より筆者作成

はさらに低下する結果となっている。キャタピラーは，工場のモダナイゼーションにより元々在庫を低く抑えた運営をしてきており2000年初頭にはCCCは50日であった。コマツはCCCの最も良い2005年度においても100日であり，両者を比較するとキャタピラーはCCCが倍程度高いことが強みであった。しかしキャタピラーの，2006年以降ICTを使った在庫の最適化の努力にもかかわらず2013年度において両者のCCCは200日程度と同等の結果となっている。サービス部品供給に重点が置かれた世界中48時間以内の部品供給・修理体制を掲げるキャタピラーは，CCCを2000年当初よりも落とす結果となったのである。

5　経営者の行動

5.1　フロント・フォーマットへの経営者の関与

　元々キャタピラーは，独立系ディーラーネットワークによる多くの顧客接点や一流の補修工場を持っているという独自の強みを持っていたが，キャタ

ピラーの基本的な経営戦略が確立したのは，1986年，当時のキャタピラーCEOであったシーファ氏がPWAFというモダナイゼーションに巨額の投資を行う意思決定を行ったことに始まっている。当時のキャタピラーのモダナイゼーションの目的は明確で，世界中48時間以内の部品供給・修理体制を達成するために，製造リードタイムを25日から6日に短縮することで部品供給時間を大幅に短縮する近代工場を設立したことが挙げられる。さらに，世界展開を図るために1992年，ファイツCEO時代にキャタピラー社内に世界統一仕様REGAを普及させたことで世界展開の基盤を築いた。1999年にその基盤を引き継いだバートンCEOがシックスシグマ活動により個々のサービス活動のばらつきを低減することで，世界中48時間以内の部品供給・修理体制が確立したと考えられる。そして，2000年に入ってバートンCEO以降，キャタピラーはCat Financialを介して顧客にファイナンスを付与することで建設機械の売上を伸ばし，一方でサービス部品提供をパッケージで販売することで，売上のみならず利益を増やすという基本戦略を展開している。

　この一連のCEOの意思決定の流れは，世界中48時間以内の部品供給・修理体制の確立という目的達成のための因果論的意思決定であり，CEOが交代しても基本戦略は一気通貫したものになっており，一連の経営者は，掲げた目的達成のために投資を行い，社員全員で活動する予測的コントロールに基づいた意思決定を行っている。これはコーゼーションのパターンであると，事例から読み取れる。

5.2　バック・フォーマットへの経営者の関与

　キャタピラーは，世界中48時間以内の部品供給・修理体制を推進することでサービス部品の売上を拡大し収益を確保する戦略を取っているが，サービス部品の売上拡大に伴い業務の効率化を図ることでコストダウンを推進する必要がある。また，世界中で48時間以内にサービス部品供給を行うためには在庫を多く持つす必要があったが，一方で財務におけるCCCを向上させるためには在庫を削減しなければならず，部品即納の方針と在庫削減という財務上の要請のトレードオフを解決しなければならなかった。

　コストダウンの課題に対しては，2001年，当時のCEOであったバートン

氏がシックスシグマ活動をキャタピラーとして行うことを決めている。シックスシグマ活動の目的は，業務を効率化することでコストダウンを図り業務ミスを低減させることで製品やサービスにおける品質を向上させることが狙いであるが，いずれも，モトローラーやGEが会社の活動に取り入れ業績を伸ばした実績に基づいている。キャタピラーのアプローチは，コストダウンや業務ミス低減を達成するために会社としてシックスシグマ活動を取り入れるという意思決定は，他社の実績を基にした予測的コントロールであり，コーゼーションのパターンがここから読み取れる。また，部品即納と在庫削減のトレードオフの課題については，当時のCEOであるオーエンスCEOが2006年以降サービス部品供給管理の近代化を強力に推進した経緯がある。具体的なアプローチとして，ICTを活用して組織横断的に在庫状況を把握し共通部品の融通により在庫を削減することを推進した。その後，2010年にCEOに就任した，オーバーヘルマン氏は，2011年に建設機械の稼働状況に基づいた需要予測を行っている。この様なキャタピラー幹部の一連の意思決定は，時系列的に評価すると，競合他社であるコマツが2001年にKOM-TRAXを導入し稼働状況による需要予測を行い，成果を上げたことに基づいて，2011年にキャタピラーにも取り入れられた経緯があり，コマツの実績に基づいた予測的コントロールであるコーゼーションのパターンであると読み取れる。

5.3 財務システムへの経営者の関与

サービス部品販売価格に影響を与えるものの1つとして，販売管理費が挙げられる。サービス部品は多様で，コストにおいても1個数千円のものから数百万円のものまで幅広い。キャタピラーにおいては，1980年代に事業環境が異なる製品群の部品コストに，販売管理費を一律に割掛けしてサービス部品販売価格を決定すると，製品によって価格競争力が著しく低下し，機会損失が発生する点が問題となった。この点を解消するために，1991年にCEOに就任したファイツ氏は，事業環境が異なる事業部のビジネストレイン毎に販売管理費を決定させる分権的事業部制組織を構築した。その結果，キャタピラーにおける販売管理費の管理は徹底され，2000年に入ってもキャタピラーの販売管理費率は，図6-5に示す様に10%前後で推移しており，

製品,サービス販売の両面において,機会損失の低減に繋がっていると推測される。

またキャタピラーは,2000年に入ってバートン,オーエンス,オーバーヘルマン CEO らにおいて,図6-2に示す様に顧客へのファイナンスの拡大をはかることで売上の増大を図る戦略を取っている。

以上の様な,販売管理費の管理の徹底,顧客へのファイナンスの拡大などの財務システムに対するキャタピラー経営幹部の関与により,2000年には2兆円だった売上高が,2012年には6兆5000億円と約3倍に飛躍した。1991年に就任したファイツ CEO は,販売管理費の管理の徹底を目的として分権的事業部制組織を構築しており,予測的コントロールであるコーゼーションのパターンが事例から読み取れる。また,2000年以降就任したバートン,オーエンス,オーバーヘルマンなど一連の CEO らは,いずれも,キャタピラーの信用力を背景に顧客にファイナンスを提供することで,計画的なポジショニング(positioning)戦略を実施していることが事例から読み取れる。

5.4 経営者メッセージのテキスト・マイニング分析

今回,テキスト・マイニングの対象となるのは,1999～2004年のグレン・バートン,2005～2009年のジェイムズ・オーエンス,2010～2012年のダグラス・オーバーヘルマン,3人の CEO である。アメリカの場合,アニュアル・レポートや財務諸表(Form10-K)に,CEO の意思が反映される。特に,アニュアル・レポートにおける CEO のメッセージは重要であり,本分析における最大の関心は,コマツ経営者とキャタピラー経営者の意思決定の間にどの様な違いがあるかということである。

以下順を追って分析手順の概要と分析結果を示す。分析手順として樋口(2014)に従えば,2つのステップがある。第1のステップは,アニュアル・レポートや財務諸表(Form10-K)の中から,経営者メッセージ部分のみを抽出し,恣意的になりうる操作を極力避けながらデータの様子を探る。第2のステップは,分析者の問題意識や理論仮説を基にしてデータの中から概念を取り出しコーディング・ルールを作成する[57]。第1のステップとして自己

---

57 樋口(2014)25頁。

組織化マップとクラスター分析の結果から，経営者メッセージの主題として Service Development, Six Sigma, Finance, E-Business System, Strategy, の5つが把握された。主題を把握すると同時に構成する単語群の抽出を行った。第2のステップとして，表6-2に経営者メッセージの主題とコーディング・ルールを示す。コーディング・ルールは，第1のステップで得られた主題を構成する単語群の中から，問題意識や理論仮説に則して選別された単語群で構成されている。また図6-7に年毎の主題を構成する単語数をカウントし全体の単語数で割った比率を示す。出現する主題は，Service Development が平均13.6%で突出している。続いてSix Sigmaが平均8.8%, Strategyが平均8.0%, E-Business Systemが平均3.0%, Financeが平均2.3%であった。また，コーディング・ルールの主題を構成する単語群は全単語数の35.7%となった。

この分析結果から，5つの主題の中で1番目はService Developmentで，サービス開発やソリューション・サービスを創出しなければならないとする経営者の強い思いが表れていることがわかった。2番目はSix Sigmaで,バートン氏が主導したコストダウン，業務ミスの低減活動が続いている。3番目は，Strategyで従来のマーケティング理論に基づいた戦略の重要性を主張している。4番目は，E-Business Systemであり，ICTを使った在庫管理システムの構築などが挙げられる。最後は，Financeを活用した売上の拡大と

表6-2　経営者メッセージの主題とコーディング・ルール

No	主題	コーディング・ルール
1	Finance	financial or insurance or financing or account or credit
2	Six Sigma	sigma or process or manage or improvement or quality or availability or capacity or bottleneck or modernization or lean
3	Service Development	service or development or solution or value or advocate or capability or dealer or solution or support or solve or problems or trust or network or mining or sustainable
4	E-Business System	e-business or system or distribution or logistics or on-line or warehousing or parts or store or productivity
5	Strategy	goal or positioning or market or segment or strategy

出所：キャタピラーのアニュアル・レポート，財務諸表より筆者作成

図 6-7　キャタピラー経営戦略のコーディング結果

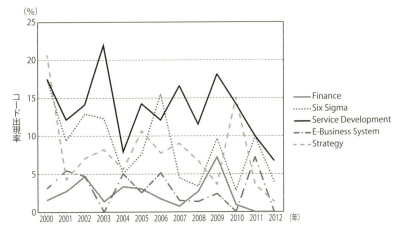

出所：キャタピラーのアニュアル・レポート，財務諸表より筆者作成

なった。分析の最上位を占める Service Development，すなわちサービス開発やソリューション・サービスを挙げながらも，2番目以下は，従来のマーケティング理論に基づいた Strategy の重要性と製品販売においては，Finance を付けることで売上を拡大し，受注後のサービス部品販売に注力する Six Sigma 活動や E-Business System 構築であった。

　これらの分析からキャタピラーの経営者の意思決定は，サービス開発やソリューション・サービスを創出しなければならないとする思いは強いものの，具体的な手段が示されていない。むしろ，1990年代のファイツ CEO が構築したビジネスモデルを踏襲し，目的から顧客価値創出を発想しており，コマツの坂根社長の手段であった施工をイメージして完全自動化や一部自動化を推進することで顧客の人件費の削減，施工時間の短縮，施工品質の向上などの顧客価値創出を図ろうとする様な具体的なメッセージは確認することができなかった。このことから，コーゼーションによる意思決定の特徴である「目的から始める（start with ends）」点が現れていると考えられる。以上の分析結果から，2000〜2012年の期間においてキャタピラーの経営に大きな影響を与えた意思決定は，コーゼーションタイプの傾向を示しているといえる。

6　小括

　今日のキャタピラーのビジネスモデルの基礎を築いたのは，1980年代の終わりから1990年代にかけて構築された，独立系ディーラーネットワークとPWAFというモダナイゼーション，そして世界標準仕様REGAであった。また，当時のCEOファイツ氏による分権的事業部組織の構築により，販売管理費の管理徹底が成された。この様なキャタピラーの基本的な仕組みにさらに磨きをかけるために，2000年に入ってファイナンスの付与，シックスシグマ活動によるコストダウンを推進することで，建設機械の売上拡大と世界中48時間以内の部品供給・修理体制を確立していった。その結果，第5章の図5-9によると，キャタピラーの売上高は2002年まで約2兆円で推移しているものが，2012年には約6兆5000億円と約3倍に躍進している。また，売上高営業利益率は2008年のリーマンショックによる一時的な落ち込みはあるものの2002年時点で売上高営業利益率が7%であったのが2012年には13%と約2倍に躍進し，2003年の建設機械の売上拡大と世界中48時間以内の部品供給・修理体制の確立はキャタピラーのビジネスモデルを確立したターニング・ポイントでもあった。

　その反面，世界中48時間以内の部品供給には課題もあり，2000年以降在庫を増やしCCCを落とす結果となった。2006年にはICTによる在庫削減，2011年には新プランニングシステムと呼ばれる需要予測による在庫調整システムに積極的投資を行うことで在庫削減に取り組んでいる。

　2000年以降のキャタピラーCEOらは，一貫してサービス開発やソリューション・サービスの創出を事業目標として掲げ，2006年からはサービス部品供給を売上の33%から37-40%にまで増やす目標を掲げサービス部品管理システムに積極的な投資を行った。にもかかわらず，2006年の売上高営業利益率は12%から2013年において13%とほぼ横ばいの状況であり，売上高営業利益率の絶対値自体は申し分のない数値であるが，相対的に見れば経営者の思惑通りに利益が向上しておらず，サービス・パラドックス現象を確認することができる。その後，競合他社であるコマツに押される形で，2012年にCat® Mine Star™やAccuGrade™を上市している。改めて表

表 6-3 キャタピラーの出来事構造

	出来事番号	時間的経過	出来事
第1段階	1	先行条件 (1980年代)	独立系ディーラーネットワークの構築
	2	先行条件 (1986-1992)	製造工場のモダナイゼーションと世界標準仕様「REGA」
	3	先行条件 (1991年)	分権的事業部制組織の構築
	4	先行条件 (1990年代)	販売管理費(SG&A)の管理徹底
	5	2000年	ファイナンス付与の開始
	6	2000年	シックスシグマ活動によるコストダウン
	7	2003年	建設機械の売上拡大と世界中48時間以内の部品供給・修理体制の確立
	8	2003年	売上拡大
第2段階	9	2006年	プロダクトリンクジャパン(オプション)による稼働状況の把握
	10	2006年	ICTを使った共通部品管理による在庫削減
	11	2006年	CPS活動により2010年までにサービス部品の売上拡大(サービス部品売上比率33%から40%へ)
	12	2010年	サービス・パラドックス(売上高営業利益率の停滞)
	13	2011年	新プランニングシステム運開(需要予測在庫調整システム)
	14	2012年	Cat® Mine Star™(無人ダンプトラック運行システム)運開
	15	2012年	AccuGrade™(建設機械の情報化施工)上市

注：キャタピラーにおけるハイブリッド油圧ショベル(336EH)の発売は、2013年6月と記載されている。(2013年9月26日、JCMA資料)

出所：著者作成

6-3に，キャタピラーの出来事年代記を時系列的に整理し，コマツの出来事構造との因果関係を小括してみる。

また，このキャタピラーの出来事年代記をベースに作成した，出来事構造を図 6-8 に示す。出来事構造と第 4 章図 4-1 の本書の分析概念枠組みとを対比させながら順次説明する。

図6-8 キャタピラーの出来事年代記

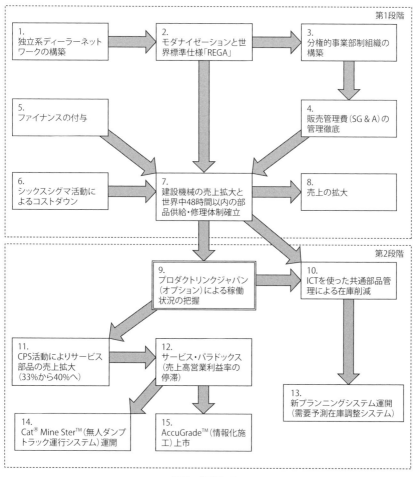

出所:筆者作成

　出来事構造の第1段階の中心となるのは,出来事番号7の建設機械の売上拡大と世界中48時間以内の部品供給・修理体制確立の段階である。ターニング・ポイントとなったのは,出来事番号9のプロダクトリンクジャパン(オプション)の決定である。これは,キャタピラー経営者によるコーゼーションのみの意思決定であり,コマツの建設機械の稼働状況の全数把握と比較すると限定的な意思決定となった。その結果,時系列大量データ(big data)の獲得,知識・技能のシステム化も限定的なものとなり,事業環境が大きく

変化する中で部品在庫を増やしていった。出来事構造の第2段階は，世界中48時間以内の部品供給の弱点である在庫の増大を克服する段階であり特に出来事番号10, 13が該当する。そして，キャタピラー経営者がコーゼーションのみの意思決定により，出来事番号11により投資を拡大しサービス部品の売り上げ拡大を目論んだが，出来事番号12のサービス・パラドックスに陥っている。そして，サービス・パラドックスを挽回するために出来事番号14のCat® Mine Star™の上市へと繋がっているが，コマツと比較すると4年程度遅く，顧客価値を高めるには至っていない。

　以上をOliva and Kallenberg（2003）が主張する製造業のサービス化の5段階説にあてはめて評価してみると，キャタピラーにおけるサービス化は，第1段階目のサービス品質と供給速度の改善，効率化から始まっており，2012年時点において第5段階目のエンド・ユーザーのオペレーションを代替する所まで到達しているが，この到達速度は，競合他社のコマツに比べて4年程度遅い。特に，第5段階目のエンド・ユーザーのオペレーション部分を代替する部分がコマツに後追いの形で展開している理由は，社内にICRT技術が重要であるとの認識はあったけれども，経営者の意思決定がコーゼーションのみの意思決定であり，事業機会が不明確な状況においてICRTをキャタピラーの事業活動の中心に位置づけることができなかったからである。

第7章

事例の比較・考察

1 はじめに

　本章では，コマツとキャタピラーの事例について考察を行い，製造業におけるサービス・イノベーションについて読み解いていく。はじめに，両社のサービス・イノベーションを要約して概観する。

　コマツの事例（第5章）では，2001年に坂根氏が社長に就任して以来，本書のサービス・イノベーションの定義（第1章第2節）に沿った戦略により業績を大きく向上させた点を捉え，同社を建設機械業界における先進事例と位置づけた。過程追跡法による出来事分析によれば（田村，2006, 2014），コマツの業績は大きく2段階で説明できる。まず，第1段階（1995年～2001年）が，サービス・プロセスの効率化である。ターニング・ポイントとなったのは，建設機械のリース・レンタルの増加，建設機械の盗難という業界の状況や社会問題を端緒としてKOMTRAXを実用化し，当時の社長であった坂根氏がKOMTRAXの標準装備化を決めた2001年である。この決定は，ブルドーザの設計からキャリアをスタートしサービス業務の経験も豊富な熟達した経営者である坂根氏が，建設機械のサービス事業機会を直観的に認識したことがきっかけとなっている。その後，KOMTRAXから得られる時系列大量データ（big data）を活用して需要予測をすることで，部品販売の拡大や燃費改善の提案，販売管理費の削減に繋げていくことで，売上を伸ばすと共にコストを削減し，売上高営業利益率を向上させ，キャタピラー

を追撃していった。

　第2段階(2001年〜2013年)は，問題解決のモデル化による価値創造である。コマツは安崎社長時代に，アメリカのモジュラーマイニングシステムズの買収により鉱山用建設機械の管制システムにおける運用ノウハウを獲得したことや，社内の産業用ロボティクス人材を建設機械事業部に統合したことで，知識・技能のシステム化を行う足場を築いている。そして，従来人間が行っていた管制システムを，KOMTRAXに搭載しているGPSの位置把握機能と産業用ロボティクス技術を統合した形で，自律無人化による無人ダンプトラック運行システムとして実現している。このシステムは，チリの標高4000mの高地で実用化され，鉱山現場における人員確保が困難であった問題を競合他社に先駆け解決することに繋がっている。この様な，問題解決をモデル化する一連のアプローチは，顧客が行っていたオペレーションの暗黙知部分を，ICRTを適用することにより知識・技能のシステム化を図って代替し，顧客の抱えている問題を解決するサービスに繋げている点であると考えられる。その後も，KOMTRAXから得られる時系列大量データ(big data)を活用してハイブリッド油圧ショベルやICT建設機械などの新製品開発にも繋げており，無人ダンプトラック運行システムと同様のアプローチを新製品開発にも生かしている。この様な活動の結果，コマツは競合であるキャタピラーを追撃し，同等以上の売上高営業利益率を確保するに至っている。

　第6章では，業界シェアNo.1であるキャタピラーの事例を代表事例と位置づけた。今日のキャタピラーのビジネスモデルの基礎を築いたのは，1980年代の終わりから1990年代にかけて構築された，独立系ディーラーネットワークとPWAFによるモダナイゼーションであった。また，当時のCEOファイツ氏による分権的事業部制組織の構築により，販売管理費の管理徹底が成された。ターニング・ポイントとなったのは，2000年に入って，ファイナンスの付与，シックスシグマ活動によるコストダウンを推進することで，建設機械の売上拡大と世界中48時間以内の部品供給・修理体制を確立したことであり，コマツと同様にサービス・プロセスの効率化を確立したといえる。しかし一方で，プロダクトリンクジャパンをオプション化したことで部品供給スピードをコミットする世界中48時間以内の部品供給には課題も残り，

2000年以降在庫を増やしCCCを落とす結果となった。2006年にはICTによる在庫削減，2011年には新プランニングシステムと呼ばれる需要予測による在庫調整システムに積極的に投資をすることで在庫削減に取り組んでいった。そして，2000年以降のキャタピラーCEOらは，一貫してサービス開発やソリューション・サービスの創出を事業目標として掲げ，2006年には，2010年までにサービス部品供給を売上の33%から40%まで増やす目標を掲げたものの，2010年以降，売上高営業利益率は大きく向上せず2006年時点の現状維持のままで推移している。この様に，売上に対するサービス比率の向上を事業目標に掲げても収益性が停滞するサービス・パラドックスに陥っていることが，キャタピラーの事例から読み取ることができる。キャタピラーにおけるサービス体制は，強固な相互信頼による独立系ディーラーネットワークとファイナンスの付与により建設機械の売上を拡大すること，販売後の世界中48時間以内の部品供給・修理体制というサービス部品供給・修理により利益を確保するといった，一連の経営者の因果論的意思決定による戦略に基づいている。その後，コマツに売上高営業利益率で並ばれ，かつ，中国市場でシェアを奪われたキャタピラーは，コマツに押される形で，2012年に自律無人化による無人ダンプトラック運行システムであるCat® Mine Star™やICT建設機械であるAccuGrade™を上市している。

　ここでサービス・パラドックスと関連を持つのが，経営者の意思決定と資源構築活動の関係であると考えられる。コマツの事例では，KOMTRAXの標準装備をまずは実践してみて，そのデータからわかった使える知識を基に事後的にサービスの事業機会を見つけていくという「エフェクチュエーションによる意思決定」が行われた。一方のキャタピラーでは，まずは世界中48時間以内の部品供給・修理体制という目標を設定し，シックスシグマ活動によりPDCAをきちんと回すことで目標達成し，計画以外の活動は会社の活動としてオフィシャルに認めて来なかったという「コーゼーションのみによる意思決定」であったという違いが読み取れる。また，資源構築活動として異なるのは，資源からサービス適用への事業機会を認知しICRTを積極的に取り入れていったコマツのフレキシブルな意思決定に対し，過去のビジネスモデルを踏襲しコマツの実績に刺激されて事後的にICRTを取り入れていったキャタピラーの合理的な意思決定という違いが挙げられる。

表 7-1　コマツとキャタピラーの比較

分析概念	コマツ	キャタピラー
熟達経営者の直観的意思決定	フレキシブルな意思決定	合理的な意思決定
	エフェクチュエーションによる意思決定	コーゼーションのみによる意思決定
時系列大量データ（big data）の獲得	KOMTRAX（標準装備）	プロダクトリンクジャパン（オプション）
知識・技能のシステム化	問題解決のモデル化	問題解決の個別化
	ICRT の適用	ICT の適用
顧客志向のプロセス設計	M2M を活用した利害調整プロセス	顧客密着型の迅速プロセス
	先行的新製品上市	後追い的新製品上市
顧客価値	収益性拡大	収益性現状維持（サービス・パラドックス）

出所：筆者作成

　以上のコマツとキャタピラーの事例解釈における比較[1]と第4章図4-1における分析概念枠組みを構成する分析概念の関係を表7-1に整理する。

　ここで，図4-1で設定した分析概念枠組み（仮説理論枠組み）とコマツ，キャタピラーの事例から得られたラベルを比較考察すると，企業経営者の意思決定の違いがその後の行動の違いとなり，業績の差になって現れていることがわかる。つまり，コマツの事例では設定した仮説理論枠組みが支持され，キャタピラーの事例では対立仮説理論枠組みが支持されない。よって本書で主張する分析概念枠組みは，比較事例により，Yin（1994）が主張する分析的一般化が達成できたと考える。

　ただし，本書の分析概念枠組みが成立する前提条件として，2000年以降の建設機械業界において中国が台頭し事業環境が伝統市場から戦略市場へと大きく転換し，リーマンショックの影響により事業環境が混沌として先を見

---

[1] 戈木クレイグヒル滋子（2005）によれば，「グラウンデッド・セオリー・アプローチ（grounded theory approach）による分析の流れは，質的データを文脈から切り離してラベル名を付けた後で，それらをまとめ直してカテゴリー（概念）を見出し，カテゴリー同士の関係を検討する」（8頁）としている。

通せない状況を想定している。これは第3章のKnight（1921）の不確実性で説明するならば，第3の不確実性（estimate：推定）である。分類することが困難なユニークな事象や，数量的な確率として評価できない事業環境を前提としている。

例えば，セブン・イレブン・ジャパンの事例では，仮説検証方式による単品管理やプライベートブランド開発で業績を伸ばしサービス・イノベーションの成功事例となっている。これはKnight（1921）の不確実性で説明すると第2の不確実性（stastical：統計的）に該当し，過去のデータをもとにして仮説検証により確率が経験的に評価できる状況であると考える。この様な意思決定は，第3章図3-1の意思決定類型では予測的コントロール，すなわちコーゼーションに位置づけられ，本書で提示した分析概念枠組みが成立する第3の不確実性に当てはまる事業環境が前提となる。事業環境の判定基準としては，当該事業において分類することが困難なユニークな事象が存在するか，あるいは，過去のデータが十分に存在せず事象から確率を計算して将来予測することが困難な状況であると想定できる。

2　リサーチ・クエスチョンに対する考察結果

以上の様に，本書ではサービス・イノベーションによって収益性を拡大したコマツの事例と，投資を積極的に行ったがサービス・パラドックスに陥り現状維持の収益性にとどまったキャタピラーの事例の要点を整理した。次に，この2つの事例を通じてどの様なことが明らかになったのか，リサーチ・クエスチョン（以下，RQ）に沿って順を追って考察していくことにしよう。

2.1　器用人の思考か，科学者の思考か

【RQ1】企業は，どの様に知識・技能をシステム化し，ソリューション・サービスのモデル化に繋げているのか。

先行研究レビューにより，製造業のサービス・イノベーションを説明する

中心概念の1つとして，認知科学を基盤としたICRTの適用により，ノウハウなどの暗黙知を集約することが技術的に可能となり，これによって顧客の抱える問題の解決を促進しサービス・イノベーションが活性化されると捉えた（第2章）。

コマツの事例では建設機械のリース・レンタルの増加や盗難問題を解決するために数ある選択肢の中から，KOMTRAXの標準装備による解決を選択している。この意思決定は，熟達した企業経営者の直観的なものであったが，事後的にソリューション・サービスの創出に繋がっている。事例における過程追跡から，ソリューション・サービスをモデル化するステップとして，KOMTRAXの標準装備により同社のサービススタッフが顧客の建設機械の運転状況の把握を行うことで顧客のメリットに繋がる様なソリューション・サービスの提案が活性化することが確認されている。さらに，モジュラーマイニングシステムズが保有する配車のノウハウや社内の産業用ロボット技術を集約しエキスパートの知識や技能である実践知を獲得するための実践共同体活動を行い，ICRTによる自律無人化を進めていった。そのことで，鉱山事業の運営において作業員確保が困難であるという顧客の問題解決に繋がる自律型の無人ダンプトラック運行システムが誕生している（第5章）。

一方キャタピラーの事例では，建設機械の盗難問題を解決するために数ある選択肢の中から，建設機械の鍵強化による解決を選択している。鍵の種類は，油圧ショベル向けにID式，ミニ油圧ショベル向けに機械式，ホイルローダー・ブルドーザー向けにICチップ式と，機種に応じて最適な解決策を独自開発すると同時に，KOMTRAXと同等の機能を持つプロダクトリンクジャパンも機種を限定して導入している[2]。この意思決定は，建設機械メーカーの持つ高度な技術力を最大限に発揮して，個々の状況に適合する問題解決策を開発することに繋がっている。さらに，自律型の無人ダンプトラック運行システムについては，標準化を維持することにこだわったためにロボット技術を社内的に認知することがコマツより4年程度遅れたことで，実績面で後塵を拝する形となっている。

コマツの事例とキャタピラーの事例において，問題に直面した時の対応の

---

2 林 竹治（2008）「建設機械の盗難防止装置」『建設の施工企画』No.695, 50-52頁。

違いを説明する概念枠組みとして，Lévi-Strauss（1962）が主張する器用仕事（bricolage）が挙げられる。Lévi-Strauss（1962，邦訳 1976）は，器用人の仕事を次の様に説明している。「科学者と器用人（ブリコルール）の相違は，手段と目的に関して，出来事と構造に与える機能が逆になる事である。科学者が構造を用いて出来事を作る（世界を変える）のに対し，器用人は出来事を用いて構造を作る」（29 頁）。コマツの事例では，今ある資源である ICRT を上手く組み合わせてソリューション・サービスをモデル化するアプローチを取っているのに対して，キャタピラーの事例では問題解決という目的に沿った解決策を高度な技術開発によって行うアプローチである。この様なアプローチの違いは，企業が保有する資源の違いから派生するものと考えられる。コマツの事例とキャタピラーの事例を資源面から比較すると，コマツはキャタピラーに比べて人的資源や設備などのモノの両面，あるいは資金面においても保有する資源が少ないことが明らかである。コマツの事例では，この様に資源に制約がある中で現有資源の中から有効に使えるヒトやモノ，例えば GPS やモジュラーマイニングシステムズの持つノウハウ，ロボット技術を持つ技術者など，汎用性のあるモノや人が持つ技術を有効に組み合わせることで，ソリューション・サービスをモデル化することに成功している。この様なアプローチで考えられたソリューション・サービスは，投入・開発費用が低く抑えられるだけではなく，建設機械ラインアップの全てに適用することを前提にしており，1 つのモデルで多くの機種を包含することができる。一方キャタピラーの事例では，資源が潤沢にあるためプロダクトリンクジャパンを標準装備するだけでも問題解決が図れたはずであるが，プロダクトリンクジャパンはオプション装備とし，機種毎に特殊鍵を開発するソリューション・サービスの個別化を行ったことで，投入・開発費用が高額になり，また，限定された機種においてのみ適用できることとなった。この様なアプローチの違いは，起業家研究においても Baker and Nelson（2005）が主張している資源を持たない起業家が器用人による思考を基にした実践共同体活動を通じて，無から有を創り上げるアプローチと共通点があると考えられ，これは弱者の戦略といい替えることもできる。その一方で，目的達成（問題解決）のために合理的な推論から始め大きな資源を導入するアプローチは，Lévi-Strauss（1962）が主張する，科学者による思考を基にして

PDCAをきちんと回し問題解決を図っていくアプローチと共通点があり，強者の戦略といい替えることができる．

　以上の考察から，ソリューション・サービスを上手くモデル化できるか否かは，資源の多寡ではなく，人間の認識の違いによる異なった行動の結果であると捉え直す必要があると考える．従来のサービス・イノベーションの議論では，資源に関連した組織能力が顧客価値の大小を規定することが主張されてきたが，本事例からはICRTを媒介的道具として活用し器用人の思考に基づいた実践共同体活動を通じて知識・技能のシステム化が成されている．製造業のサービス化が進まない要因として，ソリューション・サービスが上手くモデル化できないために，製造業のサービス化の階段を最終段まで昇り切れないことが考えられる．それは，製造業の多くがソリューション・サービスを創造するに当たって，科学者の思考に基づいてPDCAをきちんと回す行動に終始しており，科学者の思考だけでサービス・イノベーション活動を行っているからである．文化人類学とエンジニアリングの違いはあるもののサービス・イノベーションを活性化させるためには，器用人の思考[3]に基づいた実践共同体活動を積極的に取り入れる必要があり，その活動を通じて，製造業のサービス化の階段を最終段まで昇ることが可能になると考えられる．人間の認識の根本に立ち戻って再考する必要があるのである．

　以下に，RQ1の考察結果であるリサーチ・アンサー（Research Answer：以下，RA）を示す．

【RA1】認知科学を基盤としたICRTを道具として活用し，器用人の思考に基づいた実践共同体活動を通じて知識・技能のシステム化が成され，ソリューション・サービスのモデル化が図られている．

3　イノベーション研究として，ラトゥールの「ラボラトリー研究」や「Social Shaping研究」などは，文化人類学におけるLévi-Straussのエスノグラフ研究に触発され進展した経緯があり，「サービス・イノベーション研究」においてもLévi-Straussの器用人の思考は，鍵になる概念の1つであると考える．本書では，因果論的決定を科学者の思考として表現し，実効論的決定を器用人の思考として表現し対比させて記述している．

2.2 サービス・パラドックス現象とマインドセット

【RQ2】企業経営者の意思決定が資源構築活動にどの様な影響を与えるのか。またその意思決定は，サービス・パラドックス現象の本質的メカニズムを説明することができるのか。

　Gebauer, Fleisch, and Friedli（2005）は，期待理論を背景として，同じ投資を行ったとしても売上においてサービスが占める比率が企業によって差が出るのは，従業員のモチベーション低下がサービス品質に悪影響を与えサービス・パラドックスに陥る企業とそうではない企業が出現するからであることを，その要因として挙げている。また，組織構造を頻繁に変えることが組織の中で予期せぬ副作用をもたらし，それによってサービス・パラドックスに陥る企業とそうではない企業が出現する，とも主張している。彼らの主張は，いずれも人のモチベーションや組織における副作用に起因する，資源と価値の関わりにおいてサービス・パラドックス現象を捉えているが，事業環境が不透明な中での企業経営者の意思決定と資源構築の関わりに，その本質があると考えられる。

　コマツの事例における企業経営者の意思決定には，アニュアル・レポートのテキスト・マイニング分析から，目的よりも手段を優先する点がメッセージとして強く表れているが，代表事例であるキャタピラーにおける経営者の意思決定には，手段よりも目的が優先する点がメッセージとして強く表れていた。この様な企業経営者の意思決定の質の違いは「手段から始める（mean start）意思決定によるエフェクチュエーション」と，「目的から始める（goal start）意思決定によるコーゼーション」の違いとして説明することが可能であると考える。

　Sarasvathy（2008，邦訳2015）では，エフェクチュエーションにおける手段とは，以下の3つに分解して考えることができ（342頁），順に掘り下げて考察したい。第1は，「自分は何者か？」に対応しているアイデンティティー（identity）の問題である。第2は，「何を知っているのか？」に対応している熟達（expertise）の問題である。第3は，「誰を知っているのか？」に対応する顧客接点（customer contact point）の問題である。第3の顧客

接点の問題はRQ3と関連しているため,次項に改めて考察を行うこととする。

　第1のアイデンティティーの問題は,Dweck(2006)が行っている心理学領域での伝統的な研究である,人間の信念の力としてのマインドセット(mindset：心のありかた)が深く関連していると考えられる。彼女は,子供が持つマインドセットが,知能は持って生まれたもので努力しても変わらないと考えている固定的知能観である「固定的マインドセット(fixed-mindset)」か,それとも,知能は努力次第で伸びていくと信じている増大的知能観である「増大的マインドセット(growth-mindset)」かによって,その学習意欲や学習行動,ひいては成績に大きな違いが出て来ることを主張している。マインドセット研究は,子供の知能発達の研究からスタートしているが,ビジネスにおいても企業経営者のマインドセットにより業績が大きく異なって来ることが示唆されている。例えば,クライスラー(Chrysler)の元CEOであるリー・アイアコッカ(Lee Iacocca)氏は,クライスラーのトップとして成功を成し遂げた途端,固定的マインドセットになってしまい,目先を少し変えただけの同じ型の車を作り続けた。その結果,あっという間に日本車に市場を席巻されてしまった,としている(p.114)。一方,増大的マインドセットを持つGEの元CEOであるジャック・ウェルチ(Jack Welch)氏は,CEOに就任してからも自ら現場に出向き,現場の声に耳を傾け,他人に対しても自分に対しても人間の潜在能力と成長を信じる所から出発し,ルイスビル工場内の冷蔵庫製造ラインの前で最前線の従業員と議論することで教育を行い,従業員からの信頼も獲得している。また彼は,ある時キダー・ピーボディー証券会社を買収したが,後にインサイダー取引疑惑で打撃を被ることになる。その時「人間には自信と傲慢の刃がある。今回は,傲慢が勝ったことを決して忘れない」として,本当の自信とは,不祥事の原因が自分にあったことを公表する勇気を持つことだと学んだ,としている。この様な学びの結果GEの企業価値を,1980年にCEOに着いた時の140億USDから20年後には4900億USDにまで拡大させている(p.125)。

　この様にアイデンティティーの問題は,ビジネスにおける意思決定においても,どの様なマインドセットを持つかによって大きく変わると考えられる。また,Goleman(2013)によると,増大的マインドセットと固定的マインドセットに対比することができるポジティブとネガティブについて,その比率

をある一定の範囲内に保つことの重要性も指摘している（p.222）。この様なアイデンティティーの問題は，事業環境が変わったとしても過去のビジネスにおける成功体験に対する信念を持ち続けるか，事業環境の変化に応じて過去のビジネスにおける成功体験に対する信念を軌道修正できるかの違いとなって表れ，サービス・パラドックスの論理を説明する要素の1つであると考えられる。

　次に，エフェクチュエーションと深く関わっている熟達の問題は，コマツの事例における企業経営者の意思決定の直観の問題とも深く関わっている。コマツの事例では，数ある問題解決の選択肢（レパートリー）の中から，事後的にサービス創出の可能性に繋がることを意識したフレキシブルな意思決定が行われている一方で，キャタピラーの事例では，盗難防止という目的から発想して手段として建設機械の鍵の開発を推し進めていった合理的な意思決定が行われている。コマツの事例における KOMTRAX 開発のエピソードとして，坂根氏が1997年に経営企画室長に就任した時，部下から，「当時流行していたゲームキャラクターの『たまごっち』から発想して建設機械の情報を自ら発信することができないかといった，福井の販売店からの提案を基に，技術的可能性を調査して取りまとめたものがきっかけであった」としている。坂根氏自身，「多数の建設機械を保有するレンタル会社は，機械の場所管理が自動的にできるだけでも大助かりな上に，防犯にも役立つ。これは価値あるシステムだ，と直観した」と当時を回顧している（第5章第5節）。その後，KOMTRAX は，開発にゴーサインが出たが他部門からはコスト高になるので歓迎されず，経営企画室の私的プロジェクトの形でスタートし，1999年に福島のレンタル会社から大量受注し，ようやく実用化に至っている。この様に，社内的に歓迎されないにもかかわらず，事後的にサービス創出の可能性に繋がることを直観したフレキシブルな意思決定は，Mokyr（2000）や Dew, Sarasvathy, and Venkataraman（2004）らが主張する外適応（exaptation）[4] で説明することができる。

4　Sarasvathy（2008, 邦訳2015）によると，「外適応」とは，「それがもともと『適応（adapted）』していた用途をほとんど損ねることなく，新しい用途へ『外適応（exaptation）』させられたことになる」ことを意味し，一例として，米国郵便局が導入したセルフ式の郵便局で，ATM の仕様をそのまま手紙や小包の計量器（重量にみあって代金を支払う）に持ち込み，切手のシートを1ドル札のサイズに当て嵌めた事例を紹介している（187頁）。

しかし，この様な外適応が特定の経営者においてなぜ現れるかについては，Ericsson, Charness, Hoffman, and Feltovich（2006）が熟達者[5]の研究において熟達能力（expert performance）を向上させる方法として主張した2つの点と関連している。第1は，熟達者になるに当たっての，1万時間・10年ルールと呼ばれる様な投下時間の問題である。Ericsson, Charness, Hoffman, and Feltovich（2006）では，バイオリニストの熟達を研究し，良いバイオリニストは10年間で1万時間以上練習に費やすが，通常のバイオリニストは平均2500時間から5000時間の練習であり，この練習量の違いにより熟達能力に差が生じると主張している。また，認知科学研究においてもSimon（1996b, 邦訳1999）は，チェス名人が直観的に駒を動かしていく行動を定跡（chunks：チャンク）の長期記憶によるものであるとし，最低でも5万チャンクが必要で投下時間としても10年かかると主張している（107頁）。第2は，心的表象（mental representation）と呼ばれる，過去に経験したことなど（ヒューリスティック）をもとに心の中に作る表象（イメージ）が挙げられる。心的表象を持って時間投下する場合とそうではない場合では，熟達能力に差が生じることを主張している。これは，Lave and Wenger（1991）による正統的周辺参加論においても，正統的か非正統的かの違いが徒弟制における獲得技能の差になって現れることと同意であると考えられる。

　坂根氏は2001年に社長に就任すると同時にKOMTRAXを標準装備することを決断し，サービス部品の販売が拡大していくことになるが，その意思決定は，目的からスタートして手段を検討するコーゼーションのみによる意思決定ではなく，顧客の抱えている問題を基にして「自分は何者か？」，「何を知っているのか？」などの手段からスタートして解決策を模索する，エフェクチュエーションによる意思決定になっていることが特徴である。

　これらのフレキシブルな意思決定，エフェクチュエーションによる意思決定は，坂根氏自身のブルドーザ設計者としての専門性とフィールドサービス経験を併せ持つ多様な領域における専門性を背景として，KOMTRAXを使うことで建設機械の運転状況の把握や場所管理を自動的に行うことができ，同時に建設機械の盗難という社会問題を解決し，なおかつ，サービス部品販

---

[5] Ericsson, Charness, Hoffman, and Feltuich（2006）によれば，「熟達者」とはある特定の領域で優れたパフォーマンスを獲得した人物を指す。

売拡大に大きな効果をもたらすことを直観的に感じ取った，熟達経営者の直観的意思決定であったと捉えることができる．その後，標高 4000m の鉱山地区において無人ダンプトラック運行システムを構築し成果に繋げている．この様なコマツ経営者の意思決定は，熟達研究を理論基盤とした Sarasvathy（2008）が主張しているエフェクチュエーションの概念枠組みで説明が可能であり，一方キャタピラー経営者の意思決定は，コーゼーションの概念枠組みで説明することが可能であると考えられる．

　これらの意思決定の違いは，その後の資源構築活動においても違いが現れている．本節第 1 項の RQ1 で考察した，器用人の思考に基づいた実践共同体活動によって，コマツでは有望な取り組みについてダントツプロジェクトとして認定を行い，社内的に人的資源や活動予算面でも優遇し，KOMTRAX の時系列大量データ（big data）から使える知識を獲得することや，モジュラーマイニングシステムズの持つダンプトラック運行に関する暗黙知である使える技能を獲得し，ICRT により代替する資源構築活動により知識・技能のシステム化を推進することなど，顧客価値の向上に繋げている．

　一方，科学者の思考に基づく活動は，キャタピラーの事例において，全社の目的である事業計画を達成するためにシックスシグマ活動や CPS 活動に繋がっており，計画実施のために独自に設定した KPI を達成するために全社一丸となって取り組み，顧客価値の向上を図っている．コマツの事例，キャタピラーの事例共に，顧客価値を高める活動を展開しているが，実は活動の原点にある意思決定の質が異なっており，そのことが日々の行動の差となって現れ，結果として，サービス・イノベーションの成果の差になり業績の違いとなって現れている．以上から，サービス・パラドックスの本質的メカニズムは熟達研究を理論基盤としたエフェクチュエーションの概念枠組みで説明することが可能であると考える．以下に，RQ の考察結果である RA を示す．

【RA2】サービス・パラドックスには企業経営者の意思決定の質が影響していると考えられ，事業環境が混沌としている中では，エフェクチュエーションによる意思決定はサービス・パラドックスを乗り越えることに繋がり，一方でコーゼーションのみによる意思決定では，サービス・パラドックスに直面する．エフェクチュエーショ

ンによる意思決定は，器用人の思考に基づいた実践共同体活動へと繋がり資源構築活動を活性化し，顧客価値の向上による業績向上は企業経営者に新たな刺激を与えることに繋がる。

2.3 ICRTを適用した顧客プロセスの可視化とオペレーションの代替

【RQ3】企業はサービス・トライアングルにおいて，顧客の製品使用状況をどの様に製品プロセスやサービス・プロセスに反映し，顧客志向のプロセス設計を行っているのか。

最後に顧客接点の問題を取り上げる。顧客接点の変化は，サービス・トライアングルの問題として捉え直すことができる。キャタピラーの事例におけるサービス・トライアングルでは，独立系ディーラーネットワークを中心としたサービススタッフの，顧客への密接な関わりにより構成されており，人を中心としたサービス・プロセスが主体となっている。サービス・イノベーションの視点から考えた場合，その背景には，Urban and Von Hippel（1988）が主張している様に，リード・ユーザーに密着することで移転することが困難な情報（粘着性を持つ情報）を獲得することができるため，サービス・イノベーションが出現することを理論的に説明している。また組織構造においても，不確実な事業環境を捉えるのに適した分権的事業部制組織を採用している。

しかし，コマツにおいては，潤沢な資源があるとはいえキャタピラーの様に顧客に密着できる独立系ディーラーネットワークを構築することが困難であるという状況から，代替する仕組みとして，KOMTRAX，CSS-Net，BOM，SAPなどのICTを有機的に繋げるシステムを構築している。また，組織構造においては不確実な事業環境を捉えるにはキャタピラーと比べると必ずしも最適ではない階層的職能制組織を採用している。

まず，コマツの顧客プロセスの可視化部分に該当するする仕組みが，KOMTRAXである。KOMTRAXは，GPSによる位置情報，移動時間情報と，建設機械に付属しているセンサーにより集約されたサービスメータ情報，各種警告情報，燃料レベル情報などを，1日1回通信衛星回線／携帯電話回線

を介して機器のデータサーバに蓄積し代理店の端末から蓄積されたデータをサービススタッフが閲覧できる仕組みとなっている。次に，CSS-Net にはWeb パーツカタログが掲載されており，顧客が必要とする部品品番を特定することができる。そして，この Web パーツカタログは受発注システムと連携しており，工場への製造指示，顧客に対する見積書，納品書，請求書の作成などの SAP による基幹システムに連動している。最後に，製品プロセスの部分に該当する仕組みが BOM である。建設機械は 1 台当たり約 3 万点の部品種類があり，BOM は，これらの部品に番号を付けて管理する仕組みである。現在では工場共通の BOM を構築しており，世界の工場部品管理が一元化され新型建設機械の生産立ち上げが非常にスムーズになっている。さらに，外注部品においてはみどり会による結束を強化することで対応している。そして，グローバル販生オペレーションセンタ内のサービス・プロセスが顧客需要と生産量との利害関係の調整を図っている。

　キャタピラーの事例においては，独立系ディーラーネットワークにより顧客に密着することで関係性の次元を上げて顧客の潜在ニーズを掘り起こし，サービス・イノベーションを活性化させるアプローチであった。一方コマツの事例では，IoT/M2M に支援されたサービス・プロセスを構築することで，在庫の需要予測や製品開発に役立つ稼働状況などの顧客プロセスを可視化し実践に役立つ使える知識を獲得している。獲得した使える知識をオペレーションとして ICRT に代替させることで，人間の認知限界を超える提案をできることが事後的にわかった。その結果，不確実な事業機会を捉えるには必ずしも最適とはいえない階層的職能制組織構造であったとしても，顧客の潜在ニーズを掘り起こすサービス・イノベーションに繋げることができたと考えられる。

　さらに，コマツの事例では KOMTRAX の標準装備がサービス・イノベーションに繋がったことに影響され，無人ダンプトラック運行システムの構築に取り組んでいる。無人ダンプトラック運行システムでは，鉱山現場でダンプトラックをどの様に配車し，積込場所や鉱山クラッシャーなどの付帯設備とどの様に連携したら良いかという，顧客が管理運営の中で蓄積した暗黙知を，使える技能のシステム化を行うためにロボット技術に代替することで，ある決まったエリアをまんべんなく自動サーチし，最新の地図を人工知能の

中に作る技術を建設機械にも導入することを行っている。これは，無人ダンプトラックが障害物に阻まれ止まったままにならない様に，自分でサーチした地図から新しい無人ダンプトラックの運行ルートを作り障害物を回避するという自律無人化システム技術，ロボット技術が建設機械に導入されたものである。KOMTRAX や無人ダンプトラック運行システムなどの技術的特長は，知識・技能のシステム化を図るために，ICT に人工知能を組み合わせICRT へと進化したものであるという点がキャタピラーと異なっている。

従来から，サービス・イノベーション領域では，様々な論者が ICT の重要性を主張しているが，実は，ICT を人工知能やロボット技術とを組み合わせた ICRT とは異なるもので，ICRT により知識・技能のシステム化が可能になったことを認識することが重要であると考える。以上から，コマツの事例では顧客プロセスの可視化とオペレーションの代替を ICRT で実現しており，それが，サービス・イノベーションに繋がっている。

2.4 顧客接点の変化と製品イノベーション

顧客接点の変化は，製品プロセスにも影響を与えている。従来は，顧客へ密着することにより顧客の潜在ニーズを捉えて製品開発を行ってきた。キャタピラーの事例では，顧客に密着することで顧客の顕在的なニーズを捉えてファイナンスを付けることで建設機械を拡販し，世界統一仕様による標準化により，世界中 48 時間以内の部品供給体制を築き，売上・利益の拡大を図るポジショニング（positioning）を決めている（第 6 章）。

一方コマツの事例では，KOMTRAX から得られた時系列大量データ（big data）を整理し，その時系列大量データ（big data）から発想して先進性を持った新製品開発を行っている。KOMTRAX から得られた時系列大量データ（big data）によると，中国市場における建設機械の稼働時間は，日本の約 3 倍であり，また，建設機械を個人オーナーが所有している場合が多く，機械を少しでも長く稼働させて，早く減価償却しようとする誘因が強く働いている。さらに，建設機械を稼働させる動力源はディーゼルエンジンであり，燃料代は日本と同様高額となる。従って，燃費が 3～4 割削減できるハイブリッド油圧ショベルを開発することは顧客の利益に大きく貢献し，顧客価値を高めることに繋がると発想している（第 5 章）。

コマツの事例，キャタピラーの事例の製品プロセスをサービス視点で見た場合，アプローチが異なっている．コマツの事例では，前述した IoT/M2M に支援されたサービス・プロセスを ICT システムに接続し過程品質を向上させているのみならず，製品使用における顧客価値に焦点を当てた設計を行っており，結果品質も向上させるサービス性設計が主体となっている．つまり，サービス・トライアングルで考えた場合，組織的には開・製・販を分離した階層的職能制組織であるにもかかわらず製品プロセスとサービス・プロセスが強く結合していることが事例から読み取れる．キャタピラーの事例では，世界統一仕様により製品の信頼性や安全性を主眼として，製品・サービスにおいて世界中 48 時間以内の部品供給が可能となる世界標準設計を行い，本書で定義した過程品質を向上させるサービス性設計が主体となっている．結果品質については強固な標準仕様を崩すことができないために，ソリューション・サービスの創出という意味では個別的なアプローチとなっている．これらをサービス・トライアングルで考えた場合，組織的には不確実な事業環境を捉える分権的事業部制組織で製品とサービスが一体となった組織構造であるように見えても，実際のところは製品プロセスとサービス・プロセスが分離（弱く結合）している．その結果，コマツの事例では特定顧客を狙ったユニークな先行的新製品が市場に登場している一方で，キャタピラーの事例では，コマツの先行的新製品に押される形で後追い的新製品が市場に投入されている．組織論の視点からすると組織を分離することで結合が弱くなり，組織を統合することで結合が強くなると考えられているが，情報の視点からすると，情報を共有することで組織を分離したとしても結合が強くなり，情報の共有がされない場合は組織を結合したとしても分離（結合が弱い）されている．

以上から，製品イノベーションという視点で，Olausson and Berggren (2012) も製品組織とサービス組織との情報の共有が少ないことを主張しているが，本事例から，サービス・イノベーション，製品イノベーションを活性化させるためには，従来から議論されている組織構造の問題だけではなく，サービス・トライアングルにおいて情報共有が成され，かつサービス性設計という面でも組織間の柔軟な連携がある製品・サービス一体となった運営が重要になると考える．

2.5　サービス・プロセスと製品プロセスの統合による顧客価値の向上

　コマツの事例において，ICRTを駆使することでサービス・イノベーションと製品イノベーションが同時に出現していることの背景には，「顧客プロセス–ICRTを活用したサービス・プロセス–製品プロセス[6]」を結ぶサービス・トライアングルを結成し，各々の利害関係を調整することで建設機械自体の顧客価値の向上が図れていることがある。先行研究においては，Sampson and Froehle（2006）が主張する顧客プロセスとサービス・プロセスを統合する統一サービス理論や，顧客プロセスと製品プロセス間において顧客との関係性の次元を高めることで，顧客価値を向上させることが主張されてきた。

　しかし，ICRTの出現によって，組織構造とは無関係に顧客プロセス–ICRTを活用したサービス・プロセス–製品プロセスを結ぶ複雑なサービス・トライアングルを結成することが可能となった。その結果，人間の認知限界を超えた運転状況の可視化を実現することで，現場でのソリューションやコンサルテーションを活発に提供している。さらに，ロボット技術を建設機械に適用することで自律無人化を達成し，顧客プロセスの代替に繋げることにも成功している。この様なアプローチは，サービス・イノベーションのみならず製品イノベーションをも活性化させ，建設機械使用者の顧客価値をサービスと製品両面において向上させる効果がある。

　ここで，ICRTを活用したサービス・プロセスに関連してOrr（1996）は，Xeroxコピー機のサービス創出を行う場合，顧客，機械（コピー機），修理技術者を結ぶ顧客–機械（コピー機）–技術者のサービス・トライアングルにおけるコミュニケーションの重要性を主張している（p.161）。Orr（1996）の研究における論理では，Lave and Wenger（1991）が主張する正統的周辺参加論での状況に埋め込まれた学習を行うことで暗黙知を獲得し，修理技術者の間で戦争物語（war story）として他の修理技術者へ受け継ぐことができることをエスノグラフィー研究で明らかにしている。この様な研究は，Wenger, McDermott, and Snyder（2002）により知識・技能の獲得を行うた

---

[6]　本書では，サービス・トライアングルを「顧客プロセス–サービス・プロセス–製品プロセス」と再定義し，建設機械の運転情報を付加したICRTに支援されたサービス・プロセスという「R」の部分を強調している。その理由は，本文中にも記載したが，Lave and Wenger（1991）が主張する正統的周辺参加論（LPP）における，状況に埋め込まれた学習（状況的学習：Situated Learning）が顧客プロセスを代替するのに重要な役割を果たすと考えられるからである。

めの方法論として実践共同体活動へと発展している（本書第2章）。従来であれば，戦争物語でしか暗黙知を伝えることができなかったが，ICRTを活用したサービス・プロセスにおいては，暗黙知の一部分はICRTにより可視化され形式知として広く共有可能となったため，少ない労力で効率良く暗黙知を伝えることが可能になったのである。

今まで，暗黙知の形式知化のメリットが直接的にどの様にソリューション・サービスに繋がるかが明確にされて来なかったが，コマツの事例では，顧客プロセス－ICRTを活用したサービス・プロセス－製品プロセスを結ぶトライアングルにおいて，KOMTRAXと呼ばれるIoT/M2Mのシステムを導入することで運転状況を可視化することが可能となり，運転状況の時系列大量データ（big data）から建設機械の使用状況が把握でき，需要予測と部品生産量とを調整することで在庫を削減しつつSCMの効率化を図ることができる様になった。その結果，顧客に対して稼働率向上の方策をコンサルティングする形で部品の売上を伸ばすことに繋がった。この様なアドバイスは，顧客から見れば稼働率向上に繋がる有益なアドバイスであり，一方企業としては，時系列大量データ（big data）から的確に需要予測することで稼働率自体を向上させるソリューション・サービスの提供とも捉えることができる。さらに，ロボット技術を建設機械に適用することで従前の人による運転を自律無人化に代替することが可能になり，ソリューション・サービスが生まれている。

この様な顧客価値の増大を説明する概念枠組みとしては，経営学領域の事業システムの視点から，規模の経済性，範囲の経済性，速度の経済性の3つを事業システムの設計原理として加護野・井上（2004）は主張している。

まず第1に規模の経済性の視角で事例を見た時に，製造業のサービスとして主流と考えられるインストール・ベース・サービスは，販売した建設機械の台数に比例してサービスが拡大することから，規模の経済性により収益を拡大するものである。一方，コマツの事例で行われている様なソリューション・サービスをモデル化するアプローチはどうかというと，インストール・ベース・サービスのみならずソリューション・サービスにおいても建設機械の台数に比例して収益を拡大することができる。この点，キャタピラーの事例では，販売台数がコマツの事例と比較すると圧倒的に多く標準設計を維持

することでインストール・ベース・サービスによる規模の経済性を追求することに主眼を置いている。そのため，ソリューション・サービスについては個別対応の傾向が現れている。ソリューション・サービスはインストール・ベース・サービスよりも価値が大きいが，その反面，標準設計を柔軟に変えなければソリューション・サービスをモデル化することは困難であり，標準を維持するか，ソリューション・サービスをモデル化するかの選択は，企業経営者の意思決定に委ねられている。事例から見ると，コマツの事例では販売台数の圧倒的な劣後を巻き返すために，ソリューション・サービスをモデル化する戦略を選択したと考えられる。

　第2に，範囲の経済性の視角では，コマツの事例はサービス・トライアングルにおける製品プロセスとサービス・プロセスの情報共有を含めた連携と利害関係の調整が行われており，KOMTRAXの運転情報を基に燃費低減を実現するハイブリッド建設機械やICT建設機械などをキャタピラーに先駆けて開発することに成功している。キャタピラーでは，コマツに押される形で後追い的に開発が成されていることが過程追跡から明らかになっている。製品プロセスとサービス・プロセスの連携や利害調整は，範囲の経済性の視角から考えると，サービス売上のみならず製品売上にも範囲を拡大する効果があり，建設機械自体の付加価値を向上させることに繋がると考えられる。

　第3に，速度の経済性の視角では，キャタピラーの事例では世界中48時間以内の部品供給・修理体制を築くためリードタイムの短縮と在庫を積み上げることで強力な速度優位を構築したが，コマツの事例ではICRTに支援されたサービス・プロセスを構築し，需要予測を行うことで在庫を減らしながら部品供給・修理体制の高効率化を図り対抗していた。その結果，収益性が向上していった経緯がある。以下に，RQの考察結果であるRAを示す。

【RA3】サービス・プロセス，製品プロセス，顧客プロセスを結ぶサービス・トライアングルにおいて，ICRTを標準装備し，顧客の製品使用の可視化・代替，情報共有を図ることで，顧客プロセスにおける需要と製品プロセスにおける生産の利害関係をサービス・プロセス（サービス・プロバイダー）が調整できる顧客志向のプロセス設計が構築され，新しいソリューション・サービスや新製品が創

出され，顧客価値が向上している。

3　意思決定の比較

　本節では，サービス・パラドックスを規定する企業経営者の意思決定の質の違いをより明確化するために，表7-1におけるコマツとキャタピラーの違いをさらに抽象化して比較検討を行う。

　最初に，コマツの事例ではサービス戦略，すなわち意思決定として「フレキシブルな意思決定」，「エフェクチュエーションによる意思決定」が特徴として挙げられた。一方，キャタピラーの事例では，「合理的な意思決定」，「コーゼーションのみによる意思決定」が挙げられた。経営者の意思決定について，起業家研究におけるSarasvathy（2008）のエフェクチュエーション，コーゼーションの概念枠組みを，本書の事例の経営者の意思決定分析に適用した結果を表7-2に整理する[7]。この結果を見ると，コマツの事例は，フロント・フォーマットにおいてはエフェクチュエーションの傾向が現れているが，バック・フォーマット，財務システムにおいては，コーゼーションの傾向が現れている。一方，キャタピラーの事例は，フロント・フォーマット，バック・フォーマット，財務システムの全てにわたってコーゼーションの傾向が現れている。また，コマツの事例におけるアニュアル・レポートのテキスト・マイニング分析では，Sarasvathy（2008）が主張するエフェクチュエーションの特徴である手段主導（means-driven）の傾向が現れており，一方で，キャタピラーの事例における分析結果は，コーゼーションに対応する目的主導（goal-driven）の傾向が現れている。この様に，サービス創造に繋がる顧客への価値提案における意思決定は，コマツの事例はエフェクチュエーションの傾向を示し，キャタピラーの事例はコーゼーションのみの傾向を示している。以上

---

[7] Sarasvathy（2008）によれば，熟達した経営者の意思決定は3つの「信念（Belief）」のいずれかにより影響されており，「ナイトの不確実性」に対応して3つのコーディング・ルール「ANL（因果論的意思決定）」，「BAN（予測精度が反復学習により向上するベイジアン分析）」，「EFF（エフェクチュエーションによる意思決定）」で評価している（p.29）が，本書では，過程追跡法から経営者の各フォーマットへの関わりを分析し，エフェクチュエーションによる意思決定か，コーゼーションによる意思決定かを定性的に分析している。

表7-2　コマツとキャタピラーの意思決定の質の違い

項目	コマツ	キャタピラー
フロント・フォーマット	E	C
バック・フォーマット	C	C
財務システム	C	C

E：エフェクチュエーション
C：コーゼーション

出所：筆者作成

の結果から，顧客価値創造において，企業経営者のエフェクチュアルな推論（effectual reasoning）が重要な役割を果たすと考えられる。またSarasvathy（2008，邦訳2015）は，エフェクチュエーションとコーゼーションの2つの道具箱を新しいベンチャーの創造過程で，効果的に使い分けることが重要であることを主張している（306頁）。翻って，製造業のサービス化においても，エフェクチュエーションとコーゼーションの二分論で議論するのではなく，様々な事業環境や製品ライフサイクルの各段階に応じて，また，表7-2の様にこれらを各フォーマットそれぞれにおいて，効果的に用いることが重要であると考える。

　次に，上述の企業経営者の意思決定の質の違いが，企業のICRTの標準装備にどの様に影響を与えているかについて検討する。図7-1に，サービス戦略を決定する企業経営者の意思決定の質を縦軸に，ICRTの標準装備の有無を，横軸に取ってプロットする。コマツの事例では，1996年の安崎社長時代に，産業機械事業を建設機械事業に統合し，かつ，アメリカのモジュラーマイニングシステムズを買収したことがICRT技術を獲得することに繋がっている。さらに，1997年に坂根氏が経営企画室長時代にIoT/M2Mの先駆けであるKOMTRAXの開発を推進し，2001年に社長に就任すると同時にKOMTRAXを全機種に標準装備している。2000年以降，熟達者たる経営者がこれらの媒介的道具を整備し，その媒介的道具を使ってサービス創造に繋げて収益性の向上を図っている。一方，キャタピラーの事例では，2000年に入ってファイナンス付与による建設機械の拡販と世界中48時間以内の部品供給・修理体制とを統合した盤石のサービス戦略を確立していったが，一方で，世界標準仕様REGAを柔軟に変えることができずICRTを製品に取

第7章　事例の比較・考察

図 7-1　経営の意思決定の質と ICRT の標準装備との関係

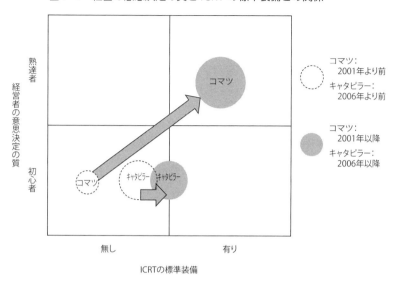

注：円の大きさは利益率の大きさを表す。また，矢印はターニングポイント前後による変化を表している。

出所：筆者作成

り入れることや，IoT/M2M を標準装備することが競合他社より遅れていった。このことは，2000 年以降，事業環境が変化する中で道具の存在は認識していたが，過去のビジネススタイルを踏襲し続けた，熟達者ではないという意味での初心者の経営者による意思決定がサービス・パラドックスを招いた本質的メカニズムであると考えられる。このことを歴史に例えると，長篠の合戦における織田と武田の意思決定の違いに似た側面がある。すなわち，鉄砲という武器の存在を両者共知りながら，合戦に巧みに鉄砲軍を活用した織田に対して従来の騎馬軍で対抗した武田を，鉄砲である ICRT を巧みに活用したコマツが業界シェア No.1 のキャタピラーをサービス・イノベーションで追撃した構図と重ね合わせて見ることができる。

　以上，企業経営者の意思決定の質と ICRT の標準装備において，熟達した経営者が実践現場において ICRT の標準装備による資源構築によって戦略形成していったコマツの事例と，初心者である経営者が ICRT の標準装備による将来的なサービス創造の潜在的可能性を認識することができず従来通りの

ビジネススタイルを踏襲し戦略形成と資源選択を行ったキャタピラーの事例との，パターンの違いは明確である。

4 SCM 効率化の比較

　コマツの事例，キャタピラーの事例共に，顧客に素早く部品供給を行い，顧客価値を向上させている。しかしながら，アプローチの方法が全く異なっている。コマツの事例では，KOMTRAX による弱連結により需要予測を行い，資本投入など比較的強固な連携関係にあるみどり会と一体となってサプライヤーの生産設備にもセンサーを設置し，KOM-MICS による供給部品を調整することで在庫の低減を図っている。一方，キャタピラーの事例では，独立系ディーラーネットワークによる強連結により需要予測を行い，部品供給は轍会[8]はあるものの資本投入などは行わない比較的緩やかな連携により在庫の調整を図っている。そのため，顧客需要と供給部品生産をバランスさせるために，製造リードタイム，流通リードタイムの短縮に積極的投資を行い，需要変動に対しては在庫を積み上げることにより調整を行っている。

　財務システムについては，資本速度指標とキャッシュ化速度指標を図5-12，図6-6 から 10 年スパンで比較すると，両者とも資本速度指標は向上しているが，キャッシュ化速度指標については，コマツの事例は緩やかに改善し，キャタピラーの事例は急速に悪化していることがわかる。このことから，コマツの事例では在庫が縮小し，キャタピラーの事例では在庫が増大していると考えられる。

　SCM の効率化視点から考えると，コマツの事例は，全ての顧客や自社工場のみならずサプライヤー工場まで IoT でモニタリングし需要と供給を正確に把握することで最適在庫に繋がる様にオペレーションを実施しているのに対し，キャタピラーの事例では，一部の顧客を IoT でモニタリングするのにとどまりサプライヤー工場で生産する部品は在庫で調整するオペレーションを実施していると予想される。両事例共，本書で定義した過程品質は

8　轍会（わだちかい）は，キャタピラーの外注メーカーで組織された会であるが，コマツと比較すると，資本の提供をするなどの強い繋がりはなく，一般的な外注メーカーの集まりである。

高めているが，サービスを獲得するコストの部分で在庫を抱え込み経費を増やしたキャタピラーの事例と，在庫を削減し経費を低減させたコマツの事例との差が出ており，これが本書で定義した顧客価値の差になって現れている。

5 共創空間の比較

　次に，ICRT の標準装備が，顧客や企業内組織の間の共創にどの様な影響を与え顧客価値に結びついたかを考察する。検討に当たって最初に，共創空間（Co-Creation Space：CCS）概念を定義する。まず，製品，サービス，顧客の次元（dimension）を3つの底辺の頂点，企業間取引であるため企業の階層の範疇（category）を高さとし頂点を企業トップとした三角錐の空間を想定する。そして，その空間の大きさで共創の大きさを表現する。共創の大きさは，定量的に明確に定義された訳では無いが，過程追跡法による時系列追跡と，各フォーマット及び各フォーマットへの経営者の関わりについて事例から定性的に判断する。

　図7-2が，コマツとキャタピラーの事例における共創空間の比較を示したものである。コマツの共創空間（Vccs）を基準にしてキャタピラーの共創空間（vccs）を設定した根拠は以下の通りである。コマツの事例において，顧客とサービスの共創の大きさ S-C は ICRT の標準装備によって顧客の製品使用の可視化・代替ができたことで大きくなったが，キャタピラーの事例では ICRT はオプション扱いとなったため，顧客密着では強みがあるものの，顧客の製品使用の可視化・代替という意味では，共創の大きさ s-c は相対的にコマツの事例よりも小さくなる。コマツの事例における顧客と製品開発の共創の大きさ P-C においても ICRT の標準装備によって顧客の製品使用の可視化・代替が大きくなり，ハイブリッド建機などが登場しているが，キャタピラーの事例では新製品が後追い的に登場していることから，共創の大きさ p-c は相対的にコマツの事例よりも小さくなっている。

　次に，企業トップと製品，サービス，顧客との関わりであるが，企業トップと顧客との関わりにおいて，前述の企業経営者の意思決定の質が大きく関わってくる。コマツの事例では，エフェクチュエーションによる意思決定を

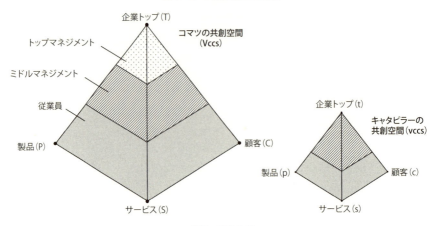

図7-2　共創空間の比較

出所：筆者作成

行っているために，図3-3に示す様に顧客からのフィードバックが成され共創の大きさT-Cは大きくなる。一方，キャタピラーの事例では，コーゼーションのみによる意思決定を行っているために，図3-2に示す様に顧客からのフィードバックが少なく相対的に共創の大きさt-cは小さくなる。そして，企業トップと製品，サービスとの関わりであるが，コマツの事例では，社長直轄のダントツプロジェクトを組織しICRTの標準装備による顧客の製品使用の可視化・代替を取り入れ，共創の大きさT-P，T-Sを大きくしている。一方，キャタピラーの事例では，全社の取り組みとしてシックスシグマ活動を組織しPDCAを回す活動をしているが，ここでは顧客密着による個別の顧客製品使用の可視化・代替にとどまり，t-p，t-sは先進事例より相対的に小さくなっている。

最後に，製品とサービスの関係であるが，コマツの事例ではバリュー・チェーンに従って製品からサービスへの流れに加えて，サービスから発想して製品開発に繋げる柔軟なサービス性設計により，共創の大きさP-Sは大きくなる。一方，キャタピラーの事例ではバリュー・チェーンに従った製品からサービスへの流れのみで，製品の標準仕様は変えないとの強固な意思に阻まれサービスから発想して製品開発に繋げる柔軟なサービス性設計は見られず，共創の大きさp-sは小さくなる。

以上の検討結果から，コマツの共創空間（Vccs）＞キャタピラーの共創空間（vccs）となり，共創空間の大きさは顧客の製品使用の可視化・代替，企業経営者のエフェクチュエーションによる意思決定，柔軟なサービス性設計，により規定されると考えられる。先行研究では，共創において使用価値や文脈価値の重要性が主張されているが，それらに加えて，事業環境が混沌とした中で企業経営者のエフェクチュエーションを含む意思決定，柔軟なサービス性設計が共創空間をより大きくし，結果として顧客価値を向上させることに繋がっていると評価できる。

6　小括

　一連の事例考察結果から，サービス・イノベーションを活性化させるポイントは3点あると考える。第1は，認知科学を基盤としたICRTを媒介的道具として活用し，器用人の思考に基づいた実践共同体活動を通じて知識・技能のシステム化を図ることである。第2は，事業環境が混沌とした状況の中では，企業経営者の意思決定の質において，エフェクチュエーションによる意思決定が重要な役割を果たしている点である。第3は，サービス・トライアングルにおいてICRTを標準装備化し顧客の製品使用の可視化・代替を促進し，組織間の情報共有と部品生産量を柔軟に調整することで顧客志向のプロセス設計が成され顧客価値が高まることである。

　Matthyssens and Vandenbempt（1998）は，サービスにおける競争優位の概念枠組みとして，ITなどの資源の活用や，マネジメントなどの技能，柔軟な組織構造などに投資を行うことが顧客価値の優位性に繋がると説明している。

　しかし，今日の製造業のサービス化を取り巻く事業環境は大きく変化し，投資を行う対象が単なるICTではなく，ICTに人工知能やロボット技術を加えたICRTでなければソリューション・サービスのモデル化を達成することは困難な状況となっている。また，投資は企業経営者の意思決定であるが，事業環境が混沌とした状況の中で，顧客ニーズのフィードバックが企業経営者にインプットされ，事業機会を正しく捉えたエフェクチュエーションによ

る意思決定に基づく投資を行うことでサービス・パラドックスを克服できることがわかった。このことは，今後の製造業のサービス化を推進する大きな手掛かりであると考えられる。

第8章

製造業活性化のための
サービス創造戦略

1 はじめに

　本書における主要な発見事項は次の3点である。第1は，コマツの事例では，認知科学を基盤としたICRTを活用して器用人の思考に基づいた実践共同体活動を行うことで使える知識・技能のシステム化が成され，ソリューションのモデル化が図られている点である。第2は，サービス・パラドックスは，事業環境が混沌とした状況の中での企業経営者の意思決定の質が影響しているという点であり，コマツの事例では企業経営者のエフェクチュエーションによる意思決定がサービス・パラドックスに陥らず収益性を向上させることに繋がっている。一方，キャタピラーの事例では，コーゼーションのみの意思決定によりサービス・パラドックスに直面し収益性が停滞している。第3は，コマツの事例では，顧客接点においてICRTが適用されることで顧客の製品使用の可視化・代替，情報共有が図られ，顧客プロセスにおける需要と製品プロセスにおける生産の利害関係が上手く調整されていることがわかった点である。

　以上の発見事項を踏まえ，サービス・パラドックスを克服し，サービス・イノベーションで製造業を活性化させるためのインプリケーションを示し，本研究の限界と研究課題，今後の展望を示す。

2 理論的インプリケーション

2.1 認知科学研究を基盤とした知識・技能のシステム化

これまでのサービス研究において議論されているサービス・イノベーションは，資源と価値の繋がりの中で人的資源の中に知識や技能が宿ることを前提として，人間の集団である組織における組織能力により顧客価値が創出されるとしてきた。サービスとの関連においてもソリューション・サービスを生むための鍵概念は，組織能力であるとされており，この組織能力は，Kogut and Zander（1992），Grant（1996）らの先行研究によれば，知識の統合概念枠組みとして提示されている。そして組織能力を獲得するためには組織学習を行うことが必要であるとされている。Inkpen and Dinur（1998）やZollo and Winter（2002）らの研究は，組織間の知識の移転や知識創造には学習が重要な役割を果たすことを主張しており，近藤（2012）においてもサービス・イノベーションの鍵となる概念を組織学習に置いている。しかし，この組織能力概念は，野中・竹内（1996）により「組織の様々な部署が新しいユニークな何かを創造するために，いかに時間をかけて相互作用するかを示す全体的枠組みが示せていない」（71頁）との批判も存在している。

コマツの事例で明らかにした様に，建設機械にKOMTRAXを標準装備することで運転状況を把握する時系列大量データ（big data）を獲得し，そのデータの中から規則性や因果関係を発見することでソリューション・サービスに繋げていったことは，単に運転情報を獲得するだけではなく，現場（実践）に役立つ使える知識としての知識のシステム化が行われているということである。この様な知識のシステム化のプロセスは，今あるデータの中から有益なものを組み合わせて新しいサービスを創り上げる器用人の思考による実践共同体活動である。また，無人ダンプトラック運行システムにおいても，モジュラーマイニングシステムズが持つ運行に関わるノウハウなどの暗黙知を，自律無人化技術を適用する現場（実践）に役立つ使える技能としての技能のシステム化が行われている。この様な技能のシステム化のプロセスもまた，獲得したノウハウの中から有益なものを自律無人化技術に適用する器用人の思考による実践共同体活動である。これらの背景には，認知科学を基盤

としたICRTの存在があり，使える知識・技能のシステム化を行うことが技術的に可能になってきている。ソリューション・サービスの創出には組織能力が必要であるとした従来の主張は，人間の認知限界を超えることが可能な人工知能やロボット技術に代替できるという考えに変わってきている。

　ここで重要な点は，顧客との関係性を強める強連結とICTを組み合わせることでサービス・イノベーションを活性化するとした議論では，人間が学習することを前提としICTは作業効率を高める道具として考えられてきたが，今日のIoT/ M2Mによる弱連結とICRTとの組み合せでは，学習部分がロボット（R）に代替され機械学習を行うことが前提となっていることである。プログラム言語レベルに落として考えると，前者（ICT）は手続的言語であるFortranなどで書かれたプログラムであるのに対し，後者（ICRT）は宣言的言語であるLISPやPrologなどによって書かれたプログラムという違いがあり，単に計算をアルゴリズム通り素早くこなすだけではなく，目的に沿ってアルゴリズムを変え論理推論による学習ができる様になった点が違いとして挙げられる。このことは，ICTでは実現することが不可能なサービスである，AIによる人材紹介サービス，自動車の自律走行，生産ラインにおける人間との協働が可能なロボットなどの，知識・技能のシステム化による様々なサービスが登場していることを，認知科学に依拠して説明することができる。

　以上から，サービス・イノベーションで製造業を活性化させるためには，顧客からの信頼を獲得して弱連結による企業間関係を構築し，認知科学を理論基盤としたICRTを統合することが重要で，従来のサービス・イノベーション研究で議論されている様な人的資源が組織能力を獲得するために組織学習が必要であるとした主張とは異なるパラダイムとして捉え直す必要がある。

2.2　サービス・パラドックスの論理と熟達経営者の育成

　Gebauer, Fleisch, and Friedli（2005）は，サービス・パラドックス現象を資源と価値の問題として捉え，人のワーク・モチベーションの低下や頻繁な組織変更による副作用をその要因として捉えている。しかしながら本書では，企業経営者の意思決定の質とそれに影響を受けた人的資源としての従業員の行動の差が，サービス・パラドックスの本質的メカニズムを理論的に説明す

るとした含意を得た。事業環境が混沌としている中で，企業経営者がサービスにおける事業機会を極めて直観的に認識するか，もしくは合理的に認識するかは，熟達研究を理論基盤とした直観に基づく推論（effectual reasoning）によるものなのか，因果に基づく推論（causal reasoning）によるものなのか，による意思決定の質の違いとして捉えることができる。事業機会を巧みに捉える熟達者（expert）の企業経営者と，そうではない初心者（novice）の企業経営者が出現するのは，エフェクチュエーションとコーゼーションによる企業経営者の事業機会の認知の違いとして Sarasvathy（2008）により概念化されており，この様な認識の違いが行動の差となって現れている。エフェクチュエーションの論理は，不透明な事業環境において目的と手段を巧みに変えながら，事業機会を捉えていこうとする時の行動原則を与えるものであり，無から有を生み出すために有用な論理であると考える。

　Penrose（1959）によれば，資源には人的資源と物的資源の2つが存在する。エフェクチュエーションを含む意思決定は，人的資源の中でも Baker and Nelson（2005）が主張する，無から有を生み出すブリコラージュである実践共同体活動との親和性が高い。コマツの事例でも坂根氏の直観的意思決定により KOMTRAX を標準装備してソリューション・サービスを創出し，無人ダンプトラック運行システムなどを競合他社に先駆け上市し，知識・技能のシステム化を積極的に推進することで利益増大を図っていた。一方でキャタピラーの事例のバートン CEO を始め歴代 CEO のコーゼーションのみの意思決定では，過去の成功したビジネスモデルを踏襲しシックスシグマ活動や CPS などの全社一丸となった活動を展開し，サービス売上を増大しようとして投資拡大を行った。しかし，利益が停滞するサービス・パラドックスに直面している。つまり，サービス・パラドックス現象は，事業環境が混沌とした状況の中で，従来の人的資源のワーク・モチベーションの低下や組織構造による資源と価値の問題だけで捉えるのではなく，企業経営者の意思決定の根底にある，過去のビジネスにおける成功体験からくる信念に固執せず顧客からのフィードバックにより柔軟に軌道修正できる意思決定の質と，それに伴った人的資源の行動の差と捉えることができ，意思決定 – 資源構築 – 顧客価値の問題として捉え直すことが重要だと考える。

　その上で，企業経営者がエフェクチュエーションによる意思決定を行える

様になるには，熟達形成のレベルを向上させることが必要であると考えられる。この点，熟達研究において Ericsson, Charness, Feltovich, and Hoffman（2006）が主張している1万時間・10年ルールである熟達形成の量的側面と，Dweck（2006）が主張しているマインドセットの熟達形成の質的側面の2点が重要になると考えられる。第1の熟達形成の量的側面では，企業経営者のキャリアパスにおいて事業機会を直観的に認識できる様になるために，10年ルールから最低でも所属部門で10年以上のキャリア形成が必要であると考える。そして，所属部門における特定の専門領域に特化した領域固有性（domain specificity）を主眼としたキャリア形成だけではなく，人事異動を通じて複数領域のキャリア形成を行うことも重要になると考える。この様な複数領域のキャリア形成と，経験による学習や探究トレーニング（deliberate practice）などのオン・ザ・ジョブトレーニングの質を向上させることにより，熟達形成のレベルを向上させることができ，企業経営者の直観力を高めることに繋がると考えられる。第2の熟達形成の質的側面では，マインドセットと呼ばれる心の問題が重要な役割を果たすと考えられる。熟達形成におけるトレーニングを行う場合においても，増大的マインドセットを持って取り組む場合と固定的マインドセットを持って取り組む場合とでは，到達する熟達形成のレベルが異なることが示唆されており，高いレベルの熟達形成に到達するためには，増大的マインドセットを持って取り組む必要があると考えられる。つまり，困難に直面しても簡単にあきらめない忍耐強さと，失敗してもへこたれない折れない精神力が重要となる。

　以上から，サービス・パラドックスを克服するためには，企業経営者がそのキャリアパスにおいて量的，質的，両面において熟達形成のレベルを向上させることに加え，顧客からのフィードバックを真摯に受け止め非予測状況をチャンスと捉えるマインドセットを持つことが重要である。そのことによって，過去のビジネス成功体験に基づいた信念にこだわりすぎず柔軟に軌道修正できる，エフェクチュエーションによる意思決定能力が養われ，混沌とした事業環境においても直観的に事業機会の認知ができる様になると考える。

2.3 サービス・トライアングルの効果的運用

　Simchi-Levi, Kaminsky, and Simch-Levi（2000, 邦訳 2002）は，在庫量を規定するものには需要予測とリードタイムの変数が存在することを数式で示している（60頁）。コマツの事例では，KOMTRAXにより需要予測を行うことで自社工場在庫を低減させSCMの効率化を図るだけではなく，KOM-MICSによりサプライヤー工場の生産量を逐次モニタリングすることでサプライヤーの製造リードタイムである部品供給も可視化している。この様な需要側と供給側の利害関係を調整する取り組みは，今後製造業においてSCMの効率化を図り複雑なサービス・トライアングルの効果的運用を考える上で重要になると考えられる。

　SCMの効率化を図るためには，顧客との企業間の関係性のあり方についても再考することが必要だと考える。コマツの事例では，顧客接点における企業との関係性は弱連結であり，IoT/M2Mを使ったSCMの効率化による在庫削減が効率的に行われている。しかし一方で，弱連結化を推進する前提条件として強連結の企業間関係性が必要であるという側面があることも見逃せない点である。なぜならば部品供給体制を構築する際に顧客需要をモニタリングしようと考えても，企業と顧客の関係において信頼が無ければ，顧客にモニタリングを申し出ても拒絶されることが容易に予想されるからである。常日頃から営業担当者やサービス担当者が顧客と密接に付き合い信頼関係を構築することが無ければ，製品使用状況をモニタリングすることは受け入れられなかったと推測される。

　また，企業内の製品組織とサービス組織についても再考が必要と考える。キャタピラーの事例では野中（1974），加護野（1979）らが主張するコンティンジェンシー理論に沿って，事業環境としての顧客ニーズをより正確に把握できる様に組織を分権的事業部制組織に改編し製造リードタイムを短縮すると同時に，需要が変動した場合は在庫によるSCMの効率化を図っていった。一方コマツの事例では，顧客ニーズを把握するには優位性が乏しい階層的職能制組織であるにもかかわらずIoT/M2Mを標準装備させることで顧客ニーズを素早く把握し，需要予測を正確に行うことで在庫を減らし，みどり会によって部品メーカーと柔軟な連携を行うことでSCMの効率化を図っていった。その結果，コマツでは，販売管理費や在庫コストが低減し売上高営業利

益率を押し上げる結果に繋がっている。つまり，従来から製造業のサービス化研究においては，組織の分離か統合かという対立した組織構造の議論があるが，実はSCMの効率化の視点で見た場合，コンティンジェンシー理論に従って事業環境を捉える組織構造を採用することができなくても，IoT/M2Mを標準装備し時系列大量データ（big data）による需要予測を行うこととサプライヤーを含めた柔軟な組織連携と部品生産量の利害関係の調整を行うことで，コストを抑えつつSCMの効率化が達成でき，顧客価値を高めることに成功している。

この様に，複雑な顧客接点におけるサービス・トライアングルをどの様に効率的に運用すれば良いかについて，組織論の視点で分離か統合かを考えるのではなく，誰がどの様に顧客プロセスと製品プロセスの利害関係を調節するのかを考えることが重要で，そこにはサービス・プロセス（サービス・プロバイダー）のリーダーシップが重要な役割を果たしていると考える。

3 実践的インプリケーション

3.1 ICRTの導入によるサービス・プロセスの効率化

世界に目を向けると，GEにおいてもその行動指針である「GE Value」を「GE Beliefs」に改め，「ファストワークス（fastworks）」と称して起業家の行動指針を導入しようとしている。このファストワークスはRies（2011）が主張するリーンスタートアップ（lean startup）に依拠している。この様な企業理念の変化の背景には，大企業に定着しているコーゼーションのみの意思決定から，エフェクチュエーションによる意思決定を取り入れることにより，素早い行動を取ることを意識した点があると考えられる。製造業においても起業家精神を持ったリーダーを育成することは，サービス・イノベーションを活性化させることに繋がると考えられる。

また近年，GEなどのアメリカ企業を中心としてインダストリアル・インターネット，シーメンスなどのヨーロッパ企業を中心としたインダストリー4.0の主張により，IoT/M2Mを適用することで時系列大量データ（big data）を獲得，可視化し，変数間の規則性や因果関係を発見し将来予測を行

うことで新しいサービス創出を図ろうする動きが活発化している。この様なアプローチのコア技術は人工知能であり，人工知能をさらに高度化・複雑化したものがロボット技術であり，それをICTと組み合わせたICRTはサービス・イノベーション戦略における中心的存在になりつつある。

　3K（きつい，汚い，危険）の労働環境現場を抱える製造業において，コマツの事例から考えて，ICRTの適用は2つのステップで順次行う必要があると考える。まず第1段階は，サービス・プロセスの効率化を達成するために，ICTによる業務効率化を図ることである。サービス・プロセスの特徴は，反復継続した業務が行なわれる点であり，ICTによりそのサービス・プロセスを代替することは，業務の効率化により販売管理費などのコストを低減することに繋がる。コマツの事例では，CSS-Netを中心にして，基幹システムのSAP，部品管理システムのBOM，そして，IoT/M2MであるKOMTRAXを統合し，サービス・プロセスの効率化を図っていた。第2段階は，顧客の製品使用の可視化・代替を実施し，人工知能やロボット技術を適用したICRTにより知識・技能のシステム化を図ることで，顧客の課題を解決するソリューション・サービスのモデル化を促進することである。サービス・イノベーションという文脈においてICT技術が強調されているが，それにとどまらずICRTを適用したサービス・プロセスを構築していくことがより重要になると考えられる。今日の人工知能やロボット技術はその進歩が目覚ましく，サービス・イノベーションに大きく貢献する潜在的可能性を秘めており，ICRTをサービス・プロセスに積極的に導入することが必要になると考える。

3.2　共創空間拡大による顧客価値の向上

　本書では，顧客接点を「顧客」，「サービス」，「製品」のプロセスという3つの次元で「サービス・トライアングル」として捉え直し，企業内の階層を加えた共創空間概念を第7章で定義した。コマツの事例では共創空間が大きく設定できている一方，キャタピラーの事例ではコマツの事例に比べて共創空間が小さくなっていることが考察より導かれた。共創空間の大きいコマツの事例ではサービス・イノベーションが迅速に創出され顧客価値の向上に繋がっているが，共創空間の小さいキャタピラーの事例では，コマツの先行的

新製品やサービスに押される形で後追い的製品やサービスが市場に登場していることが確認された。共創空間を大きく保つには，サービス・プロセス，製品プロセス，顧客プロセスにおいて情報が共有されていることと十分に連携されていることが必要となる。また，社内の階層においてマネジャーや企業経営者を顧客との対話に巻き込むことも重要であると考えられる。

　武石・青島・軽部（2012）は，資源動員を達成するための創造的正当化プロセスとして，3つの道筋を説明している（114頁）。第1は，理由の固有性（信念）を所与としながら支持者をより多く獲得するルートである。第2は，理由の固有性（信念）そのものに働きかけて支持者をより多く獲得するルートである。第3は，支持者の数を所与としながらより多くの資源を動員するというルートである。特に，第3のルートは共創空間を拡大し社内のマネジャーや経営者を巻き込むことで資源動員を大きくすることができる。この理由は，社内の階層が上がるにつれて資源動員の権限が大きくなるからである。つまり，本書で定義したサービス・トライアングルにおいて平面的に捉えられていた共創概念を，企業内の階層を加えより立体的に捉え直し資源動員を拡大させることで，顧客価値向上に繋げることができると考える。

3.3　下流から上流へ働きかけるサービス性設計

　先行研究レビューにおいて説明したが，石井・飯野（2008）は「価値づくり設計」を主張し，製品のライフサイクルを考慮し製品とサービスの両面において全体最適な設計を行う必要があることを強調している。通常のバリュー・チェーンの流れからすると，まず市場調査があり，調査を基にして製品開発を行い，設計し製造を行う。そして，製品が販売された後にサービスを行うので，どの様なサービスを行うかはどの様な製品設計や製造が成されたか，つまり，バリュー・チェーンの上流側の条件により規定される側面がある。実務においても，上流の製品の条件により下流のサービスが規定されている。石井・飯野（2008）の主張は，製品のみならずサービスで顧客価値を高めるためには，製品設計段階でその価値を埋め込む設計が必要であり，そのことを下流から上流へ働きかけるサービス性設計として主張したものだった。

　木村（2015）によれば，製品イノベーションにおいても同様の視角でリバー

ス・イノベーションの重要性を示唆している。彼は，GEの超音波診断装置の事例を挙げ，「米国や日本向けに開発した高性能製品から不要な機能を除外して，新興国向けに製品開発を行うグローカライゼーションは，新興国から受け入れられなかった。その事を教訓として，現地の人材を使って調査した結果，農村地帯の患者は，何時間もかけて都市部の病院に行かなければならない事をつかみ，携帯型の超音波診断装置を開発し新興国での販売拡大に成功した。」(146頁)としている。さらに，開発した携帯型の超音波診断装置は先進国に逆輸入され，先進国で取り残されていた市場や見逃されていたニーズに適合する新しいイノベーションの手法をシステム技術の文脈として，リバース・イノベーションの重要性を主張している。

　石井・飯野(2008)の視角も，木村(2015)の視角も，それぞれバリュー・チェーン，製品階層における上流から下流へとフローダウンする価値の流れを，見方を変えれば下流から上流への流れが重要であることを示唆した点では同等である。つまり，製品から発想してサービス・イノベーションを考えると同時に，サービスから発想して製品イノベーションを考えることも必要であることを示唆している。通常，製品開発を行う場合は市場調査に基づいて行うことが常であり，サービス開発において顧客の使用状況から発想して製品開発を行うことは製品開発における検討条件や制約条件が増え複雑さが増すので，製品開発部門からの抵抗が根強くある。しかし，柔軟なサービス性設計を行うことでリバース・イノベーションが活性化すると考えられ，このことを業務フローに取り入れることが，筆者が主張する実践的な含意である。部門・組織間での情報共有を図り柔軟に連携することで，製品組織とサービス組織が一体となって活動することがより重要になると考える。

4　本研究の限界と研究課題

　本研究の限界は2点あると考える。第1は，概念的な限界である。本研究は製造業の中でも生産財企業(B2B企業)でOPEX比率が高い企業を理論サンプリングし，概念枠組みを提示した。この時に用いた顧客価値の概念枠組みとしては，Heskett, Sasser, and Christopher (1990)の顧客価値を援用し，

客観的な価値としてアウトプットである価値をインプットであるコストで除した生産性概念として捉えている。そのために，B2C 企業におけるサービスとして Holbrook（1999）に示される顧客の主観的な嗜好などは顧客価値として捉えておらず，今回提示した概念枠組みを製造業の中でも B2C 領域に敷衍しようとした場合，限界がある。さらに本概念枠組みの成立条件は，製品特性において OPEX が CAPEX に対して比較的大きな比率を占める製品群でなければ，サービスの比率を増加させて企業収益性を向上させることができない点である。製造業のサービス・イノベーションを考える時，残念ながら製造業の製品群において OPEX と CAPEX の比率を網羅的に調査した先行研究を見つけることができなかった。製造業の中でも製品投資額が大きな高額製品は，長期間反復継続して使用される傾向があると考えられ，基本的な点ではあるが，製品の OPEX と CAPEX の比率を網羅的に明らかにする定量研究は意義あることと考える。さらに，本概念枠組みの成立条件として，Knight（1921）の不確実性における第 3 の不確実性（推定）に対応する事業環境において成立することも挙げられる。

第 2 に，方法論的な限界である。本研究で採用した過程追跡法やオーラル・ヒストリー法は，客観的な事実を積み重ね，原因が結果に時間的に先行することを前提とした推論を行っている。さらに，企業経営者の発したメッセージをテキスト・マイニング分析することにより客観的事実を時系列的に把握することを試みている。本書では，人間の意思決定の質を扱っており，過程追跡法やオーラル・ヒストリー法に加え，日本経済新聞掲載の「私の履歴書」からライフ・ヒストリーである主観的な意思決定部分と，「アニュアルレポート」のテキスト・マイニング分析による客観的な意思決定部分の両方で意思決定の質を評価している。今回提示した概念枠組みの信頼性向上に当たっては，企業経営者から直接得られるプロトコル分析を取り評価することも必要であると考えられる。

今後の研究課題として，Kahneman（2011, 邦訳 2012）は行動経済学の観点から，人間の意思決定には「直観：システム 1（速い思考）」と「熟考：システム 2（遅い思考）」がありこれらの相互作用により意思決定が行われていることを主張している(24 頁)。このシステム 1 をエフェクチュエーション，システム 2 をコーゼーションと見ることも可能では無いかと考えられる。

通常システム1は，印象，感覚，傾向などの情報をシステム2に送り，最終的にシステム2が承認すれば，これらは確信，態度，意志に変わるとされている（156頁）。多くの場合は，システム1から送られてきた材料をシステム2は無修正かわずかな修正を加えただけで受け入れる（38頁）が，システム1は，適切な訓練を積めば専門技能が磨かれ，それに基づく反応や直観を形成することができる様になると考えられており，製造業の現場ではそれがすなわち専門領域と密接に関係したエキスパートの熟達であり，それが重要な役割を果たしている。Kahneman（2011, 邦訳2012）によると，Klein（1993）の構築した認知主導的意思決定（RPD: Recognition-Printed Decision）では，消防隊長が火事現場で的確な意思決定をなぜ行うことができるかについて次のように述べている。「10年以上に渡る実体験や仮想体験で蓄積したパターンの引き出しから，適切と思われる解決策を1つ選びだし，それをまず検討する。頭の中でシミュレーションをしてみて，直面する状況に上手く当てはまるかどうかを確かめ，うまくいきそうだとなったら，そのまま実行する。多少不具合があれば修正する。簡単な修正ですまない場合は，次善の候補を選び検討して適切な策が見つかるまで繰り返す」（11頁）。この様な意思決定プロセスには，システム1とシステム2の両方が関わっており，システム1により試案が思い浮かび，試案が上手く行くかどうかをシステム2で検討する。つまり，状況が手掛かりを与え，この手掛かりをもとにして専門家は記憶に蓄積された情報を呼び出し，答えを見つけることができるのである。現時点では，システム1に相当するエフェクチュエーションと，システム2に相当するコーゼーションの相互作用による意思決定のメカニズを理論的に説明することができていないが，今後研究が進めば，本書の課題であるサービス・パラドックス克服のために，コーゼーションのみの意思決定ではなく，熟達を基盤としたエフェクチュエーションによる意思決定との相互作用についてさらに明確な説明がなされることが期待される。

5 今後の展望

日本の社会において少子高齢化が進む中，製造業のサービス・イノベーショ

ンにおいては ICRT の活用がより活発化することが予想される。人工知能研究領域で矢野（2014）が主張する様に，今後技術がさらに進歩すれば，近い将来，「業績向上仮説を発見する人間」から「業績向上仮説を発見する機械」へと変容することも現実味を帯びてきている。また，コンピュータと人間とが協調して問題解決するアドバンストシステム概念も登場しており，今後，ビッグデータを活用した問題解決は営利企業のみならず，非営利企業においても活発化し，ICRT の活用はすそ野が広がると予想される。

　この様な状況の中で，極端な合理化論に感化されて社会にロボットが大量に導入された場合，人間の役割がどの様に変化するのかについて Brynjolfsson and McAfee（2011，邦訳 2013）は『機械との競争』の中で，デジタルフロンティア（digital frontier）に対応できる様，人間のスキル開発と組織革新を進める必要があり，さもなければ，人間は機械との競争に敗北することを予言している。つまり，機械との競争に敗北しないためには，機械にはできない人間のスキルを磨く必要があることを示唆している。また，Norman（2007，邦訳 2008）の『未来のモノのデザイン：ロボット時代のデザイン原論』によれば，危険な作業，反復継続した退屈な作業や汚れる作業などは将来ロボットに代替させることを主張している。その場合，人間とロボットとの住み分けを明確にし，お互い協調して仕事を行うことになるが，いずれにしても近い将来，ロボットと人間との協調行動が実現する社会が訪れると考えられる。例えばファナックでは既に，溶接などを行う産業用ロボットである黄色のロボットから，人間との協働が可能な緑のロボットを開発し，実用化している。製造業におけるサービスにおいても，人と物とを中心として構築された新旧のサービス・プロセスが，人と物だけではなく AI やロボットを加えた新しいサービス・プロセスの構築や既存のサービス・プロセスとして改良が図られ，サービス自体が大きく変容することが予想される。また今後，デジタルトランスフォーメーション（digital transformation）[1]により産業構造自体も大きく変容することが考えられる。

　20世紀の初頭にフレデリック・テイラー（Fredric Winslow Taylor）の

---

[1] デジタルトランスフォーメーション（digital transformation）とは，「IT の浸透が，人々の生活をあらゆる面でより良い方向に変化させる」という概念であり，2004 年スウェーデンのウメオ大学のエリック・ストルターマン教授が提唱したとされている。

科学的管理法が世に出た時に何が起こったかを振り返ると，彼は経営コンサルタントとしていくつかの工場で科学的管理法を指導・実践し，生産性を向上させる成果を残したが，科学的管理法は当時の労働組合から労働強化や人権侵害に繋がるとして批判された経緯がある。また，ジョージ・メイヨー（George Elton Mayo）やフリッツ・レスリスバーガー（Fritz Jules Roethlisberger）らは，ホーソン実験の結果からテイラーの科学的管理法を批判し，人間関係論の議論を展開していった経緯がある。この様な歴史的経緯は，これから社会に人工知能やロボット技術が普及し，サービスの生産性が向上し，ICRTにより産業構造が大きく変容したとしても，心理学や社会学の見地から考えて，生産性の追求を重視するあまりに人間への配慮を忘れてはならないことを示唆している。

　サービス・イノベーションで製造業を活性化することを考える時，既存のサービス・プロセスを効率化するためにICRTを積極的に導入することへの反発は少なからず存在すると考えられるが，プロセスの生産性を改善するためにICRTは重要な役割を果たすと考えられる。また，新しいサービス・プロセスを創造するためには，企業経営者が熟達することが極めて重要で，状況に応じてエフェクチュエーションによる行動原則を取り入れることで，サービス・パラドックスを乗り越えることができると考える。

　日本の製造業は，高品質の製品を作ることに専心し世界でも屈指の経済大国になったが，これからは日本の「ものづくり」の優れた部分を残し，今まで取り組んで来たけれどもなかなか成果が出せなかったサービス・イノベーションで，顧客価値を高め企業収益性を改善する必要がある。そして，サービス・イノベーションで得た収益はさらなる製品開発に投資し，「製品→サービス→製品」のサイクルを持続的に回し続けることで競争力を高め，顧客のみならず製造業に携わる人たちの未来を明るいものにして欲しいと切に願うものである。

参考文献

Achrol, R. and Kotler, P. (2006). The service-dominant logic for marketing: A critique. In R. F. Lusch and S. L. Vargo (eds.), *The service-dominant logic of marketing: Dialog, debate, and directions* (pp.320-333). ME Sharpe.

Alvarez, S. A. and Barney, J. B. (2007a). "Discovery and creation: Alternative theories of entrepreneurial action,"*Strategic Entrepreneurial Journal*, Vol. 1 (1-2), pp.11-26.

Alvarez, S. A. and Barney, J. B. (2007b). "Guest editors' introduction; The entrepreneurial theory of the firm," *Journal of Management Studies*, Vol. 44, No. 7, pp.1057-1063.

Anderson, E. and Weitz, B. (1989). "Determinants of contiuinty in conventional industrial channel dyads," *Marketing Science*, Vol. 8, No. 4, pp.310-323.

Anderson, J. C. and Narus, J. A. (1995). "Capturing the value of supplementary services," *Harvard Business Review*, January-February, pp.75-83.

Argyris, C. (1977). "Double loop learning in organizations," *Harvard Business Review*, September-October, pp.115-125.

Arndt J. (1979). "Toward a concept of domesticated markets,"*Journal of Marketing*, Vol. 43, Fall, pp.69-75.

Ashby, W. R. (1952). *Design for brain.* Wiley（山田坂仁訳『頭脳への設計：知性と生命の起源』宇野書店，1967 年）．

Ashby, W. R. (1956). *An introduction to cybernetics.* Wiley（篠崎武・山崎英三・銀林浩訳『サイバネティクス入門』宇野書店，1967 年）．

Aurich, J. C., Fuchs, C., and Wagenknecht, C. (2006). "Life cycle oriented design of technical product-service systems," *Journal of Cleaner Production*, No. 14, pp.1480-1494.

Baines, T. S., Lightfoot, H. W., Benedettini, O., and Kay, J. M. (2009). "The servitization of manufacturing: A review of literature and reflection on future changes," *Journal of Manufacturing Technology Management*, Vol. 20 No. 5, pp.547-567.

Baker, T. and Nelson, R. E. (2005). "Creating something from nothing: Resource construction through entrepreneurial bricolage,"*Administrative Science Quarterly*, Vol. 50, pp.239-366.

Barnard, C. I. (1938). *The function of the executive.* Harvard University Press（田杉競・矢野宏・降旗武彦・飯野春樹訳『経営者の役割：その職能と組織』ダイヤモンド社，1956 年）．

Barney, J. (1986), "Strategic factor markets: Expectations, luck, and business strategy," *Management Science*, Vol. 34, No. 10, pp.1231-1241.

Barney, J. (1991). "Firm resources and sustained competitive advantage," *Journal of Management*, Vol. 17, No. 1, pp.99-120.

Barney, J. (2002). *Gaining and sustaining competitive advantage,* (2nd ed.), Pearson Education（岡田正大訳『企業戦略論（上）基本編』ダイヤモンド社，2003 年）．

Bartlett, F. C. (1932). *Remembering: A study in experimental and social psychology,* Cambridge University Press（宇津木保・辻正訳『想起の心理学：実験的社会的心理学における一研究』誠信書房，1983 年）．

Bateson, G. (1972). *Steps to ecology of mind,* Brockman（佐藤良明訳『精神の生態学』新思索社，2000 年）．

Beach, D. and Pedersen, R. B. (2013). *Process-tracing methods: Foundations and guidelines*. The University of Michigan Press.
Berelson, B. (1952). *Content analysis in communication research*. Free Press.
Berry, L. L. (1995). "Relationship marketing of services growing interest, emerging perspectives," *Journal of the Academy of Marketing Science*, Vol. 23, No. 4, pp.236-245.
Bertalanffy, L. V. (1968). *General system theory-foundation, development, applications*. George Braziller(長野敬・太田邦昌訳『一般システム理論：その基礎・発展・応用』みすず書房，1973年).
Bouchard, C. and Koch, J. (2014). *The Caterpillar way: Lessons in leadership, growth, and shareholder value*. McGraw-Hill.
Brax, S. and Jonsson, K. (2008). "Developing integrated solution offerings for remote diagnostics," *International Journal of Operations & Production Management*, Vol. 29, No. 5, pp.539-560.
Brooks, R. A. (1985). "A robust layered control system for a mobile robot,"*A. I. Memo -864, MIT*, September.
Brooks, R. A. (2002). *Flesh and machines: How robots will change us*. Vintage Books(五味隆志訳『ブルックスの知能ロボット論：なぜMITのロボットは前進し続けるのか？』オーム社，2006年).
Bruner, J. S., Goodnow, J. J., and Austin, G. A. (1956). *A study of thinking*. Wiley.
Brynjolfsson, E. and McAfee, A. (2011). *Race against the machine: How the digital revolution is accelerating innovation, driving productivity, and irreversibly transforming employment and the economy*. The Sagalyn Literary Agency(村井章子訳『機械との競争』日経BP社、2013年).
Burt, R. S. (1992). *Structural holes: The social structure of competition*. Harvard University Press.
Burt, R. S. (1997). "The contingent value of social capital," *Administrative Science Quarterly*, Vol. 42, No. 2, pp.339-365.
Burt, R. S. (1999). "The network structure of social capital,"mimeo, University of Chicago.
Burt, R. S. (2002). The social capital of structural holes, In M. F. Guillen, R. Collins, P. England, and M. Meyer (eds.), *The new economic sociology: Developments in an emerging field* (pp.148-190). Russell Sage Foundation.
Burt, R. S. (2005). *Brokerage and closure: An introduction to social capital*. Oxford University Press.
Busenitz, L. W. and Barney, J. B. (1997). "Differences between entrepreneurs and managers in large organizations: Biases and heuristics in strategic decision-making," *Journal of Business Venturing*, Vol. 12., No. 1, pp.9-30.
Buzzell, R. D. and Gale, B. (1987). *The PIMS principles: Linking strategy to performance*. The Free Press(和田充夫・八七戦略研究会訳『新PIMSの戦略原則：業績に結びつく戦略要素の解明』ダイヤモンド社，1988年).
Ceruzzi, P. E. (1998). *A history of modern computing*. The MIT Press(宇田理・高橋清美監訳『モダン・コンピューティングの歴史』未来社，2008年).
Chandler, A. D., Jr. (1962). *Strategy and structure: Chapters in the history of the industrial enterprise*. The MIT Press(有賀裕子訳『組織は戦略に従う』ダイヤモンド社，2004年).
Chandler, G. N., DeTienne, D., McKelvie, A., and Mumford, A. (2011). "Causation and effectuation processes: A validation study,"*Journal of Business Venturing*, Vol. 26.,

pp.375-390.
Chase, R. B. (1981). "The customer contact approach to services: Theoretical bases and practical extensions,"*Operations Research*, Vol. 29, No. 4, pp.698-706.
Christopher, C., Maglio, P., and Davis, M. (2011). "From self-service to super-service: A resource mapping framework for co-creating value by shifting the boundary between provider and customer, " *Information Systems and E-Business Management*, Vol. 9, No. 2, pp.173-191.
Christopher, M. and Towill, D. R. (2000). "Supply chain migration from lean and functional to agile and customized," *Supply Chain Management: An International Journal*, Vol. 5, No. 4, pp.206-213.
Christopher, M., Lowson, R., and Peck, H. (2004). "Creating agile supply chains in the fashion industry," *International Journal of Retail & Distribution Management*, Vol. 32, No. 8, pp.367-376.
Christensen, C. M. and Raynor, M. E. (2003). *The innovator's solution: Creating and sustaining successful growth*. Harvard Business School Publishing（玉田俊平太・櫻井祐子訳『イノベーションへの解』翔泳社，2003 年）.
Clark, C. (1940). *The condition of economic progress*. Macmillan（大川一司・小原敬士・高橋長太郎・山田雄三訳『経済進歩の諸条件（上・下）』勁草書房，1953，1955 年）
Cohen, M. D., March, J. G., and Olsen, J. P. (1972). "A garbage can model of organizational choice,"*Administrative Science Quarterly*, Vol. 17, No. 1, pp.1-25.
Coleman, J. S. (1990). *Foundations of social theory*. Harvard University Press.
Conlon G., Napolitano L., and Pusateri M. (1997). *Unlocking profits: The strategic advantage of key account management*. Strategic Account Management Association.
Conway, F. and Siegelman, J. (2005). *Dark hero of the information age-in search of Nobert Wiener, the father of cybernetics*. Basic Books（松浦俊輔訳『情報化時代の見えないヒーロー：ノーバート・ウィーナー伝』日経 BP 社，2006 年）.
Davenport, T. H. (2014). *Big data at work: Dispelling the myths, uncovering the opportunities*. HBR Press（小林啓倫訳『データ・アナリティクス 3.0：ビッグデータ超先進企業の挑戦』日経 BP 社，2014 年）.
Davies, A. (2004). "Moving base into high-integrated solutions: A value stream approach," *Industrial and Corporate Change*, Vol. 13, No. 5, pp.727-756.
Davis, A., Brady, T., and Hobday, M. (2006). "Charting a path toward integrated solutions," *MIT Sloan Management Review* , Vol. 47, No. 3, pp.39-48（March 2006）.
Davis, A., Brady, T., and Hobday, M. (2007). "Organizing for solutions: Systems seller vs. systems integrator," *Industrial Marketing Management*, Vol. 36, pp.183-93.
Delaunay, J. C. and Gadrey, J. (1992). *Services in economic thought, three centuries of debate*. Kluwer Academic Publishers（渡辺雅男訳『サービス経済学説史：300 年にわたる論争』桜井書店，2000 年）.
Dew, N., Sarasvathy, S. D., and Venkataraman, S. (2004). "The economic implications of exaptation,"*Journal of Evolutionary Economics*, Vol. 14., No. 1, pp.69-84.
Dierickx, I. and Cool, K. (1989). "Asset stock accumulation and the sustainability of competitive advantage," *Management Science*, Vol. 35, No. 12, pp.1504-1511.
Dreyfus, H. L. and Dreyfus, S. E. (1986). *Mind over machine*. The Free Press（椋田直子訳『純粋人工知能批判』アスキー出版局，1987 年）.
Dweck, C. S. (2006). *Mindset: The new psychology of success*. Ballantine Books.
Dwyer, F. R, Schurr, P. H., and Oh, S. (1987). "Developing buyer-seller relationships," *Journal of Marketing*, Vo. 51, April, pp.11-27.

Edvardsson, B. and Olsson, J. (1996). "Key concepts for new service development," *The Service Industries Journal*, Vol. 16, No. 2, pp.140-164.

Eichentopf, T., Kleinaltenkamp, M., and van Stiphout, J. (2011). "Modelling customer process activities in interactive value creation," *Journal of Service Management*, Vol. 22 No. 5, pp.650-663.

Elstein, A. S., Shulman, L. S., and Sprafka, S. A. (1978). *Medical problem solving: An analysis of clinical reasoning*. Harvard University Press.

Ericsson, K. A., Charness, N., Feltovich, P. J., and Hoffman, R. R. (2006). *The cambridge handbook of expertise and expert performance*. Cambridge University Press.

Ericsson, K. A. and Simon, H. A. (1984). *Protocol analysis-verbal report and data*. MIT press.

Ernst, G. W. and Newell, A. (1969). *GPS: A case study in generality and problem solving*. Academic Press.

Eysenk, R. M. (1984). *A handbook of cognitive psychology*. Lawrence Erlbaum Associates.

Feigenbaum, E., McCorduck, P., and Nii, H. P. (1988). *The rise of the expert company*. Crown（野本陽代訳・渡辺茂監訳『エキスパートカンパニー：第五世代コンピュータ挑戦と成功の物語』TBS ブリタニカ，1988 年）.

Fisher, M. L. (1997). "What is the right supply chain for your product?," *Harvard Business Review*, March-April., pp.105-116.

Fließ, S. and Kleinaltenkamp, M. (2004). "Blueprinting the service company: Managing service processes efficiently," *Journal of Business Research*, Vol. 57, pp.392-404.

Foote, N. W., Galbraith, J., Hope, Q. and Miller, D. (2001). "Making solutions the answer," *The McKinsey Quarterly*, Vol. 3, pp.84-93.

Forrester, J. W. (1958). "Industrial dynamics," *Harvard Business Review*, July-August pp.37-66.

Galbraith, J. R. (2002). "Organizing to deliver solutions," *Organizational Dynamics*, Vol. 31, No. 2, pp.194-207.

Gans, N., Koole, G., and Mandelbaum, A. (2003). "Telephone call centers: Tutorial, review, and research prospects," *Manufacturing & Service Operations Management INFORMS*, Vol. 5, No. 2, pp.79-141.

Gardner, H. (1985). *The mind's new science: A history of cognitive revolution*. Basic Books（佐伯胖・海保博之監訳『認知革命：知の科学の誕生と展開』産業図書，1987 年）.

Gazis, V., Sasloglou, K., Frangiadakis, N., and Kikiras, P. (2012). "Wireless sensor networking, automation technologies and machine to machine developments on the path to the internet of things," *IEEE 16th Panhellenic Conference on Informatics*, pp.276-282.

Gebauer, H. (2007). "Identifying service strategies in product manufacturing companies by exploring environment-strategy configurations," *Industrial Marketing Management*, Vol. 37, pp.278-291.

Gebauer, H., Fleisch, E., and Friedli, T. (2005). "Overcoming the service paradox in manufacturing companies," *European Management Journal*, Vol. 23, No. 1, pp.14-26.

George, G., Haas, M. R. and Pentland, A. (2014). "Big data and management" *Academy of Management Journal*, Vol. 57, No. 2, pp.321-326.

Gershenson, J. and Ishii, K. (1992). Design for serviceability. In Kusiak, A. (ed.), *Concurent engineering: Theory and practice* (pp.19-39). John Wiley.

Gobet, F. and Simon, H. A. (1996). "The roles of recognition processes and look-ahead search in time constrained expert problem solving: Evidence from grandmaster level chess,"*Psychological Science*, Vol. 7, No. 1, January.

Goedkoop, M., Van Halen, C., Te Riele, H., and Rommens, P. (1999). "Product service-system, ecological and economical basics,"*Report for Dutch Ministers of Environment (VROM) and Economic Affairs (EZ)*, Pre Consultants, Amersfoot.

Goleman, D. (2013). *FOCUS: The hidden driver of excellence*, Harper（土屋京子訳『フォーカス』日本経済新聞出版社, 2015 年）.

Goodson, I. and Sikes, P. J. (2001). *Life history research in educational settings: Learning from lives*. Open University Press（高井良建 ・・山田浩之・藤井泰・白松賢訳『ライフヒストリーの教育学：実践から方法論まで』昭和堂, 2006 年）.

Granovetter, M. S. (1976). "The strength of weak ties," *American Journal of Sociology*, Vol. 78, No. 6, pp.1360-1380.

Grant, R. M. (1991). "The resource-based theory of competitive advantage: Implications for strategy formulation," *California Management Review*, Spring, pp.114-135.

Grant, R. M. (1996). "Prospering in dynamically-competitive environments: Organizational capability as knowledge integration," *Organization Science*, Vol. 7, No. 4, pp.375-387.

Greene, W. E., Walls, G. D., and Schrest, L. J. (1994). "Internal marketing: The key to external marketing success," *Journal of Services Marketing*, Vol. 8, No. 4, pp.5-13.

Grönroos, C. (1984). "A service quality model and its marketing implications," *European Journal of Marketing* , Vol. 18, No. 4, pp.36-44.

Grönroos, C. (2000). Relationship marketing: The nordic school perspective. InJ. N. Sheth and A. Parvatiyar (eds), *Handbook of relationship marketing* (pp.95-117). Sage Publications .

Grönroos, C. (2007). *Service management and marketing: Customer management in service comptetition* (3rd ed.). Wiley.

Heskett, J. L., Sasser Jr. W. E., and Christopher, W. L. H (1990). *Service breakthroughs: Changing the rules of the game*. The Free Press.

Heskett, J. L., Sasser Jr. W. E., and Schlesinger, L. A. (1997). *The service profit chain: How leading companies link profit and growth to loyalty satisfaction and value*. The Free Press.

Hobday, M., Davies, A., and Prencipe, A. (2005). "Systems integration: A core capability of the modern corporation,"*Industrial and Corporate Change*, Vol. 14, No. 6, pp.1109-1143.

Holbrook, M. B. (1999). *Consumer value: A flamework for analysis and research*. Routledge.

Holland, J. K., Holyoak, K. J., Nisbett, R. E., and Thagard, P. R. (1986). *Induction: Process of inference, learning and discovery*. The MIT Press.

Inkpen, A. C., and Dinur, A. (1998). "Knowledge management processes and international joint ventures,"*Organization Science*, Vol. 9, No. 4, pp.454-468.

Jackson, B. B. (1985). "Build customer relationships that last," *Harvard Business Review*, November-December, pp.120-128.

Johanson, J., and Mattson, L. G. (1987). "Interorganizational relations in industrial systems: A network approach compared with the transaction-cost approach," *International Studies of Manegement and Organization*, Vol. XVII, No. 1, pp.34-48.

Kahneman, D. (2011). *Thinking, fast and slow*. Penguin Books（村井章子訳『ファスト＆スロー：あなたの意思はどのように決まるか？』早川書房, 2012 年）.

Kindström, D. and Kowalkowski, C. (2009). "Development of industrial service offerings: A process framework," *Journal of Service Management*, Vol. 20, No. 2, pp.156-172.

Kingman-Brundage, J. (1989). The ABC's of service system blueprinting. In M. J. Bitner and L. A. Crosby (eds), *Designing a winning service strategy* (pp.30-43). American Marketing Association.

Klein, G. (1993). A recognition : Primed decision (RPD) model of rapid decisionmaking. In G. Klein et al. (eds), *Decision making in action : Models and methods* (pp.137-147). Ablex.

Knight, F. H. (1921). *Risk, uncertainty and profit.* University of Chicago Press.

Kogut, B. and Zander, U. (1992). "Knowledge of the firm, combinative capabilities, and the replication of technology," *Organization Science*, Vol. 3, No. 3, pp.383-397.

Kotler, P. (1991). *Marketing management: Analysis, planning, implementation, and control* (7th ed.). Prentice-Hall.

Kotler, P. and Keller, K. L. (2007). *A framework for marketing management* (3rd. eds). Prentice-Hall (月谷真紀訳, 恩蔵直人監修『コトラー&ケラーのマーケティングマネジメント 基本編 (第3版)』ピアソン・エデュケーション, 2008年).

Kujala, S., Artto, K., Aaltonen, P., and Turkulainen, V. (2010). "Business models in project-based firms: Towards a typology of solution-specific business models," *International Journal of Project Management*, Vol, 28, pp.96-106.

Kuznets, S. (1966). *Modern economic growth: Rate, structure and spread.* Yale University Press.

Kuznets, S. (1971). *Modern economic growth of nations: Total output and production structure.* Harvard University Press (西川俊作・戸田泰訳『諸民の経済成長:総生産高及び生産構造』ダイヤモンド社, 1977年).

Lave, J. and Wenger, E. (1991). *Situated learning: Legitimate peripheral participation.* Cambridge University Press (佐伯胖訳『状況に埋め込まれた学習:正統的周辺参加』産業図書, 1993年).

Lazarsfeld, P. F. (1940). *Radio and the printed page.* Slone and Pearce.

Lazarsfeld, P. F., Berelson, B., and Gaudet, H. (1944). *The peoples choise: How the voter makes up his mind in a presidential campaign.* Columbia University Press (時野谷浩訳, 有吉浩介監訳『ピープルズ・チョイス:アメリカ人と大統領選挙』芦書房, 1987年).

Lévi-Strauss, C. (1962). *LA PENSÉE SAUVAGE.* Librairie Plon (大橋保夫訳『野生の思考』みすず書房, 1976年).

Lord, R. G. and Foti, R. J. (1986). Schema theories, information processing and organizational behavior. In H. P. Sims, Jr. et. al. (ed.), *The thinking organization: Dynamics of organizational social cognition* (pp. 565-567). Jossey-Bass.

Lovelock, C. H. and Wirtz, J. (2007). *Service marketing : People, technology, strategy* (6th ed.). Pearson Education. (武田玲子訳, 白井義男監修『サービス・マーケティング』、ピアソン・エデュケーション、2008年).

Lovelock, C. H. and Wright, L. K. (1999). *Principles of service marketing and management.* Pearson Education (高畑泰・藤井大拙訳, 小宮路雅博監訳『サービス・マーケティング原理』白桃書房, 2002年).

MacKay, D. (2003). *Information theory, inference, and learning algorithms*, Hardback.

March, J. G. and Weissinger-Baylon, R. (1986). *Ambiguity and command: Organizational perspectives on military decision making* (1st ed.). Harper&Row (遠田雄志・鎌田伸一・秋山信雄訳『「あいまい性」と作戦指揮:軍事組織における意思決定』東洋経済新

報社，1989 年）.
Matthyssens, P. and Vandenbempt, K. (1998). "Creating competitive advantage in industrial services," *Journal of Business & Industrial Marketing*, Vol. 13, No. 4/5, pp.339-355.
Matthyssens, P. and Vandenbempt, K. (2008). "Moving from basic offerings to value-added solutions: Strategies, barriers and alignment ,"*Industrial Marketing Management*, Vol. 37, pp.316-328.
Mattson, L. G. (1997). "Relationship marketing and the markets-as-networks approach: A comparative analysis of two evolving streams of research," *Journal of Marketing Management*, Vol. 13, pp.447-461.
Maxwell, J. C. (1868). *Proc. Roy. Soc. (London)*, 16.
McInerney, F. (2013). *Super genba: Ten things Japanese companies must do to gain grobal competitiveness.* North River Ventures（倉田幸信訳『日本企業はモノづくり至上主義で生き残れるか』ダイヤモンド社，2014 年）.
Merton, R. K. (1949). *Social theory and social structure.* The Free Press（森東吾・森好夫・金沢実・中島竜太郎訳『社会理論と社会構造』みすず書房，1961 年）.
Mohamad, I. R., Shanker, R., and Bawnet, D. K. (2008). "Creating flex-lean-agile value chain by outsourcing," *Business Process Management Journal*, Vol. 14, No. 3, pp.338-389.
Mokyr, J. (2000). Evolutionary phenomena in technological change. In J. Ziman (ed.), *Technological innovation as an evolutionary process* (pp.52-65). Cambridge University Press.
Möller, K. E. K and Törrönen, P. (2003). "Business suppliers' value creation potential: A capability-based analysis," *Industrial Marketing Management*, Vol. 32, pp.109-118.
Morgan, R. M. and Hunt, S. D. (1994). "The commitment-trust theory of relationship marketing," *Journal of Marketing*, Vol. 58, No. 3, pp.20-38.
Neely, A. (2008). "Exploring the financial consequences of the servitization of manufacturing,"*Operations Management Research*, Vol. 1, pp.103-118.
Neu, W. A. and Brown, S. W. (2005). "Forming successful business-to-business services in goods-dominant firms," *Journal of Service Research*, Vol. 8, No. 1, pp.3-17.
Newell, A., Shaw, J. C., and Simon, H. A. (1957). "Empirical explorations of the logic theory machine: A case study in heuristic," *Proceedings of the Western Joint Computer Conference*, No. 11, pp.218 -239.
Newell, A., Shaw, J. C., and Simon, H. A. (1959). "Report on a general problem-solving program," *Proceedings of the International Conference on Information Processing*, pp.256-264.
Norman, D. A. (2007). *The design of future things.* Basic Books（安村通晃・岡本明・伊賀聡一郎・上野晶子訳『未来のモノのデザイン：ロボット時代のデザイン原論』新曜社，2008 年）.
Normann, R. (2001). *Reframing business: When the map changes the landscape.* John Wiley.
Normann, R. and Ramirez, R. (1993). "From value chain to value constellation: Designing interactive strategy, " *Harvard Business Review*, Vol. 71, No. 4, pp.65-77.
Olausson, D. and Berggren, C. (2012). "Managing asymmetries in information flows and interaction between R&D, manufacturing, and service in complex product development,"*R&D Management*, Vol. 42, No. 4, pp.342-357.
Oliva, R. and Kallenberg, R. (2003). "Managing the transition from products to services," *International Journal of Service Industry Management*, Vol. 14, No. 2, pp.160-172.

Oliver, R. (1980). "A cognitive model of the antecedents and consequences of satisfaction decisions,"*Journal of Marketing Research,* Vol. 17, No. 4, pp.460-469.

Orr, J. E. (1996). *Talking about machines: An ethnography of a modern job,* Cornell University Press.

Penrose, E. (1959). *The theory of the growth of the firm.* Oxford Basil Blackwell（末松玄六訳『会社成長の理論』ダイヤモンド社，1962 年）.

Penrose, E. (1997). The theory of the growth of the firm. In N. J. Foss (eds.), *Resources, firms, and strategies*（pp.27-39）. Oxford University Press.

Petty, W. (1690), *Political arithmetick.* R. Cravel（大内兵衛・松川七郎訳『政治算術』岩波書店，1955 年）.

Pfeffer, J. and Salancik, G. (1978). *The externol control of organizations: A resource dependence perspective.* Haper and Row.

Pfeifer, R. and Bongard, J. (2007). *How the body shapes the way we think: A new view of intelligence.* MIT Press（細田耕・石黒章夫訳『知能の原理：身体性に基づく構成論的アプローチ』共立出版、2010 年）.

Prahalad, C. K. and Hamel, G. (1990). "The core competence of the corporation," *Harvard Business Review,* May-June, pp.79-91.

Quinn, J. B., Doorley, T. L., and Paquette, P. C. (1990). "Beyond products: Services-based sterategy," *Harvard Business Review,* March-April, pp.58-67.

Read, S., Dew, N., Sarasvathy, S., Song, M., and Wiltbank, R. (2009). "Marketing under uncertainty: The logic of an effectual approach," *Journal of Marketing,* Vol. 73, Issue3, pp.1-18.

Read, S., Sarasvathy, S., Dew, N., Wiltbank, R. and Ohlsson, A. (2010). *Effectual entrepreneurship.* Taylor and Francis.

Read, S. and Song, M. (2007). "Effectual strategy and new venture performance:A meta-analysis,"Under review.

Reckwitz, A. (2002). "Toward a theory of social practices," *European Journal of Social Theory* , No. 5, Vol. 2, pp.243-263.

Reichhart, A. and Holweg, M. (2007). "Lean distribution: Concepts, contributions, conflicts," *International Journal of Production Research,* Vol. 45, No. 16, pp.3699-3722.

Reinartz, W. and Ulaga, W. (2008). "How to sell services more profitability," *Harvard Business Review,* May, pp.90-96.

Ries, E (2011). *The lean startup.* fletcher&company（伊藤穣一解説，井上耕二訳『リーンスタートアップ：ムダのない起業プロセスでイノベーションを生みだす』日経BP 社，2012 年）.

Rosenblatt, F. (1958). "The perceptron: A probabilistic model for information storage and organization in the brain," *Psyochological Review, 65, pp.386-408.* In J. A. Anderson and E. Rosenfeld (eds.) *Neurocomputing* (1988), MIT Press.

Sampson, S. E (2012). "Visualizing service operations," *Journal of Service Research,* Vol. 15, No. 2, pp.182-198.

Sampson, S. E. and Froehle, C. M. (2006). "Foundations and implications of a proposed unified service theory,"*Production and Operations Management,* Vol. 15, No. 2, pp.329-343.

Sarasvathy, S. D. (2001). "Causation and effectuation: Toward a theoretical shift from economic inevitability to entrepreneurial contingency," *The Academy of Management Review,* Vol. 26, pp.243-263.

Sarasvathy, S. D. (2008). *Effectuation: Elements of entrepreneurial expertise.* Edward

Elgar Publishing（加護野忠男監訳,高瀬進・吉田満梨訳『エフェクチュエーション：市場創造の実効理論』碩学舎、2015 年）.

Schumpeter, J. (1934). *The theory of economic development.* Oxford University Press（塩野谷祐一・中山伊知郎・東畑精一訳『経済発展の理論：企業者利潤・資本・信用・利子および景気の回転に関する一研究〈上〉/〈下〉』岩波書店、1977 年）.

Selnes, F. (1998). "Antecedents and consequences of trust and satisfaction in buyer-seller relationships," *European Journal of Marketing,* Vol. 32, No. 3/4, pp.305-322.

Shannon, C. (1948). "A mathematical theory of communication," *Bell System Technical Journal,* Vol. 27, pp.379-423 and 623-656.

Shaw, C. R. (1930). *The jack-Roller: A delinquent boy's own story.* University of Chicago Press（玉井眞理子・池田寛訳『ジャック・ローラー：ある非行少年自身の物語』東洋館出版社、1998 年）.

Shepherd, C. and Ahmed, P. K. (2000). "From product innovation to solutions innovation: A new paradigm for competitive advantage," *European Journal of Innovation Management,* Vol. 3, No. 2, pp.100-106.

Shortliffe, E. H. (1977). "Mycin: A knowledge-based computer program applied to infections diseases," Annual Meeting of the Society for Computer Medicine, Las Vegas, Nevada, 10 November, pp.66-69.

Shostack, G. L. (1984). "Designing services that deliver," *Journal of Marketing,* January-February, pp.133-139.

Silver, A. D. (1985). *Entrepreneurial megabucks: The 100 greatest entrepreneurs of the last 25 years.* Jhon Wiley & Sons.

Simich-Levi, D., Kaminsky, P., and Simich-Levi, E. (2000). *Designing and managing the supply chain: Concepts, strategies and case studies.* McGraw-Hill（久保幹雄監修、伊佐田文彦・佐藤体現・田熊博志・宮本裕一郎訳『サプライ・チェインの設計と管理：コンセプト・戦略・事例』朝倉書店、2002 年）.

Simon, H. A. (1945). *Administrative behavior* (4th ed.). Free Press（二村敏子・桑田耕太郎・高尾義明・西脇暢子・高柳美香訳『【新版】経営行動』ダイヤモンド社、2009 年）.

Simon, H. A. (1996a). *Models of my life.* MIT Press（安西祐一郎・安西徳子訳『学者人生のモデル』岩波書店、1998 年）.

Simon, H. A. (1996b). *The sciences of the artificial* (3rd ed.). MIT Press（稲葉元吉・吉原英樹訳『システムの科学（第 3 版）』パーソナルメディア、1999 年）.

Simon, H. A. and Newell, A. (1971). "Human problem solving: The state of the theory in 1970,"*American Psychologist,* pp.145-159.

Simon, H. A. and Schaeffer, J. (1992). The game of chess. In R. J. Aumann and S. Hart (eds.) *Handbook of game theory, Vol. 1.* Elsevier.

Slater, S. F. and Narver, J. C. (1995). "Market orientation and the learning organization," *Journal of Marketing,* July, pp.63-74.

Stalk, G., Evans, P., and Shulman, L. E. (1992). "Competing on capabilities: The new results of corporate strategy," *Harvard Business Review,* March-April, pp.57-69.

Stuart, I., McCutcheon, D., Hansfield, R., Mclachlin, R., and Samson, D. (2002). "Effective case research in operations management: A process perspective,"*Journal of Operating Management,* Vol. 20, pp.419-433.

Sundbo. J (2006). *Innovation and learning in service: The involvement of employee.* Springer.

Teece, D. J., Pisano, G., and Shuen, A. (1997). "Dynamic capabilities and strategic management," *Strategic Management Journal,* Vol. 18, No. 7, pp.509-533.

Thompson, J. D. (1967). *Organizations in action: Social science base of administrative theory*. McGraw-Hill（鎌田伸一・二宮豊志訳『オーガニゼーション・イン・アクション』同文舘, 1987 年).

Tuli, K. R., Kohli, A. K., and Bharadwaj, S. G. (2007). "Rethinking customer solutions: From product bundles to relational processes," *Journal of Marketing*, Vol. 71, July, pp.1-17.

Turing, A. M. (1936). "On computable numbers, with an application to the entscheidungsproblem," *Proceedings of the London Mathematical Society*. Vol. 2, No. 42 , pp.230-265.

Ulaga, W. (2003). "Capturing value creation in business relationships: A customer perspective," *Industrial Marketing Management*, Vol. 32, pp.677-693.

Urban, G. L. and Von Hippel, E. (1988). "Lead user analyses for the development of new industrial products," *Management Science*, Vol. 34, No. 5, pp.569-582.

Vandermerwe , S. (1993). *From tin soldier to Russian dolls*. Butterworth-Heinemenn.

Vandermerwe , S., Matthews, W. H., and Rada , J. F. (1989). "European manufacturers shape up for services," *Journal of Business Strategy* , Iss. 6, pp.42-46.

Vandermerwe , S. and Rada , J. F. (1988). "Servitization of business: Adding value by adding services," *European Management Journal*, Vol. 6, No. 4, pp.314-324.

Vargo, S. L. and Lusch, R. F. (2004). "Evolving to a new dominant logic for marketing," *Journal of Marketing*, Vol. 68, January, pp.1-17.

Vargo, S. L. and Lusch, R. F. (2008). "Service-dominant logic: Continuing the evolution," *Journal of the Accademy of Marketing Science*, Vol. 36, pp.1-10.

Walter, A., Ritter, T., and Gemünden, H. G. (2001). "Value creation in buyer-seller relationships," *Industrial Marketing Management*, Vol. 30, pp.365-377.

Watts, D. J. and Strogatz S. H. (1998). "Collective dynamics of small-world' networks,"- *Nature 393* (4 June 1998), pp.440-442.

Wenger, E., McDermott, R., and Snyder, W. M. (2002). *Cultivating communities of practice*. HBS press（櫻井祐子訳, 野中郁次郎解説, 野村恭彦監修『コミュニティ・オブ・プラクティス:ナレッジ社会の新たな知識形態の実践』翔泳社, 2002 年).

Wernerfelt, B. (1984). "A resource-based view of the firm," *Strategic Management Journal*, Vol. 5, pp.171-180.

Whitehead, A. N. and Russell, B. (1910). *Principia mathematica*. Cambridge University Press.

Wiener, N. (1948). *Cybernetics: Or control and communication in the animal and machine*. MIT Press（池原止戈夫・彌永昌吉・室賀三郎・戸田巌訳『サイバネティクス』岩波書店、2011 年).

Williamson, O. (1975). *Markets and hierarchies: Analysis and antitrust implications*. New York Press.

Wiltbank, R., Dew, N., Read, S. and Sarasvathy, S. D. (2006). "What to do next? The case for non-predictive strategy,"*Strategic Management Journal*, Vol. 27, pp.981-998.

Winograd, T. (1972). "Understanding natural language,"*Cognitive Psycology*, Vol. 3, No. 1, pp.1-191.

Wise, R. and Baumgartner, P. (1999). "Go downstream: The new profit imperative in manufacturing," *Harvard Business Review*, September-October, pp.133-141.

Wittgenstein, L. (1933). *Tractatus logico-philosophicus*（野矢茂樹訳『論理哲学論考』岩波文庫, 2003 年).

Yin, R. K. (1994). *Case study research: Design and Methods*（2nd ed.）. SAGE（近藤公彦

訳『ケーススタディの方法（第2版）』千倉書房，1996年）．
Yow, V. R. (2005). *Recording oral history: A guide for humanities and social science* (2nd ed.). Alta Mila Press（平田光司・安倍尚紀・加藤直子訳，吉田かよ子監訳・訳『オーラル・ヒストリーの理論と実践：人文・社会学を学ぶすべての人のために』interbooks，2011年）．
Zollo, M. and Winter, S. G. (2002). "Deliberate learning and the evolution of dynamic capabilities," *Organization Science,* Vol. 13, No. 3, May-June, pp.339-351.

安西祐一郎（2011）『心と脳：認知科学入門』岩波新書。
石井浩介・飯野謙次（2008）『価値づくり設計』養賢堂。
今井むつみ（2016）『学びとは何か：〈探究人〉になるために』岩波新書。
大森信編著（2015）『戦略は実践に従う：日本企業のStrategy as Practice』同文舘出版。
長内厚・榊原清則編著（2012）『アフターマーケット戦略：コモディティ化を防ぐコマツのソリューション・ビジネス』白桃書房。
加護野忠男（1979）『経営組織の環境適応』白桃書房。
加護野忠男（1988）『組織認識論：企業における創造と革新の研究』千倉書房。
加護野忠男（2014）「顧客価値を高める3つの戦略」『一橋ビジネスレビュー』SPR. pp.6-15。
加護野忠男・井上達彦（2004）『事業システム戦略：事業の仕組みと競争優位』有斐閣アルマ。
金井壽宏・楠見孝（2012）『実践知：エキスパートの知性』有斐閣。
上林憲行（2007）『サービスサイエンス入門：ICT技術が牽引するビジネスイノベーション』オーム社。
木村英紀（2010）「工学の2つのカテゴリー」『日本物理学会誌』Vol. 65, No. 6, pp.444-445。
木村英紀（2015）『世界を動かす技術思考：要素からシステムへ』講談社。
小林一郎（2008）『人工知能の基礎』サイエンス社。
小谷津孝明編（1985）『認知心理学講座2・記憶と知識』東京大学出版会。
近藤隆雄（2012）『サービス・イノベーションの理論と方法』生産性出版。
戈木クレイグヒル滋子（2005）『質的研究方法ゼミナール：グラウンデッドセオリーアプローチを学ぶ』医学書院。
佐伯胖（2014）「そもそも『学ぶ』とはどういうことか：正統的周辺参加論の前と後」『組織科学』Vol. 48 , No. 2, pp.38-49。
坂根正弘（2011）『ダントツ経営：コマツが目指す「日本国籍グローバル企業」』日本経済新聞出版社。
桜井厚・小林多寿子（2005）『ライフストーリー・インタビュー：質的研究入門』せりか書房。
城田真琴（2012）『ビッグデータの衝撃：巨大なデータが戦略を決める』東洋経済新報社。
高嶋克義・南知惠子（2006）『生産財マーケティング』有斐閣。
高瀬進（2012）「大学発ベンチャー起業家の意思決定：瀧和男氏のプロトコル分析」『神戸大学経営学研究科ワーキング・ペーパー』201205a。
高瀬進（2017）『大学発ベンチャー起業家の「熟達」研究：瀧和男のライフヒストリー』中央経済社。
武石彰・青島矢一・軽部大（2012）『イノベーションの理由：資源動員の創造的正当化』有斐閣。
谷富夫編（2008）『ライフヒストリーを学ぶ人のために』世界思想社。
太原育夫（2008）『新人工知能の基礎知識』近代科学社。

田村正紀（2006）『リサーチ・デザイン：経営知識創造の基本技術』白桃書房.
田村正紀（2014）『セブン－イレブンの足跡：持続成長メカニズムを探る』千倉書房.
西尾久美子・藤本隆宏（2009）「『ものづくり』視角によるサービス現場の分析：花街と自動車工場の比較を通じて」『組織科学』Vol. 42, No. 4, pp.62-76.
西口敏宏（2007）『遠距離交際と近所づきあい：成功する組織ネットワーク戦略』NTT出版.
野中郁次郎（1974）『組織と市場：市場志向の経営組織論』千倉書房.
野中郁次郎・竹内弘高（1996）『知識創造企業』東洋経済新報社.
林　晋（2010）「情報技術の思想家」田中穗積・黒川利明・太田耕三・古川康一・岡田久雄編著『渕一博：その人とコンピュータサイエンス』（3-33頁）近代科学社.
原良憲・前川佳一・神田智子（2010）「文理融合の知識を活用した『サービス価値創造プログラム』の開発」『人工知能学会誌』Vol. 25, No. 3, pp.444-451.
樋口耕一（2014）『社会調査のための計量テキスト分析：内容分析の継承と発展を目指して』ナカニシヤ出版.
前川佳一（2013）『パズル理論：意思決定にみるジグソーパズル型と知恵の輪型』白桃書房.
松尾睦（2006）『経験からの学習：プロフェッショナルへの成長プロセス』同文舘出版.
松島茂・竹中治堅編（2011）『日本経済の記録 歴史編 第3巻（バブル／デフレ期の日本経済と経済政策）時代証言集（オーラル・ヒストリー）』佐伯印刷.
御厨貴（2002）『オーラル・ヒストリー：現代史のための口述記録』中公新書.
三品和広（2004）『戦略不全の論理：慢性的な低収益の病からどう抜け出すか』東洋経済新報社.
南知惠子・西岡健一（2014）『サービス・イノベーション：価値共創と新技術導入』有斐閣.
毛沢東（1957）『実践論・矛盾論』岩波文庫.
森正勝・松尾博文・小坂満隆（1998）「サプライ・チェーン・マネジメントにおける知的エージェント技術を用いた資源配分に対する一方法」『計測自動制御学会誌』Vol. 34, No. 11, pp.1675-1683. 山倉健嗣（1993）『組織間関係：企業間ネットワークの変革に向けて』有斐閣.
矢野和男（2014）『データの見えざる手：ウエアラブルセンサが明かす人間・組織・社会の法則』草思社.

事項索引

<あ>
アイデンティティー 178
悪定義問題 28
意思決定の質 190
因果に基づく推論 200
因果論的行動原理 50
インストール・ベース・サービス 10, 95
インテグレイテッド・ソリューション 11
後ろ向き連鎖 38
エキスパート・システム 37
エフェクチュエーション 49
オーラル・ヒストリー法 78, 89
オペラント・リソース 14

<か>
階層的職能制組織 141
科学者の思考 173
学習概念 29
学習機械 26
価値共創 14
価値前提 30
価値づくり設計 66
価値連鎖の循環 68
過程追跡法 78
過程理論 49
機械学習 23, 27
機械との競争 209
起業家サービス 48
キャタピラー生産システム 152
キャッシュ化速度指標 84, 157
共創空間 193
器用人の思考 173
恐竜の足跡分析 83
強連結 57
クラスター分析 163
経営者サービス 48
計量テキスト分析 84, 91
検索エンジン 40
限定された合理性 30
現場適宜主義 150
交換価値 4
構造的な溝 58
コーゼーション 50

コーディング・ルール 92, 162
顧客価値概念 69
固定的マインドセット 178
コマツ 94
ゴミ箱モデル 40
コモディティ化現象 7
コンティンジェンシー理論 203

<さ>
サービス・イノベーション（定義） 9
サービス・エンカウンター 18
サービス概念 3
サービス経済化 5
サービス・トライアングル 18
サービス・パラドックス 15
サービス・ブルー・プリンティング 63
再認プロセス 34
サイバネティクス 24
サラ・リー 152
時系列大量データ 58, 80
資源依存理論 56
資源構築活動 181
資源ベース理論 46
自己組織化マップ 92, 162
自己調節現象 26
事実前提 30
システム1（速い思考） 207
システム2（遅い思考） 207
システム概念 26
システム化の限界 32
システム思考 60
持続的なイノベーション 7
シックスシグマ 151
実効論的行動原理 50
実践共同体 23, 49
実践知 49
資本速度指標 84, 157
社会交換理論 56
社会的価値 4
弱連結 57
集合知 39
熟達研究 35
熟達能力 180

手段主導 189
手段-目的のハイアラーキー 30
使用価値 14
状況に埋め込まれた学習 22
情報化施工 106, 148
情報処理モデル 32
人工知能 14, 23
深層学習 27
心的表象 35
スキーマ 35
生産的労働 3
製造業のサービス（定義） 8
製造業のサービス化 2
正統的周辺参加論 22
製品・サービスの一体化 17
施工のインテリジェント化 131
宣言的言語 199
宣言的知識 36
先進事例 79
戦略の欠如 7
増大的マインドセット 178
組織能力 61
ソリューション・サービス 10, 95

<た>
ターニング・ポイント（キャタピラー） 170
ターニング・ポイント（コマツ） 169
代表事例 79
短期記憶 33
ダントツ商品 109
ダントツプロジェクト 118
知識移転 62
知識の体制化 35
チャンク数 33
中古建設機械 101
チューリングマシン 24
長期記憶 33
調速装置 25
直観的意思決定 75
直観に基づく推論 200
使えない知識 35
使える知識 35
ティーチングプレイバック技術 116

デジタルトランスフォーメーション　209
手続的言語　199
手続的知識　36
統一サービス理論　64
投資収益率　7
独立系ディーラーネットワーク　139
取引コスト　56

〈な〉

内的財貨　4
内容理論　48
認知科学　14, 22
ネガティブ・フィードバック　24
ノン・リニアシステム　25

〈は〉

パーセプトロン　26
半構造化インタビュー　90
バンドル，パッケージ化　10
ファストワークス　203
フィッシャーの分類　5
不生産的労働　3
ブリコラージュ　28
プロダクトリンクジャパン　144
プロトコル分析　33

分権的事業部制組織　139
文脈価値　14
ベスト　137
ペティ・クラークの法則　5
包摂アーキテクチャ　41
ポジティブ・フィードバック　24
保守性チャート　66
ホメオスタット　26
ホルト　137

〈ま〉

前向き連鎖　38
みどり会　114
無人ダンプトラック運行システム　104
目的主導　189
モダナイゼーション　139

〈ら〉

ライフ・ストーリー法　89
リード・ユーザー法　58
リーンスタートアップ　203
リスト処理言語　31
リテールファイナンス　143
リニアシステム　25
領域固有性　35
良定義問題　27
レイヤード制御　41

ロジックセオリスト　31
ロボット技術　14, 23

〈欧・数〉

1次学習　27
2次学習　27
BOM　111
CAPEX　17
Cat Financial　143
Cat Insurance　143
CAT® Mine Star™　146
CSS-Net　112
Fortran　199
ICRT　1
ICT技術　94
Just in Time　140
KH Coder　84
Knightの不確実性　51
KOM-MICS　115
KOMTRAX　97
LISP　199
OPEX　17
PIMS研究　7
POSシステム　59
Prolog　199
SCMの効率化　192
SG&A　157

人名索引

< A >
Aaltonen, P. 13
Achrol, R. 14
Ahmed, P. K. 10
Anderson, E. 56
Anderson, J. C 10
Argyris, C. 27
Arndt, J. 56
Artto, K. 13
Ashby, W. R. 26
Aurich, J. C. 10, 12, 16
Austin, G. A. 33

< B >
Baines, T. S. 10
Baker, T. 15, 28, 49, 76, 175, 200
Barnard, C. I. 30
Barney, J. B. 15, 49, 61, 71
Bartlett, F. C. 36
Baumgartner, P. 1, 10
Bawnet, D. K. 66
Beach, D. 78
Benedettini, O. 10
Berelson, B. 91
Berggren, C. 13, 16, 67, 81, 185
Berry, L. L. 56
Bertalanffy, L. V. 43
Bharadwaj, S. G. 11, 80
Bongard, J. 42
Bouchard, C. 88
Brady, T. 11
Brax, S. 58
Brooks, R. A. 41, 42, 45
Brown, S. W. 12, 16, 81
Bruner, J. S. 33
Brynjolfsson, E. 209
Burt, R. S. 58
Busenitz, L. W. 15, 49, 71
Buzzell, R. D. 7

< C >
Chandler, A. D., Jr. 12
Chandler, G. N. 55
Charness, N. 180, 201
Chase, R. B. 63
Christensen, C. M. 7
Christopher, C. 65
Christopher, M. 65
Christopher, W. L. H. 69, 72, 206
Clark, C. 5
Cohen, M. D. 40
Coleman, J. S. 57
Conlon, G 60
Cool, K. 61

< D >
Davenport, T. H. 59
Davies, A. 11
Davis, M. 65
Delaunay, J.C. 3
DeTienne, D. 55
Dew, N. 71, 126, 128, 179
Dierickx, I. 61
Dinur, A. 62, 198
Doorley, T. L. 10
Dreyfus, H. L. 39
Dreyfus, S. E. 39
Dweck, C. S. 178, 201
Dwyer, F. R. 56

< E >
Edvardsson, B. 47
Eichentopf, T. 64
Ericsson, K. A. 180, 201
Ernst, G, W. 32
Evans, P. 62
Eysenk, R. M. 36

< F >
Feigenbaum, E. 37, 38, 43
Feltovich, P. J. 180, 201
Fisher, M. L. 65
Fleisch, E. 7, 11, 12, 15, 48, 80, 177, 199
Fließ, S. 64
Foote, N. W. 62
Foti, R. J 36
Frangiadakis, N. 58
Friedli, T. 7, 11, 12, 15, 48, 80, 177, 199
Froehle, C. M. 64, 72, 186
Fuchs, C. 10, 12, 16

< G >
Gadrey, J. 3
Galbraith, J. R. 11, 62
Gale, B. 7
Gans, N. 58
Gardner, H. 35
Gazis, V. 58
Gebauer, H. 7, 11, 12, 13, 15, 48, 80, 177, 199
Gemünden, H. G. 57
George, G. 59, 71
Gershenson, J. 66
Goedkoop, M. 10, 12, 16
Goleman, D. 60, 72, 178
Goodnow, J. J. 33
Granovetter, M. S. 57
Grant, R. M. 62, 198
Greene, W. E. 18
Grönroos, C. 8, 9, 18

< H >
Haas, M. R. 59, 72
Halen, C. 10, 12, 16
Hamel, G. 62
Handfield, R. 82
Heskett, J. L. 29, 69, 72, 206
Hobday, M. 11
Hoffman, R. R. 180, 201
Holbrook, M. B. 69, 70, 207
Holland, J. K. 36
Holweg, M. 65
Holyoak, K. J. 36
Hope, Q. 62
Hunt, S. D. 56

< I & J >
Inkpen, A. C. 62, 198
Ishii, K. 66
Jackson, B. B. 56
Johanson, J. 56
Jonsson, K. 58

< K >
Kahneman, D. 207, 208
Kallenberg, R. 2, 3, 12, 13, 16, 81, 135, 168
Kaminsky, P. 202
Kay, J. M. 10

225

Keller, K. L. 18
Kikiras, P. 58
Kingman-Brundage, J. 64
Kleinaltenkamp, M. 64
Klein, G. 208
Knight, F. H. 51, 173, 207
Koch, J. 88
Kogut, B. 62, 198
Kohli, A. K. 11, 80
Koole, G. 58
Kotler, P. 14, 18, 53
Kought, B. 62
Kujala, S. 13
Kuznets, S. 5

< L >

Lave, J. 22, 28, 45, 61, 180, 186
Lévi-Strauss, C. 175
Lightfoot, H. W. 10
Lord, R. G. 36
Lovelock, C. H. 8, 13, 64
Lowson, R. 65
Lusch, R. F. 8, 9, 13, 14, 23

< M >

Maglio, P. 65
Mandelbaum, A. 58
March, J. G. 40
Matthews, W. H. 10
Matthyssens, P. 11, 46, 57, 195
Mattson, L. G. 56, 57
McAfee, A. 209
McCorduck, P. 37, 38, 43
McCutcheon, D. 82
McDermott, R. 23, 28, 44, 49, 76, 186
McInerney, F. 84
McKelvie, A. 55
McLachlin, R. 82
Miller, D. 62
Mohamad, I. R. 66
Mokyr, J. 179
Möller, K. E. K. 62
Morgan, R. M. 56
Mumford, A. 55

< N >

Napolitano, L 60
Narus, J. A. 10
Neely, A. 5, 65
Nelson, R. E. 15, 28, 49, 76, 175, 200

Neu, W. A. 12, 16, 81
Newell, A. 22, 31, 32, 43
Nii, H. P. 37, 38, 43
Nisbett, R. E. 36
Norman, D. A. 67, 72, 209
Normann, R. 64

< O >

Oh, S. 56
Olausson, D. 13, 16, 67, 81, 185
Oliva, R. 2, 3, 12, 13, 16, 81, 135, 168
Oliver, R. 70, 72
Olsen, J. P. 40
Olsson, J. 47
Orr, J. E. 18, 186

< P & Q >

Paquette, P. C. 10
Peck, H. 65
Pedersen, R. B. 78
Penrose, E. 47, 48, 55, 61, 200
Pentland, A. 59, 72
Petty, W. 5
Pfeffer, J. 55
Pfeifer, R. 42
Pisano, G. 62
Prahalad, C. K. 62
Prencipe, A. 11
Pusateri, M. 60
Quinn, J. B 10

< R >

Rada, J. F. 10
Ramirez, R. 64
Read, S. 71, 126, 128
Reckwitz, A. 49
Reichhart, A. 65
Reinartz, W. 13
Riele, R. 12, 16
Ries, E. 203
Ritter, T. 57
Rommens, P. 10, 12, 16
Rosenblatt, F. 26, 43

< S >

Salancik, G. 55
Sampson, S. E. 64, 72, 186
Samson, D. 82

Sarasvathy, S. D. 15, 47, 49, 50, 51, 52, 53, 71, 75, 126, 128, 177, 179, 181, 189, 190, 200
Sasloglou, K. 58
Sasser, Jr. W. E. 29, 69, 72, 206
Schaeffer, J. 34
Schlesinger, L. A. 29
Schrest, L. J. 18
Schumpeter, J. 9
Schurr, P. H. 56
Selnes, F. 56
Shanker, R. 66
Shannon, C. 24
Shaw, J. C. 22, 31, 43
Shepherd, C 10
Shortliffe, E. H. 38
Shostack, G. L. 64
Shuen, A. 62
Shulman, L. E. 62
Silver, A. D. 50
Simchi-Levi, D. 202
Simch-Levi, E. 202
Simon, H. A. 22, 30, 31, 32, 33, 34, 40, 43, 180
Snyder, W. M. 23, 28, 44, 49, 76, 186
Song, M. 126, 128
Stalk, G. 62
Stuart, I. 82
Sundbo, J. 28

< T >

Teece, D. J. 62
Te Riele, H. 10
Thagard, P. R. 36
Thompson, J. D. 40
Törrönen, P. 62
Towill, D. R. 65
Tuli, K. R. 11, 80
Turing, A. M 24
Turkulainen, V. 13

< U & V >

Ulaga, W. 13, 57
Urban, G. L. 182
Vandenbempt, K. 11, 46, 57, 195
Vandermerwe, S. 10
Van Stiphout, J. 64
Vargo, S. L. 8, 9, 13, 14, 23
Venkataraman, S. 179
Von Hippel, E. 182

人名索引

\<W\>
Wagenknecht, C.　10, 12, 16
Walls, G. D.　18
Walter, A.　57
Weissinger-Baylon, R.　40
Weitz, B.　56
Wenger, E.　22, 23, 28, 44, 45, 49, 61, 76, 180, 186
Wernerfelt, B.　61
Wiener, N.　24, 25, 43
Williamson, O.　40, 56
Wiltbank, R.　71, 126, 128
Winter, S. G.　62, 198
Wirtz, J.　13, 64
Wise, R.　1, 10
Wright, J. K.　8

\<Y & Z\>
Yin, R. K.　88, 172
Zander, U.　62, 198
Zollo, M.　62, 198

＜あ＞
アイアコッカ，リー　178
青島矢一　205
安西祐一郎　23, 32, 33
安崎暁　130
飯野謙次　66, 72, 205, 206
石井浩介　66, 72, 205, 206
井上達彦　187
今井むつみ　35, 80
ウイナー，ノーバート　23
ウェルチ，ジャック　178
オーエンス，ジェイムズ　138
オーバーヘルマン，ダグラス　138
大橋徹二　95

大森信　49
長内厚　7, 79, 88, 94

＜か＞
加護野忠男　17, 32, 35, 36, 187, 202
軽部大　205
上林憲行　5
木村英紀　205, 206
コールマン　57
小林一郎　43
小林多寿子　89
小谷津孝明　36
近藤隆雄　8, 9, 10, 28, 62, 70

＜さ＞
サイモン，ハーバート　21, 48
佐伯胖　22
榊原清則　7, 79, 88, 94
坂根正弘　81, 88, 95
桜井厚　89
サラスバシー，サラス　49
シーファ，ジョージ　138
シャノン，クロード　24
シュトルヒ，ハインリッヒ　4
城田真琴　59
スミス，アダム　3

＜た＞
高嶋克義　69
高瀬進　50
武石彰　205
竹内弘高　62, 198
竹中治堅　92
太原育夫　40, 43
田村正紀　83, 169
チューリング，アラン　23

ドレイファス，ヒュバート　21

＜な＞
西岡健一　9, 69
西尾久美子　9
西口敏宏　57, 58, 71
ニューウェル，アレン　21
野路國夫　95
野中郁次郎　62, 198, 202

＜は＞
バートン，グレン　81, 138
バーナード　48
萩原敏孝　130
バスティア，フレデリック　4
樋口耕一　84, 91, 130, 162
ファイツ，ドナルド　137
フィッシャー　5
藤本隆宏　9
フラフラティ，ゲリー　141
ホルト，ピーター　139

＜ま＞
松島茂　92
三品和広　6, 88
南千惠子　9, 69
モーガン，リー　137

＜や＞
矢野和男　209
山倉健嗣　55

＜ら＞
ラシー，A. J.　141

227

■著者略歴

藤岡　昌則（ふじおか・まさのり）

京都大学博士（経済学）。

1960年兵庫県生まれ。1991年，三菱重工業㈱入社。ガスタービン発電設備の基本計画，設計部門を経て，現在，三菱日立パワーシステムズ㈱サービス本部 高砂サービス部 主席技師。技術士（機械部門）。主にサービス・メニュー開発に従事。

専門分野：Service Management
主要著書：『ものづくり新論』（共著，三恵社，2019年）

エフェクチュエーションと認知科学による
■製造業のサービス・イノベーション

■発行日──2019年9月26日　　初版発行　　〈検印省略〉
■著　者──藤岡昌則
■発行者──大矢栄一郎
■発行所──株式会社 白桃書房
　　　　　〒101-0021　東京都千代田区外神田5-1-15
　　　　　☎03-3836-4781　FAX 03-3836-9370　振替00100-4-20192
　　　　　http://www.hakutou.co.jp/

■印刷・製本──三和印刷株式会社

Ⓒ Masanori Fujioka 2019　Printed in Japan　ISBN 978-4-561-26733-1　C3034

本書のコピー，スキャン，デジタル化等の無断複製は著作権法上での例外を除き禁じられています。本書を代行業者等の第三者に依頼してスキャンやデジタル化することは，たとえ個人や家庭内の利用であっても著作権法上認められておりません。

JCOPY　〈（社）出版者著作権管理機構 委託出版物〉
本書の無断複製は著作権法上での例外を除き禁じられています。複製される場合は，そのつど事前に，出版者著作権管理機構（電話03-5244-5088，FAX03-5244-5089，e-mail: info@jcopy.or.jp）の許諾を得てください。

落丁本・乱丁本はおとりかえいたします。

好評書

アフターマーケット戦略
―コモディティ化を防ぐコマツのソリューション・ビジネス

倉重光宏・平野真 監修　長内厚・榊原清則 編著

不況にあえぐ日本の製造業が多いなかで、なぜコマツはめざましい成果をあげるのか。本書は、コマツの事例を中心に「アフターマーケット」という、製品を販売した後のサービス・ビジネスを分析。その秘密に迫る。

本体価格 1895 円

製品開発と市場創造
―技術の社会的形成アプローチによる探求

宮尾 学 著

コモディティ化の罠から逃れるために、新製品による市場創造の重要性も増している。本書は、「技術の社会的形成アプローチ」を用い、技術マネジメント領域とマーケティング領域の架橋を目指した。

本体価格 3800 円

産業財マーケティング・マネジメント［理論編］
―組織購買顧客から構成されるビジネス市場に関する戦略的考察

マイケル D. ハット・トーマス W. スペイ 著、笠原英一 訳

産業財のマーケットを、顧客の集合体としての市場、市場における特定顧客との関係性、その顧客の購買センターという3つの次元で捉えつつ、伝統的なマーケティングの理論体系に適合させプログラムを構築。実務家のマーケット施策検討にも有用。

本体価格 9000 円

産業財マーケティング・マネジメント［ケース編］
―織購買顧客から構成されるビジネス市場に関する戦略的考察

マイケル D. ハット・トーマス W. スペイ 著、笠原英一 解説・訳

産業財市場に特化した12のケース・スタディを収録。ケースを分析する手順、戦略を構築する際のポイント等、多くの指針を盛り込んだ訳者解説付き。実務家・研究者・教育関係者に、またビジネススクールの教材にも最適。

本体価格 3800 円

白桃書房

本広告の価格は税抜き価格です。別途消費税がかかります。